|法|学|实|验|课|程|系|列|教|材|

主　编　陈小君　刘茂林
副主编　王均平　高利红

法律解释学实验教程
——裁判解释原理与实验操作

疏义红 ◎著

北京大学出版社
PEKING UNIVERSITY PRESS

图书在版编目(CIP)数据

法律解释学实验教程——裁判解释原理与实验操作/疏义红著.—北京:北京大学出版社,2008.5
(法学实验课程系列教材)
ISBN 978-7-301-13756-7

Ⅰ.法… Ⅱ.疏… Ⅲ.审判-法律解释-中国-高等学校-教材 Ⅳ.D925

中国版本图书馆 CIP 数据核字(2008)第 063132 号

书　　名：法律解释学实验教程——裁判解释原理与实验操作
著作责任者：疏义红　著
责 任 编 辑：王　晶
标 准 书 号：ISBN 978-7-301-13756-7/D·2054
出 版 发 行：北京大学出版社
地　　　址：北京市海淀区成府路 205 号　100871
网　　　址：http://www.pup.cn　电子邮箱：law@pup.pku.edu.cn
电　　　话：邮购部 62752015　发行部 62750672　编辑部 62752027
　　　　　　出版部 62754962
印 　刷　者：北京飞达印刷有限责任公司
经 　销　者：新华书店
　　　　　　890 毫米×1240 毫米　A5　11.5 印张　289 千字
　　　　　　2008 年 5 月第 1 版　2008 年 5 月第 1 次印刷
定　　　价：23.00 元

未经许可,不得以任何方式复制或抄袭本书之部分或全部内容。
版权所有,侵权必究
举报电话:010-62752024　电子邮箱:fd@pup.pku.edu.cn

序　言

随着社会经济的发展和法治建设的加强,高等法学教育正经历着深刻变革。如何培养综合素质高、实践能力强的法律人才,怎样提高培养效率,是摆在法学教育面前的重大课题。为此,我们认为,根据我国法学教育的现实情况、借鉴国外法律人才培养的有益经验、结合我校法学教学的实际,转变人才培养观念、改革人才培养模式、加强实验教学,是法学教育的发展方向。

为了加强法学实验教学,我校成立了法学实验教学中心,整合了法学实验教学资源,初步形成了法学实验教学体系,制定了法学实验教学的管理制度。教材是进行教学活动的基础条件,为了有效开展法学实验教学,我们组织编写了这套教材。

培养学生的社会主义法治理念、创新能力、法律职业素养和技能是该套教材的宗旨,弥补现有教学主要以部门法知识为课程教学内容的不足、注重以法的运行过程为背景来培养学生的职业技能是这套教材的基本追求。在这套教材的编写过程中,我们以项目为教学单元、结合现有的法学实验教学方式并充分考虑现代教育技术在法学实验教学中的作用,来组织每一本教材的编写体系。

该套教材由具有深厚的法学理论素养、丰富的法律实践经验和较高的法学实验教学水平的本校教师担纲编写。

由于对法学实验教学的认识有待深入,加之没有法学实验教材的先例可循,亦无相关编写经验,该套教材肯定存在着许多问题和不足,希望广大读者多提修改意见,以便我们进一步提升对法学实验教学理念的认识,进而不断完善此教程。

中南财经政法大学
法学实验教学中心

致 读 者

一、法律人与法律思维

法律人是以法律为专业的人。在一个法治社会,法律人是社会的栋梁。他们大者能经世济国,将秩序和正义带给社会;小者能保障人权,将个案公正带给平民。然而,法律人与外行人,究竟有何不同? 著名学者王泽鉴先生通过归纳认为,一个人经由学习法律,通常可以获得以下素质:

1. 掌握法律知识:明了现行法制的体系、基本法律的内容、各种权利义务关系以及救济程序。

2. 具备法律思维:依循法律逻辑,以价值取向的思考、合理的论证,解释适用法律。

3. 能够解决争议:依照法律规定,作合乎事理的规划,预防争议发生在先,解决已发生的争议在后,协助建立、维护一个公平和谐的社会秩序。此之所谓"争议",系从广义理解,除个案的争讼外,尚包括契约、章程的订定,法令规章的制定等。

上述三种能力使一个法律人能够依法律实现正义,担负起作为立法者、行政者、司法者或公私企业法律事务工作者的任务。一个社会所贵于法律人者,即在于其具备此等能力! 法学教育的基本目的,也在于使法律人能够认识法律,具有法律思维、解决争议的能力。①

在以上三个方面的素质中,法律思维是核心。不具备法律思

---

① 王泽鉴:《法律思维与民法实例》,中国政法大学出版社2001年版,第1页。

维,对法律知识的掌握肯定不成系统,难以应用;不具备法律思维,解决争议的能力只能限定于一些简易案件或简易事务。如果一个法律学习者经过几年的学习,没有具备法律思维,那么还不能成为优秀的"法律人",可能只能算一个"法律工匠"。

可以从很多方面去解释"法律思维"。最简要的理解,法律思维就是解决法律问题的一般方法与原理。这些方法和原理是解决每个案件的通用思路,熟悉这些思路,同时又不被这些思路束缚,就是具备了法律思维。

法律思维的培养,以往的方法,是在长期的部门法研习过程中,不断地研究具体案件的解决方法,从而渐渐体会和发现解决法律问题的一般原理,又将所发现的一般原理运用到其他案件中,进行检验和修正。这是一个长期的举一反三的过程。经过这一过程后,法律人面临法律问题时,就会按照一个通用的思路寻找论据,从而发现最合适的答案。解决问题的速度也会相应加快。

二、免除长期的自我探索

法解释学是直接培养法律思维的一门学科。它研究解决法律问题的一般方法和原理,提供解决法律问题的通用思路。法律思维的培养是个长期而艰难的过程,法解释学愿意将这一过程变得相对简单。通过总结和发现法律专家们解决法律问题的思路,并且对这些思路进行公开的反思讨论,法律的学习者可以直接体会并形成自己的法律思维。法解释学不可能免除学习者形成法律思维的过程,但是可以免除其孤独的长期探索和总结。史蒂文·J.伯顿先生是在美国教授"法律和法律推理"的前辈(其内容和法解释学一致),他曾说道:"我在近二十年的教学中认识到,掌握法律和法律推理需要耐心、持之以恒和一段漫长时间的实践。然而,一种简短而直接的解说可以有助于加快掌握的进程并提供一个广阔的视角,也许会减少伴随于这一过程的焦虑。"①

此外,法律思维超越一切部门法知识。所有法律人所具备的法律思维,就是我们如何解决一切案件中法律问题的最高共识。这是关于法治最重要的共识,我们可以由此发现人类法律秩序形成的理性基础,也可以使一个社会的司法过程更加科学合理。

在学习和研究法解释学时,有一点应当注意:要避免对法解释学机械化的期望。这种期望以为懂得法解释学后,就可以对案件手到擒来,根据这些原理和方法立刻得到案件的处理结论,否则法解释学就是无效的学科。从学术界到学习者都曾经出现过这种期望。法律解释的方法和哲理不等于公式,它们不能被生搬硬套地用来判断案件,只是给每一个案件的处理提供最一般的思路,指引处理者去寻找论据,并提供如何组织和运用这些论据得出相对优化的方案。如果要做一个优秀的法官或律师,形成优秀的法律问题的解决能力,那么下面四个方面的素质同时都是必不可少的:掌握法律思维;熟悉部门法和部门法学;具备事实问题的解决能力;良好的处世能力。

三、学习提示

法解释学的学习过程是理论和实践相结合的过程,主动的探索和实践才能取得良好的学习效果,并将使学习过程生机盎然。下面是对阅读和使用本书进行实验操作的几点提示:

1. 初步接触裁判解释,有多种进展路径。学习者可以从本书提供的若干典型判解研究(第五章、实验项目之一附件、实验项目之十二附件以及附录一)入手,对裁判解释产生较多的感性认识,然后阅读裁判解释原理,组织进行实验。也可以从原理入手,获得总体认识后,再通过实验培养实践能力。甚至从实验开始,"摸着石头过

---

① 〔美〕史蒂文·J.伯顿:《法律和法律推理导论》,张志铭、解兴权译,中国政法大学出版社1998年版,第2页。

河",一边实践一边学习相关原理。实验原理第四章有较多逻辑符号推演,不熟悉符号逻辑的可以将其放到原理学习的后阶段阅读。本书所提供的所有实验素材及其分析意见,仅供参考,读者应该进行更新。

2. 将理论学习和判例研究融会贯通。学习者通过本书提供的实验方法,可以组织小规模的研究小组,经常仔细剖析案例,在实例和法条之间进行穿梭式研究。根据以往的经验,部门法学的学习使我们对部门法学理论相当重视甚至依赖,但是可能忽视法律条文对我们的约束。在处理案件的实践中,我们不能直接将部门法学的理论作为裁决理由,因为社会共同体接受的准则是"以法律为准绳",而不是"以法学为准绳"。如果我们经常剖析案例,就会惊喜地发现:部门法学的理论在法律条文和案件裁决之间架起了一座桥梁,而若要辨析和组织部门法学理论,就要运用法解释学的方法和原理。更重要的是,很多案件没有现存的法学理论可以参照,这时,就要运用法解释学的方法和原理,创造性地分析法律文本甚至法律体系,在法律和裁决结论之间架起一座科学的桥梁。这个过程同时也在刷新部门法学理论,所以法解释学也被学者称作"法学方法论"。所分析案例的文本应该是具有现实感的。最高人民法院应用法学研究所选编的《人民法院案例选》是一套很好的分析材料。"北大法意网"也可以搜索到许多有分析价值的判例。

3. 将自己的法律思考过程书面化。这里所说的法律思考过程,就是对一个案件法律问题的判断推理、确定答案的过程。人们往往对一个案件提出一个简单的处理方案,也能迅速地组织一些理由。但是专业的学习者需要剖析自己理由背后的理由。通过"写出来"的方法,发现和整理自己对案件判断的理由,可以使我们区分哪些论点是由情感(个人偏见)支持的,哪些是由理性(或普遍情感)支持的,还有哪些论点的理由需要进一步考证。这种训练将使我们对个人情感和偏见保持警惕,逐渐形成理性的思考习惯。

4. 逐步养成深度会谈的习惯。深度会谈是无障碍交流。不经过专门训练和反思，人人都存在沟通障碍。"工欲善其事，必先利其器"，深度会谈的习惯就是法律人以行动塑造正义的"利器"。本书所有实验项目，都是在让实验者体验深度会谈，识别并消除沟通障碍，培养在法律专业方面的无障碍交流能力。法条太多，法学体系庞大，而个人见识很有限，所以我们不敢轻视他人的意见，而是警惕自我辩护本能，尽量保持开放的态度，准备随时修正自己观点。深度会谈的素养形成后，法律人对于法治将产生崭新的理解。

裁判解释的原理正处于快速发展时期，裁判解释的实验体系也需要不断创新，本书抛砖引玉，期待读者有更多更好的发现！

目 录

上篇　实验原理
　　——裁判解释的步骤与方法

第一章　发现裁判解释　/3
第二章　认识法律模糊　/24
第三章　认识法律漏洞　/34
第四章　解决法律问题的一般逻辑过程　/44
第五章　司法判断的五个思维步骤　/69
第六章　裁判解释方法的确认与重新归类　/78
第七章　语义论点的构建　/88
第八章　系统论点的构建　/106
第九章　目的论点的构建　/126
第十章　意图论点的构建　/139
第十一章　类比论点的构建　/150
第十二章　效应论点的构建　/165

下篇　实验操作
——裁判解释实验体系

裁判解释实验设计总说明　/187
实验项目之一：典型裁判解释的展示与审议　/189
实验项目之二：选择案件与确定案件事实　/208
实验项目之三：发现适用的法律规范与
　　　　　　　证明结构　/214
实验项目之四：发现法律模糊与法律漏洞　/220
实验项目之五：确定案件的焦点法律问题　/225
实验项目之六：针对焦点的语义解释操作　/231
实验项目之七：针对焦点的系统解释操作　/239
实验项目之八：针对焦点的目的解释操作　/247
实验项目之九：针对焦点的意图解释操作　/254
实验项目之十：针对焦点的类比解释操作　/261
实验项目十一：针对焦点的效应解释操作　/272
实验项目之十二：通过开庭进行的对抗式判解
　　　　　　　研究　/282

附录　典型实验报告与心得选编

附录1　典型实验报告：房屋买卖合同中主要
　　　义务的认定　/311
附录2　对抗式判解研究心得体会选编　/335

上篇

实验原理

——裁判解释的步骤与方法

"道之以政,齐之以刑,民免而无耻;道之以德,齐之以礼,有耻且格。"

——孔子

"矛盾只有得到友好而切实的解决,它的存在才是根本无害的。"

——〔德〕古斯塔夫·拉德布鲁赫

本编对实验原理进行集中表述。裁判解释必然发生，并且应该被作为法律解释家族的核心成员予以关注。裁判解释存在的基础是法律模糊与法律漏洞。解决法律问题的过程具有科学的逻辑规律，并且有五个思维步骤。裁判解释的方法需要予以重新梳理。六种解释方法分别按照特定的过程构建相应的解释论点。

第一章 发现裁判解释

一、案件中的事实问题与法律问题

案件是个充满问题的场景。其中包含情感问题、事实问题、法律问题和执行问题。这些问题在不同的案件表现出纷繁的形态。一般的当事人在面临纠纷时都会有情感冲突,因此解决情感问题对处置案件很重要。但是情感问题需要在法律问题和事实问题解决之后,运用艺术性的手段予以处置,从而收到抚平和劝和的效果,所以从法解释学的角度看,情感问题应放到事实问题和法律问题之后解决。执行问题也必须在事实问题和法律问题之后解决,因此事实问题和法律问题成为案件中的主要问题。

所谓案件事实,包括主体的状况、行为的过程、行为的后果、有关事件的状况、物的有关状况、行为人之间的关系和行为人的状态等。事实问题就是主体、行为、事件、物、关系以及状态存在与否的认定问题。怎么解决事实问题?在实践过程中,我们都要收集现存的事实来证明待定事实的存在。现存的事实,包括证言、物证、鉴定报告、书证等等法定的或者可以认定的证据。将这些证据在逻辑上和科学上加以组合,看它能否证实或者证伪某个事实。当然这是证据学的研究内容,不属于法解释学主要的研究对象。证据学是收集、审查和运用证据的知识的总称,其任务就是解决事实问题。法解释学和证据学应该适当分开。法律解释方法的应用一般建立在事实问题已经解决的前提之上。

一个事实问题被解决后,不能立即用法律上的概念来描述该事实,不然就等于在法律上给它定了性。正确的做法,是用自然语言描述该事实。因为自然语言可以为后面判断事实的法律性质留有空间,避免出现先入为主或者逻辑混淆的错误。

事实被查明并且描述后,就要解决法律问题:这个事实在法律上是什么性质?它应该得到什么样的后果?所谓一个事实在法律上的性质是指,该事实在法律上到底是行使正当权利的行为,还是履行正当义务的行为,是侵犯法律权利的行为,还是违反法律义务的行为。法律性质的判断也就是对其合法与非法、善与恶的判断。此后,就要确定在法律上如何处置该事实——法律上的责任、义务、奖励性后果如何分配,就是法律后果的分配。这两类问题都统称为法律问题。概括起来,法律问题就是行为、事件或事务、主体的法律效果的认定问题。它包括法律性质的认定和法律后果的认定问题。

事实问题和法律问题相互区别又相互联系:

首先,事实问题和法律问题必须分开解决。虽然后文将会说明,事实问题和法律问题可以适当联系在一起解决,但是一般的,一个案件首先要解决事实问题,然后才解决法律问题。张三诉李四盗窃了自己的财物,法官首先要查明的是,张三所说的李四的某种行为是否存在。某个行为是否存在就是事实问题,只有查明该行为是否存在之后,再判断该行为在法律上是否是盗窃,才是合乎逻辑的。如果法官一旦接到案件马上就想得出一个结论,而不去查明当事人所主张的事实是否存在,那不是别有用心就是本末倒置。在现实中,有些法律实践者没有将事实问题和法律问题分开的观念,因而,解决案件的思路混乱,逻辑顺序不清。只有将两者分开,并且先解决事实问题后解决法律问题,解决案件的逻辑才是清晰的,不容易犯一些显而易见的错误。

其次,事实问题和法律问题存在相互确定范围的关联。事实问题和法律问题究竟谁确定谁的范围?这是个比较复杂的问题。一般的,事实问题的范围决定了法律问题的范围。在一个案件当中,我们查明了哪些事实,才需要对这些已查明的事实在法律上的性质、法律上的后果加以判断,对没有查明的事实我们无法判断其法律性质和法律后果。所以,没有查明的案件事实就不属于本案中需要解决的问题。但是,一个案件当中,相关的事实可能是无限的。如果一个人被他邻居的狗咬了,要求进行赔偿,在这个案件中,相关事实可能包括:他什么时候被狗咬的?狗怎么咬了他?咬了什么地方?什么伤?狗是什么品种?什么人送的?狗的生活习惯怎么样?这个被咬的人的贫富、胖瘦情况等。此时不能确定事实的范围,但是,如果这个人向律师咨询,律师则可能会根据与案件有关的法律问题来逆向确定事实问题的大概范围。这个人可能向律师倾诉平时这狗多么的可爱、自己多么的喜欢它,但律师却要问他:他被咬时狗的主人在不在旁边?狗的主人是否提醒过他这狗有可能会咬人?这些事实问题都涉及法律上不同后果、不同性质的认定,因此律师要关注它们。① 由此可见,有时需要先确定法律问题的范围,再考虑确定事实问题的大概范围,从而收集有关证据解决事实问题。

但是,不能由此得出结论认为,每一个案件都是要先确定法律问题的范围,再来确定事实问题的范围。这样绝对性地操作,往往漏掉与案件有关的一些事实。而这个事实的法律效果问题又是法律上的漏洞,这个漏洞的确认和处置又会对整个案件结果产生关键影响。因此,对案件的事实问题的范围还是要有大致的估计,然后再确定法律问题的范围,不能完全依据法律问题的范围逆向确定事实问题的范围。这说明事实问题和法律问题之间存在复杂的关联。

二、裁判解释必然发生

法是社会中权威的行为规范。对于裁决者来说,法是案件的裁决标准。裁决者必须根据法律解决法律问题,其解决法律问题的过程就是裁决过程。裁决标准同时也是裁决者的行为规范,这两者相

---

① 参见〔德〕卡尔·拉伦茨:《法学方法论》,陈爱娥译,商务印书馆2003年版,第161页。

通。由此提出一个问题：在法律和裁决行为之间，有没有中介？如果有，那是什么？人们对于法律是不是一个简单的条件反射？是不是一看到法律就知道怎样去做，而没有一个中间的思维加工过程？根据常识知道，人们看到法律后，要对法律进行理解，即经过思维的加工后再作出相应的行为。所以说，人们通常都是根据自己对法律的解释来作出行为的，而正确的解释就是理解。解释活动就是法律和行为之间的中介事物。

不同类别的主体在作出行为时，都会对法律进行解释。当事人、律师、行政执法者、下位的立法者、还有裁决者，都在解释法律。当事人作出行为之前需要了解法律、解释法律来判断什么是对的、什么是错的，再作出行为。律师要对法律作出解释，才能指导社会民众行使自己的权利和履行自己的义务。行政执法者在执法的过程中，也要解释法律，对法律作出自己的理解，然后再作出执行。下位的立法者在制定下位的法律时需要理解上位的立法者所制定的上位的立法，防止自己制定的法律和它相冲突甚至违背。包括法官在内的裁决者在裁决案件时，也需要先理解法律，然后才对法律问题的答案作出判断，因此他们也在进行法律解释。这种解释就是裁判解释。

为什么裁判解释必然存在？首先可以通过具体的裁判实践来说明：

案例简称："饮食店里的伤害案"①
原告：李彬。
被告：陆仙芹，西凤饮食店业主。
被告：陆选凤，西凤饮食店实际经营者。
被告：朱海泉，西凤饮食店实际经营者。

2001年3月24日，原告李彬在被告陆选凤、朱海泉所经营的西

---

① 案例来源：北大法意网，法院案例。

凤饮食店就餐。其间,有数个身份不明的第三人来该店寻衅,并殴打被告朱海泉之子朱炎。陆选凤等在劝阻无效的情况下立即向公安机关报警。李彬见状起身欲离店时,被第三人用啤酒瓶打伤左脸。李彬于同日住入无锡市第五人民医院治疗,同年3月28日出院,出院诊断为左侧面部皮肤挫裂伤。

原告李彬向无锡市滨湖区人民法院起诉称:其在被告店接受消费服务时被第三人打伤,根据《中华人民共和国消费者权益保护法》的有关规定,要求判令被告赔偿医疗费1643.97元、误工费2240元、营养费234元、交通费9.2元、后期医疗费用2000元、精神损失费500元,共计人民币6618.17元。

被告陆仙芹、陆选凤、朱海泉答辩称:第三人到其店内打砸并打伤原告是事实。本案不应适用《中华人民共和国消费者权益保护法》,而应适用《中华人民共和国合同法》调整。李彬所遭受的损害是第三人的直接加害行为所致,其所提供的餐饮服务并不存在任何的违约行为,不应承担相应责任,要求依法驳回原告的诉讼请求。

滨湖区人民法院经审理后认为:原、被告所提供的证据均证明了被告朱海泉之子朱炎在事发前虽与第三人有过对话,但与第三人并不相识,李彬受伤系身份不明的第三人寻衅滋事所造成的。故对原告所称的第三人来被告处寻衅是针对朱海泉的儿子而进行这一意见不予采纳。

原告李彬在被告陆仙芹、陆选凤、朱海泉经营的饭店就餐,接受被告的有偿服务,是一种生活消费行为,应属《中华人民共和国消费者权益保护法》所指的消费者;被告经营饮食业,应属该法所指经营者,原、被告之间存在一种消费服务法律关系。同时,被告所经营的个体饮食店以向顾客提供与收费相应的饭菜和服务来获取报酬,原、被告之间还存在着合同法律关系,该情况属于请求权基础规范竞合,请求权基础规范竞合的,当事人有权选择基础规范。原告选择以《中华人民共和国消费者权益保护法》为起诉依据,故本案应根据《中华人民共和国消费者权益保护法》的规定来确定双方各自的权利与义务。

《中华人民共和国消费者权益保护法》第七条规定:"消费者在购买、使用商品和接受服务时享有人身、财产安全不受损害的权利。消费者有权要求经营者提供的商品和服务,符合保障人身、财产安全的要求"。第十一条规定:"消费者因购买、使用商品或者接受服务受到人身、财产损害的,享有依法获得赔偿的权利"。第十八条规定:"经营者应当保证其提供的商品或者服务符合保障人身、财产安全的要求"。纵观《中华人民共和国消费者权益保护法》的上述规定,其明确的文义是指经营者对其提供的商品或服务行为直接造成消费者的人身或财产损害的应承担赔偿责任。在本案中,原告的受伤系第三人的不法行为所造成,并非被告提供的饮食或服务直接造成。①

根据《中华人民共和国消费者权益保护法》,对消费者在接受服务过程中被第三人伤害,经营者并非无任何义务。依据诚实信用原则和对现行法律理念、原则的理解,权衡各种社会价值因素,本院认为,经营者还应承担照顾消费者人身安全的合理的注意义务,即应当在其所能控制的范围内,在能力所及之处采取合理的措施防止消费者遭受不法行为人的侵害。本案被告经营的饮食店是一家规模较小的个体饭店,依照其行业性质、目的和交易习惯,其对本案所涉突发性暴力事件是无法事先预见和预防的。被告在不明身份的第三人入店寻衅,可能误伤顾客时,及时劝阻不法行为人并立即向公安机关报警,应当认为其已在能力所及范围内对顾客的人身、财产安全尽到了合理的注意义务。综上,被告不应承担赔偿责任。

综上,被告依法不应承担民事责任,对原告的诉讼请求,不予支持。据此,该院依照《中华人民共和国消费者权益保护法》第七条、

---

① 关于该焦点问题的系统解释的详细分析,还可以参见孔祥俊:《法律解释方法与判解研究》,人民法院出版社 2004 年版,第 371 页。

第十一条、第十八条之规定,于2001年5月31日判决:驳回原告李彬的诉讼请求。

原告不服,上诉于无锡市中级人民法院。二审法院以相同理由于2001年8月21日判决:驳回上诉,维持原判。

在上述案件中,法官就通过对《消费者权益保护法》第7条、第11条、第18条的裁判解释,阐明了其中关键的法律概念的意义。这就是针对具体法律问题,澄清法律模糊的过程,只有澄清了该模糊,案件的关键问题才能得到妥当的解决。实践说明:裁判解释必然存在。从理论上概括,裁判解释的发生,是因为法律实践与法律文本之间的四对矛盾必然存在:

第一,法律规范的一般性与案件的具体性之间存在矛盾。法律规范必然是一般的规定,它不是适用于一个案件的规范,而是适用于一类案件的规范。但是,世界上没有完全相同的人的行为,行为总是千差万别的,"一般"和"差别"之间就存在冲突,化解这种冲突,在一般与具体之间架起一座理性的桥梁,就需要裁判解释。

第二,法律语言的不确定性和公共行为确定性之间存在矛盾。社会期望执法机构和司法机构的行为是确定的,有预先规则的、一致的。这样公共行为才是理性而不是任性的,公共权力才不至于异化。但立法者给执行者和司法者的,不是一对一的指令,而是一种通过自然语言表达的概括指令,自然语言必然存在不确定性,克服这种不确定性,最终必须依靠裁决者发挥主观能动性,进行裁判解释。

第三,法律文本的滞后性和法律判断及时性之间存在矛盾。社会制度要求法律具有超前的指引功能,但法律的超前指引功能非常有限,法的滞后性却非常明显。而法律判断总是针对当前的案件,司法职能要求对每一个案件作出判断,无论有没有法律根据。立法者不能以法律没有规定或规定不清为由拒绝裁判案件,否则就构成渎职。司法者更不能要求当事人等待司法者向立法者打报告,立法者作出对应立法后,再作出相应判决。为了满足保障权利的需要,裁判结构必须通过裁判解释克服立法的滞后性。

第四,立法者智慧的有限性与实践要求无限性之间存在矛盾。因为人的理性是有限并处在发展中,所有即使是非常勤勉的立法者,其工作能力也有限,在法律文本中发布的对将来的指导信息是有限的。而司法机构面临事物的复杂性则是无限的,往往超过立法者的预料。这就决定了社会对维护秩序和正义的要求是无限的。只要发生了纠纷需要法律解决,不管是常见的还是不常见的,司法机构都要行使其职能。司法机构应该充分保护各种社会关系的良性状态。为了实现这一目的,裁判者就要通过裁判解释活动,弥补立法者的理性缺陷,不断增加法律的确定性与协调性,不断地维护和促进社会秩序和正义。

在众多行为主体的解释活动中,为什么关注的焦点是裁判解释?因为裁判解释具有最为现实的权威效果。这个效果分为两层涵义:第一层是,它是权威的;第二层是,它是对现实有效的。对于权威性,一般想到的可能是立法者,但是最高立法者一般不主动解释法律,而下位的立法者不直接指导行为人,因此他的解释不具备现实性。法官、律师和行政执法者才直接指导行为人。在这三类主体之中,根据现代社会的管理架构,法官在判断法律问题方面最具有权威。因为在一个法制健全或者正在建设法治国家的社会中,司法规范行政,行政机关遇到和行政相对人之间的纠纷还需要由法官来裁决。而律师也要按照法官的理解来解释法律。有这样一句话:法律就是法官将作出如何裁判的预言,而律师将会在法律服务的过程当中,向当事人预测法官将作出如何行动。由此可见,裁判者的解释最具有现实的权威效果。裁决者对案件的判决直接影响人们的权利义务甚至权力,所以人们会根据裁决者对法律的理解来理解法律。按照中国的话说:"县官不如现管"。这也可以说明立法者不如裁判者具有现实的权威性。而在司法规范行政观念贯彻得越彻底的情况之下,行政执法者的权威没有法官高,因为法官成为社会纠纷的权威裁决者。当然,在我国目前,行政执法者或者其他的现实权威具有比较优势,但随着法治的发展,该类主体一定会服从法官群体对法律的解释。

既然裁决者对法律的解释如此重要,当然需要关注这种解释活动。又因为裁决者在面对个案的解释会产生现实的权威效果,所以我们必须关注个案解释,而不是关注其对法律抽象的解释。相对于个案解释,抽象解释对于民众不具有直接意义。关注个案解释就要关注裁决者面临案件的解释活动和解释质量。一个优秀的解释必须是科学、合法与合理的解释。怎样才算是科学、合法与合理?这就必须对裁判者解释的标准——合法性、合理性以及相应的程序加以研究。法律解释学就将这些作为研究的重点内容。

另外,法解释学是关于解决法律问题的一般原理和方法的学科,也就是培养法律思维的科学。这里所讲的法律思维,应用在两个场景之中:一个是法官在解决案件的场景;另一个是立法者在解决立法问题的场景。但是立法者解决的问题是抽象的、一般的问题,而抽象是具体的归纳,立法者解决的问题往往是个案中问题的归纳而已。如果我们把案件中具体法律问题解决的标准与方法研究透彻了,那么关于立法者研究问题的一般标准也就可以归纳出来。因此,从探索法律思维形成的角度,关注案件中对法律的解释也是必然的。

三、裁判解释的内涵

裁判解释是在解决法律问题时发生的。解决法律问题的逻辑模型是三段论,但是它不是简单的三段论,而是三段论的复杂组合。其表达式为:

存在 $A_1, G_1, S_1 \cdots S_n$ (A_1、G_1 代表事实,$S_1 \cdots S_n$ 为众多构成要件)

(1) $A_1 \in S_m$(经过扫描与匹配发现事实 A_1 符合构成要件 S_m)(第一个小前提——关于要件)

(2) $S_m \to R_m$(法律规定:凡是符合要件 S_m 的就有后果 R_m)(三段论的大前提)

(3) $G_1 \in R_m$(本案中 G_1 是法律效果 R_m)(第二个小前提——关于后果)

从(1)(2)(3)共同推导出:

$G_1(A_1)$(A_1 具有法律效果 G_1)[①]

例如:

(1) $A_1 \in S_m$(张三的行为是违约行为)(第一个小前提——关于要件)

(2) $S_m \to R_m$(凡违约行为都导致要赔偿对方损失)(三段论的大前提)

(3) $G_1 \in R_m$(本案中要赔偿的对方损失是 5000 元)(第二个小前提——关于后果)

从(1)(2)(3)共同推导出:

$G_1(A_1)$(张三的行为导致要赔偿对方 5000 元)

虽然可以简单地说,裁判解释就是裁判中对法律含义的说明。但是进一步追问:什么是裁判解释的真正内涵?那就要结合上述的法律推理过程进行研究。根据上述三段论的推演可以发现:在裁判中,裁决者必须说明,为什么张三的行为是违约行为?从什么地方可以推定:凡违约行为都导致要赔偿对方损失?为什么对方损失是 5000 元?此时,裁判者必须说明推理的大前提和两个小前提从什么地方得到,而不是简单的列举这三个推理前提。法律推理大小前提

---

① 学术界一直将一个大前提、一个小前提和结论的三段论形式,当作法律推理的基本模型。实际上,这只描述了法律推理的一半。因此,必须运用三段论的组合形式描述法律推理。因为这种组合在逻辑学上运用谓词逻辑符号表达比较复杂,此处采用了简单的非谓词逻辑的表达方法。

不会自动得出,它需要解释工作来确定。这三个前提在逻辑上推导出结论的过程是内部证明过程。而证明这三个前提的过程,就是裁决者收集种种论据,运用特定论证方法的外部证明过程。[①] 只有把三个前提的成立理由都找到了,裁判结论在逻辑上才是顺理成章的。由此可见,发现三个前提成立理由的过程,对于证明裁判结论的正当性至关重要。这一过程,运用符号表示如下:

存在 $A_1, G_1, S_1 \cdots S_n$(A_1、G_1 代表事实,$S_1 \cdots S_n$ 为众多构成要件)

(4)? $\rightarrow (A_1 \in S_m)$(有特定理由证明事实 A_1 符合构成要件 S_m)(论证第一个小前提)

(5)? $\rightarrow (S_m \rightarrow R_m)$(有特定理由证明法律规定凡是符合要件 S_m 的就有后果 R_m)(论证三段论的大前提)

(6)? $\rightarrow (G_1 \in R_m)$(有特定理由证明本案中 G_1 是法律效果 R_m)(论证第二个小前提)

所以裁判解释可以定义为裁决者在面临具体法律问题的场景下,为了论证法律推理结论的合理性,通过收集、组织论据,运用特定方法推导法律推理的大前提和小前提的过程。[②] 这一过程得到的大前提和小前提,就是本次对法律的一次裁判解释。"裁判解释"这个词有时作为动词来用,表示一个过程,即收集、组织论据,确定法律推理的大前提和小前提的过程;有时作为名词来用,表示在这个过程之后,对法律意义的一种阐述和发现。裁判解释分成两方面工作,澄清法律模糊和补充法律漏洞。关于法律模糊与法律漏洞在后面章节中具体分析,此处需要说明的是,上述表达式中,解答(4)的过程就是澄清法律要件模糊的过程,解答(6)的过程就是澄清法律

---

① 外部证立和内部证立的理论由卢勃列夫斯基提出,参见〔德〕罗伯特·阿列克西:《法律论证理论》,舒国滢译,中国法制出版社 2002 年版,第 274 页。

② 目前的学说认为收集理由证明三段论的大前提的过程是法律解释,此处进行了修正。

后果模糊的过程。解答(5)的过程一般对应的是补充法律漏洞的过程。

裁判解释的决定主体是法官等权威的裁判者,但是裁判解释的参与主体很多,可以包括参与案件的律师、当事人等。裁判解释的场合也可以分为两种:一种是在面临个案的场合,实践者面临的是真实的个案、学习者和研究者一般面临假想的个案。不管是真实的还是假象的个案,都要进行法律解释。另一种是将个案归纳为一般性问题的场合,高级司法机构的工作就是从具体的个案中总结出一般性的法律问题加以解决。

裁判解释的对象是复杂的,它首先是法律条文表达的法律规范,包括:(1)法律原则、法律规则、法律概念、语言结构与标点符号;(2)整个法律体系;(3)自然法、法律的精神以及至高的伦理。另一个对象是合同、遗嘱等法律行为。当法律行为表达的意思不清或者发生漏洞时也要进行解释,裁判中的这种解释也是在确定当事人的权利和义务,因此也属于裁判解释的范围。

裁判解释的目标是什么?学界存在争议。一种观点认为裁判解释(法律解释)的目标就是要发现立法者的本来意思,被称为主观说。另一种观念认为裁判解释的目标是发现立法者应该有的意思,被称为客观说。客观说认为立法者的本来意思很难证明,如果法律生效的时间已经很长,或者社会发展了,出现预想外的情况,只能发现立法者应该有的意思——把立法者当成是个理性人,推断出他在立法现场将如何判断。这两种学说以追求裁判解释的合理性根基为出发点。但是它们将这个根基建立在维护立法权威上。可以转换一个视角,从裁判解释的效果方面建立解释的合理性。司法的目标是实现社会秩序和正义,裁判解释的目标应该与此一致。裁判解释的目标应表述为:首先,它论证本次法律判断与法律推理的合理性,当然,有时也可以通过证明本次解释符合立法者本意来说明其合理性;其次,所有收集论据和论证过程的最终目标是,实现法律的秩序与正义价值。

四、裁判解释的意义

裁判解释具有深远、广泛而又多层次的意义：

第一，裁判解释是在实践中阐明法律具体含义的活动。它是实践中对法律意义的发现过程。如果立法者制定的法律只停留在纸面，在实践中对其含义没有被阐明，它必然被既得利益和阻碍性的权力架空。只有在法律不断地被关注、其含义被不断加以阐明时，才说明该法律在实践中被运用的概率很高、需求很大、运行良好。裁判解释的过程就是将一般的过程化解为具体的指令。这种过程需要理性加工和逻辑连接，因此，裁判解释在立法和执法之间架起了理性与逻辑的桥梁。

第二，裁判解释是法律共同体就具体事务达成共识的过程。裁判解释参与的主体是开放的，可以说所有法律人都是裁判解释的参与者。在立法后，正是有法官、律师、当事人、行政执法者等众多主体参与到裁判解释中，通过讨论、辩论，才能求同存异，形成对具体法律问题的最大程度的共识。集体的共识才能导致合理性、秩序与正义。这个过程是一个国家法制过程中蔚为壮观的现象，对法治的发展是极为重要。

第三，裁判解释也是检验法律的具体实践。立法者的立法在实践中能否行得通，是否能达到他所追求的维护社会秩序和正义的效果，需要执法者尤其是司法者的检验，在检验中才能阐明甚至修正立法者的立法意图。所以说，裁判解释具有检验法律的性质。

第四，裁判解释还是法律实践者发展法律的立法试验。裁判者永远都在面对个案，它无权对一类案件发布指令。所以，不能把法律模糊的澄清和法律漏洞的活动，认为在行使立法权。法官没立法权，但根据法理和实践可知，作为法治建设"一线"的工作者，法官拥有立法实验权。裁判解释过程在一步步地摸索法律的具体含义，它澄清模糊和补充漏洞的同时,确实是在探索着创造明细的新规则,刷新着法律对现实的具体安排。这是实践者的**立法试验**。一个试验的结论可能被其他试验改进,所有的试验结果构成了下一次立法的经验基础。我国历来的立法都重视学习司法实践中的经验,自然应该尊重和培育这种生动而有效的**立法试验**。

关于裁判解释的创造性及其准确的意义,可以从司法结构的角色定位方面进一步分析。一般认为立法机关是制定规范的机构,司法机关是执行规范的机构。那么研究这样一个问题:什么案件会到法院?即民众会将什么问题提交法院解决?经过观察立即会发现,只有当事人遇到疑难问题时,他才会提交法院。而所提交的疑难问题,分为三类:要么是执行上的疑难问题,要么是事实上的疑难问题,要么是法律上的疑难问题。

执行上的疑难问题,是指当事人双方对事实没有争议,对于事实的法律性质也没有争议,但是一方就是拒绝履行法律上的义务。张三起诉李四侵权,李四也承认做了某事,并承认该事是侵权并应该赔偿,但就是不赔偿。这时张三起诉到法院,就是希望通过法院的权威要求李四执行法律。这是我国目前的普遍现象。张维迎教授通过调查发现①:我国的法院普遍解决的是简易案件。因为我国司法的社会威望不高,当事人对法院能否解决事实上的疑难问题和法律上的疑难问题有顾虑,大多数时候,只把一些有把握的案件提交到法官那去,让法官帮助解决执行上的疑难问题,处置那些公然违抗法律的人。当然,这是法治初级阶段的表现。如果经过司法机关的努力,法律在执行上具有较高权威,司法的威望自然会提升,随后该系统的工作重点会发生转移。

事实上的疑难问题就是,张三起诉李四侵权,说李四做了某件事情,而李四拒绝承认自己做了这件事情。这个事情到底是否存

---

① 张维迎:《信息、信任与法律》,生活·读书·新知三联书店2003年版,第308页。

在？当事人对事实存有争议。需要法官运用审查证据的技术以及有关证据规则来判断该事实是否存在。

法律上的疑难问题，是指当事人对事实没有争议，但对事实在法律上的性质和后果有争议。张三起诉李四，说李四做了某件事情，该事情侵权。李四承认做了某件事情，但是不认为这件事情是侵权。李四的某一个行为到底是否是侵权？这就是法律上的疑难问题。需要法官对该行为的性质和后果加以判断。

总之，不是疑难问题不进法院。只有当事人至少遇到上述三类疑难问题的一种时，才会把问题提交到法院。特别对于一个具有相当威望的司法系统，不是事实上的疑难问题，或者法律上的疑难问题，不进法院。

解决事实上的和法律上的疑难问题都需要创造性的劳动，解决事实上的疑难问题需要发现证据，并对证据进行评判。其中创造的是发现证据的方法和特定证据的评判标准。解决法律上的疑难问题需要对事实的法律性质和后果作出判断，其中创造的是针对事实的最具体的定性和处置标准。一个案件的裁决，将当事人、时间和地点三个因素一般化之后，就是一项最具体的规则。任何一个判例都可以构成一个先例。此时，法院不是在简单地进行执法活动，而是在试着确定最具体的规则。同样是广义的执法机关，法院与行政机关有较大差别。在现代行政与司法分开的政治系统中，司法是一种特殊的角色。民国时期司法院院长居正说："立法在创造规则，司法也是在创造规则。"说明的正是这一层道理。发达地区法治发展的历史标明，在一个国家法治的初级阶段，司法的任务是树立法律在执行中的权威。但是随着法治的进步，司法的威望越来越高，司法机关的主要任务就是解决疑难的事实问题和法律问题。这时，司法机关已经不再是严格意义上的执法者，而是法治空间的开拓者。

五、消除对裁判解释的误解

在大陆法系的历史上，裁判解释曾经被误解、被禁止、被遮掩、被遗忘和被扭曲。

首先,裁判解释被误解。在相当长的一段时间里,人们相信一种自动售货机式的司法理念,认为从这边输入事实和法条,从那一边就输出判决。这种机械主义的司法理念,没有看到法律文本和司法实践的上述四项矛盾,没有认识到裁判解释发生的必要性,也不承认裁判工作的创造性。其次,因为没有理解裁判解释对法律发展的意义,这种观念认为如果司法机构创造性判决,就是篡夺立法权的表现,而且会导致法律"软化",从而损害法的权威。再者,因为没有看到裁判解释就是法律职业共同体的共识,并且有种种程序控制,这种观念还担心,裁判解释的存在将导致任意司法行为的发生。

因为上述的误解,裁判解释在不同程度上,被明示或者默示的"禁止"。基于"立法万能"的理念,人们要求司法机构以事实为依据,以法律为准绳。当一个法官在裁判文书中阐述个人的观念时,被认为大逆不道。法国在1790年立法规定:"当法院认为有必要解释一项法律或制定一项新法时,必须请求立法会议。"差不多与此同时还设立上诉庭,(后来的最高法院),其任务就是撤销这种意义上有悖成文法的法院判决。[①] 拿破仑将法国民法典制定得尽量详细而明白,同时也不希望看到对法典的解释。早期大陆法系,没有一个国家将裁判解释权作为一种公共权力明确的授予所有的法官。我国受到前苏联观念的影响,至今还有许多人认为:谁有权制定法律,谁就有权解释法律。法官是裁判者,不能进行法律解释,只能依法裁判。在所有规定解释权的法律文件中,最多授予最高人民法院作为一个机构行使解释权力,而直接裁决案件的法官都被排除在外。

但是,一种必然存在的事物,"禁止"不能阻止它的发生。只要进行司法工作,裁判解释必然产生,在稍微疑难的案件中,就表现得非常明显。为了避免"麻烦",这种解释只能被"遮掩"。实践中的法

---

① 孔祥俊:《法律解释方法与判解研究》,人民法院出版社2004年版,第141页。

官不仅不会在裁判文书、或者在与当事人的沟通中"公开"的解释，而且也拒绝承认裁判的结论是自己发挥了主观能动性的结果。这种遮掩的态度是基于自我保护的需要，但也显示出法律人群体的无奈。

　　误解、禁止和反复遮掩的结果，裁判解释渐渐被人们遗忘了。人们相信法官没有进行解释活动。在我国较早的法律教科书和法学著作关于法律解释的分类中，只有立法解释、行政解释、司法解释和学理解释，没有裁判解释这个类别。以至于召开国际性的学术会议时，我国学者发现自己与发达国家和地区所论述的"法律解释"，指的不是同一个事物①。我国1981年《全国人大常委会关于加强法律解释工作的决议》以及2000年《立法法》的制定过程和颁布后的正式文本，都没有涉及裁判解释。就连"裁判解释"这个概念，也在近年才提出②。在法律学习中，学生看到的都是法律学者对法律的解释，甚至常常看到不同学者对法律解释的分歧与争论，但是看不到法官面临案件时对法律意义的阐释。虽然许多法科学生知道，在我国，各级法院一天要裁判一万多件案件，但是他们没有意识到：裁判解释是法官日常工作的组成部分。

　　从误解到被遗忘，环境的压力导致裁判解释在实践中也被扭曲。在承认裁判解释的法治发达地区，裁判文书中法官对法律问题的说理，是最有价值也是最精彩的内容。而且，只有通过这种说理才能让当事人服判。也只有法律人群体研究这种说理，才能不断改进裁判解释。但是，在误解裁判解释的地方，裁判文书变得非常简单，根本没有说理或者说理极不充分。这时裁判解释没有公开的、充分的科学理由支持，也没有坦诚的、开放的专业讨论过程予以锤

---

　　① 梁慧星：《裁判的方法》，法律出版社2003年版，第62页。
　　② 同上。根据作者的阅读范围，看到我国内地第一次提出"裁判解释"这个概念的是梁慧星教授。在我国司法解释的分类中，有审判解释（最高人民法院的司法解释）与检察解释（最高人民检察院的司法解释）。注意不要混淆审判解释与裁判解释。

炼,显示出可疑、生硬和武断的扭曲形象。裁判解释的扭曲必然导致司法质量和司法威望的下降,并且给司法腐败提供制度下的便利空间。

  20世纪后,裁判解释的地位在大陆法系的发达地区逐渐被重新承认。1973年2月德国宪法法院第一审判庭发布的一项决议规定:所有法官的司法裁判必须"建立在理性论证的基础上"①。我国在20世纪90年代发现了裁判解释的重要。现在,应该完全消除对裁判解释的误解了。法律学界已经普遍承认庞德教授提出的找法、解释和裁判的司法三步骤②,并由此提出,"没有法律解释就没有法律适用"③。其真实的含义是:"没有裁判解释就没有法律适用。"对于"法学方法论"或"法律解释学"研究的充分关注,也必然反映到司法实践中。许多有见识的法院都要求裁判文书中增加说理的内容,并努力提高说理的质量。最高法院的孔祥俊法官写到:"我在行政执法和司法实践中真切的感受到,适用法律是一个充满智力和艺术的活动,需要适用者洞悉法理、明辨是非和权衡利弊。在适用法律时,可能会面对种种复杂的情况:在法律条文清晰明白时,按其涵义付诸实施;在法律条文模棱两可或者模糊不清时,澄清其涵义;在法律条文的措辞未变,但已落后于现实时,对其涵义作出与时俱进的解释;在没有可资适用的法律依据,而又不能拒绝裁判时,解释不存在的法律规定或者寻找法律依据;在法律规范冲突时,按照一定的规则予以协调,获取符合法律秩序的法律答案。"④法官要适应中央提出的"提高法官素质"和"建设和谐社会"的要求,适应现代化的市场经济,适应千变万化的社会关系对裁判提出的要求,关键就在于

---

  ① 《联邦宪法法院判例》(BverfG) E34,269(287)。转引自〔德〕罗伯特·阿列克西:《法律论证理论》,舒国滢译,中国法制出版社2002年版,《德文版序》,第1页。
  ② 孔祥俊:《法律解释方法与判解研究》,人民法院出版社2004年版,第5页。
  ③ 梁慧星:《裁判的方法》,法律出版社2003年版,第50页。
  ④ 孔祥俊:《法律解释方法与判解研究》,人民法院出版社2004年版,第13页。

学习和掌握好法律解释学——裁判解释的原理、方法与艺术。①

六、法律解释的重新分类

传统观念将法律解释分为法定解释和学理解释,法定解释又分为立法解释、行政解释和司法解释。学理解释被归为无权解释,法定解释被推崇到崇高地位,在实践中等同于立法。为什么会如此分类? 正是因为上述的对裁判解释的误解,传统观念忽略了司法过程中,律师、法官以及当事人对法律共识的形成过程。没有认识到,所谓法治,就是实践中的多方面主体对法律的意义达成共识,并推崇这种共识的过程。忽视裁判解释与学理解释,过分推崇法定解释,不利于培养民众对法律的尊重,不可能塑造对法律的信仰。只有推崇法律实现过程的社会沟通与共识因素,才能塑造对法律的信仰和尊重,才能建设出人文主义的法制,才能形成和谐、民主的法治。

立法解释产生的文件和法律有同等的效力,它的本质是立法工作不是解释工作。立法解释这种分类应当加以改变。立法解释的过程必须遵循立法程序,并遵循的是下位法服从上位法的原则。只要在立法程序上能够通过,它可以"随意"的"解释"法律。很多时候,它不需要遵循解释的原理。这时它已不是立法试验,而是完完全全的立法工作。此外立法是一个社会中重大的政治过程,它受到政党意愿、政治谈判结果等因素的影响。为了将解释工作与立法工作区分开来,应当把立法解释完全归于立法,而不是归于解释。

行政解释中是指政府机构可以对自己制定的法律②加以解释,或者对它执行的法律加以解释。它的解释结果也是新的规范性文件的产生。如果这种文件是按照行政法规、部门规章或者地方政府规章的程序产生,那么该文件就是行政法规或者规章。此时的行政解释,也是立法活动。不属于行政立法活动的行政解释,是行政机

---

① 梁慧星:《裁判的方法》,法律出版社 2003 年版,第 75 页。
② 此处"法律"一词是广义的,指一切有法律效力的规范。

关的抽象行政行为,它所产生的规范性文件属于"行政政策"的范围。实际上,虽然大量法律授予行政机关"解释权",但是行政机关制定法律以外的规范性文件时,并没有将行政政策和行政解释进行仔细区分。因此,在学理上保留行政解释这种类别,不仅没有实质意义,而且导致种种不便。法律以外的这一部分解释应该直接归入行政政策。行政政策是法律的非正式渊源。司法机构在没有正式法律渊源时,可以借鉴非正式法律渊源进行裁判。综上所述,"行政解释"的两种产品各有所归,"行政解释"这种类别也可以取消。

最高人民法院和最高人民检察院制定的,以规范性文件形式存在大量的司法解释,是一种有中国特色的法律解释。我国法治建设初期,代议制机构的立法能力薄弱、法官专业化程度极其低下。在这种对法治发展不利的情况下,司法解释对细化制度建设、保持国家司法的一致性,以及提高司法质量都作出了重大贡献。对司法解释的性质、地位以及在将来的发展有很多探讨。因为司法机关不能取得制定一般性规范的立法权,所以只要这种解释形式存在,就应该将其保留在法律解释的框架内。有时,地方高级人民法院也可以发布指导性意见,这些意见因为没有取得1981年《全国人大常委会关于加强法律解释工作的决议》的授权,所以不能强制贯彻在审判过程中,但是也可以作为广义的"司法解释"对待。

传统观念还有有权解释与无权解释的分类。有权解释就是立法解释、行政解释和司法解释。无权解释是学者、律师、当事人等对法律的解释。无权解释的说法很容易引人误解,认为主体是没有解释权。但是前面已经论述,面对个案,各类主体都有权利进行解释。对于法律,关键不是有没有权利进行解释,而是这种解释能否被接受。这种分类在实践中没有什么价值,也应该修正。

综上所述,在我国目前,真正意义上的法律解释,应该分为三类:司法解释、裁判解释和学理解释。司法解释主要是最高司法机构以规范性文件形式发布的解释。裁判解释是法官在面临案件时,为了获得裁决的大小前提而对法律意义的阐述。学理解释是学者以及其他主体对法律的理解。① 这三种解释以裁判解释为中心和关注的焦点,可以相互促进,相互转化并相互制约,形成良性的互动关系。这种互动关系的发展对法治将产生深远的意义。

---

① 作为和目前观念相协调的方法,可以将此处的法律解释称为"狭义的法律解释"。包含了立法解释、行政解释的更大范围的法律解释,称为"广义的法律解释"。

第二章　认识法律模糊

一、关于法律模糊的描述

先提出一个假设：当前的成文法是绝对精确的，对象和概念之间的关系是一看便知的。现有的法律经验告诉我们，这个假设不成立、是要被推翻的。因为这是一种理想状况。可能有时对某个对象和概念之间的关系并无疑问，但发生疑问的场景很常见，这时就存在法律模糊。

法律模糊需要从概念的构成来说明。一个概念由两层内容构成：一层是表达概念的符号本身。这个符号可以被称作"能指"——能够指向特定对象的存在物。符号是我们能依靠感觉器官感受到的存在，像语音符号、形状符号等。概念的另外一层内容，是符号所指向的事物、行为、关系等对象，叫"所指"。"所指"其实就是概念的外延，是所有概念所指对象的集合。

符号与符号之间的外延在逻辑上应该一一对应，一个符号只能指向特定的一个或一类对象。因而，法律模糊是指能指与所指之间关系的不确定状态，即符号与对象之间关系的不确定状态。

二、法律模糊的分类

根据对现实中出现的法律模糊的不同特征，可以将其分成下列三类：

（一）外延型模糊

外延型模糊是指对一个对象是否属于一个概念的外延产生疑问的状况。我们在逻辑上把概念的所有对象的总和叫集合，它的对象就叫元素,实际上就是元素和集合之间的关系,元素和集合之间的归属产生了疑问,这种不确定就称为外延型模糊。

例如,民法上,"知假买假者"是否属于"消费者"?"驾驶汽车"是否属于"高度危险作业"?刑法上,股民的股票和资金账户是否属于"故意毁坏财物罪"中的"财物"?等等。这些疑问所反映的,都是某一个对象和概念之间的关系的不确定状态。

在部门法研究与实践中,还会产生一个概念和另一个概念到底是不是同一个法律概念的疑问。例如,不可抗力和意外事件是不是一个意思?不可抗力是不是属于意外事件的一种?是同一、并列还是归属、反对关系?这种疑问是关于法律概念集合和集合之间的逻辑上归属关系的疑问。这种模糊也是外延型模糊,它实际上是前述"元素和集合之间模糊"的发展,最终都化解成一个元素是否属于一个集合的问题。这种模糊需要根据第一种模糊的结论解决。

有些法律概念是极端模糊的,这是外延型模糊的极端情况。我们称这些概念为白地型法律概念。因为它规定了近似于没有规定,像一块白板一样。比如法律文本规定:情节严重如何,但什么是"情节严重"?大家很难把握。再如轻微的、适当的、合理的、公平的、诚实信用、公序良俗等概念,其内涵和外延都是模糊的。

在梁慧星教授的《裁判的方法》中有一个章节:不确定概念的价值补充,该处所讲的"不确定概念"就是此处所称的白地型概念,实际上是一种极端的法律模糊。因此处理法律模糊的方法也是处理"不确定概念"的方法,所说的"价值补充"并非是处理"不确定概念"的特有方法[1]。

(二) 多义型模糊

多义型模糊是因为一个语词(词组)有多种含义,从而使一个符号代表不同的几个概念,导致对象与概念之间关系的不确定性。比

---

[1] 梁慧星:《裁判的方法》,法律出版社2003年版,第183页。

如,"人"这个符号,在法律文本中可能代表自然人,也可能代表法人,那么在一个规范中出现的"人",到底是指"自然人"？还是"法人"？还是任何一个？这时就出现了多义性法律模糊。

多义型模糊存在的原因,是我们的日常语词或法律语词有专业含义和普通含义之分,有广义、狭义之分,在不同场景还有不同的含义。这样,一个具体对象属于符号代表的哪一个概念就难以确定。语言学习的经验告诉我们,语词的多义是普遍存在,打开《新华词典》,里面的词汇基本上都是多义的。

(三) 结构型模糊

结构型模糊指的是,自然语句的结构或虚词意义的不确定性,导致自然语句与其改写成的逻辑命题之间关系不确定的情形。因为这种模糊出现的原因是语法结构的模糊,因此称为结构型模糊。我们可以表达为:自然语句 A 对应逻辑命题 P_1 还是 P_2？

例如,我国《消费者权益保护法》第 2 条规定:"消费者为生活消费需要购买、使用商品或者接受服务,其权益受本法保护;本法未作规定的,受其他有关法律、法规保护。"对此规范的理解就有两种意见,一种意见是:"消费者购买并使用商品或服务适用本法",顿号表示的是并列关系;另一种意见是:"消费者购买或者使用商品或服务适用本法",顿号表示选择关系。这种不确定性就叫结构型模糊。

三、法律模糊的产生原因

法律模糊产生的原因很复杂,主要可以归纳为下列几点。

(一) 事物之间的界限的不确定性

无论是自然科学的事物还是社会科学的事物都是普遍联系并在时空中连续变化,所以事物之间的界限往往是不确定的。法律的制定者意图将事物"分开",并且给予其不同的法律效果,但这种"分开"是相对的,事物之间的普遍联系是绝对的。界限的不确定就导致难以用符号精确的描述它们,因此法律模糊必然存在。

（二）社会科学对象难以描述的特性

社会科学区别于自然科学就在于其研究对象具有难以描述的特性。社会科学研究的对象是关于人的行为、关系、意识、情感、状态等等，这些对象在时空中难以固定和回复。而自然科学研究的对象如石头、铁、化学溶剂、生物等，是放在那儿可以看得见摸得着的，很容易固定和回复。形象地说，自然科学的研究对象是"青山依旧在，几度夕阳红"。我们可以不断地把握它，它的模糊性就低得多。而社会科学研究的对象本身就具有模糊性，只能靠我们的记忆去展现它，语句去描述它，法律模糊的存在与此有关。

（三）社会科学判定事物方法的非操作性

自然科学所研究的事物依靠实验程序或者科学家会议判定。所谓实验是依程序逐步操作的，程序的确定性会带来所判定对象的确定性。科学家会议确定事物的界限时遵从少数服从多数原则，比如1米有多长？1秒有多久？根据多数人的约定来确定，概念就可以获得确定性。而社会科学既没有严格的实验操作程序，也没有严谨的科学家会议来界定概念，对概念的描述往往是模糊的。

（四）日常语言的模糊性

任何一个民族的自然语言在自发形成的过程中，都没有经过精确化处理。并且都是多个语言学家参与其中，没有经过像逻辑上的人工语言一样的精确化处理，因而必然存在模糊。

日常语言的模糊性体现在两个方面，一个是横向模糊，指同一个时间点上与其他事物界限的模糊。前面我们说过，事物是一个整体的，界限难以划分。比如，一个杯子和一个碗，当杯子的口张大到一定程度时，我们认为它就是碗而不是杯子了，但这个界限的尺度我们很难把握。

另一个是纵向模糊，指时间变化上的质变点的不确定。一个典型的例子就是"先有鸡还是先有蛋"？这是一个因为日常用语的模糊性导致的假问题，而不是一个真问题。因为，如果承认进化论是正确的,那么鸡是由原鸡演化来的,原鸡是由始祖鸟演化来的,始祖鸟是由爬行动物演化来的。原鸡、始祖鸟、爬行动物都生蛋,那么,原鸡是什么时间点上演化成了鸡?始祖鸟什么时候演化成原鸡?原鸡的蛋又是什么时候演化成鸡蛋?这在时间的长河中是没有准确的质变点的。所以,先有鸡还是先有蛋的问题,是没有理解鸡和鸡蛋这两个词的界限是模糊的、没有一个准确的质变点造成的。因而,它是由日常语言的模糊性造成的一个假问题。

(五)立法中类型化处理方法的局限

立法者在面临大量的社会现象时,首先就需要对社会现象进行分类,运用类型化处理方法,才能制定出具有一般性质的规范。否则就是对个别事物的指令。但是,立法者创造的概念是在进行人为的分类,往往是有局限的。类型化处理是先将具体的事物进行分类,然后用(语词)概念概括每一类,并且在必要的时候用语句描述界定这一概念和分类。如"不可抗力"等。在分类之后,再确定每一类在法律上的性质和法律后果。前文已述,因为事物是千差万别的,并且是连续相似的,连续相似导致类与类之间的界限模糊,所以,相似的类与类之间的界限就可能是模糊的。这就造成立法者对社会现象的分类是不精确的,其关于一个类的描述是简单的,所以,法律模糊不可避免。

(六)立法者的工作缺陷

立法者的工作缺陷也会导致法律模糊,表现在立法者对于立法对象(主体、行为、关系、事物)研究不足。立法者对于应当界定的概念缺乏界定,对于多义的语词、标点或结构没有限定含义,对于应当进一步分类的概念没有细分,使用语言不当,这些情况都会导致法律模糊。

(七)立法后事物发生了变化

即使立法者在立法之时对事物的把握是准确的,但立法以后事物仍然在发展变化,可能会产生立法者没有考虑到的对象。虽然说,立法者立法时要有一定的预见性,但是他是根据对过去的把握,面向未来立法,其对未来的把握必然是有限的,法律模糊也必然存在。

四、法律模糊的广泛性

上述原因的存在,也可以说明法律模糊存在的广泛性。实践中,没有哪一部法律没有法律模糊。可以说,所有的法律都有法律模糊存在,并且,绝大多数法律概念都存在一定程度的模糊。理论上,在立法技术先进时,多义型模糊与结构型模糊可以避免,因为我们能通过立法技术确定其涵义,避免模糊的产生,但外延型模糊不能避免,这从前面我们对日常用语的模糊性、事物界限之间的模糊性、概念分类不彻底性等原因的分析可以得出结论。当然,虽然法律模糊不可避免,但立法技术发达,法律模糊可以减少。

有人可能会问:有没有不模糊的法律概念存在呢?有,但数量非常少。绝对精确的法律概念通过两种方式得到,一种是通过数量化的方法来判定外延的概念,比如,行为能力的一个方面是由年龄来判断的,法律对年龄的判断能精确到一天甚至一秒。如果一个人1980年3月1日出生,他到1994年3月2日零时就具有刑事上的行为能力。这就是通过数量化的方法判断外延的概念。还有一种是通过实验性程序来判定外延的概念,程序的确定性可以创造不模糊的法律概念。例如,"我国有效的法律(狭义)"是通过立法程序确定的,这个词项表达的就是一个精确的概念。但是应该看到,不模糊的法律概念在法律中占的比例很小。

五、法律问题和法律模糊的关系

法律问题和法律模糊的关系是怎样呢?我们说,法律模糊就是一种法律问题。因为法律模糊是种不确定性,不确定性就是疑问。它们的关系可以这样表述:

下列每一个类型的法律问题都表达了一个法律模糊的存在。

1. 对象 A 是否属于概念 S_m？多义性模糊和外延型模糊可以最终分解成元素和集合之间的关系问题，因此其对应的法律问题类型就是前面的格式。例如当我们提出一个刑法上的问题：本案当事人的主观状态是否是"直接故意"？这个问题就说明对于提问者而言，有一个对应的外延型法律模糊存在。

2. 自然语句 A 对应逻辑命题 P_1 还是 P_2？这是结构型模糊对应的法律问题。当我们提出某一个法律条文应该改写一种结构的逻辑关系，还是另外一种结构的逻辑关系？这时就已经表达了一个结构性模糊的存在。

可见，特定类型的法律问题与法律模糊存在对应关系。由此可以将法律解释的原因理论进一步向前推演，狭义的法律解释（澄清模糊工作）存在的原因不仅仅是法律模糊的存在，还可以理解为就是特定类型的法律问题的存在。要解决法律问题就要进行法律解释。

六、法律模糊存在的影响

法律模糊的存在影响广泛。第一，法律模糊存在的地方，法律的指引、评价、预测等功能就受到了局限。法给人们提供行为标准，一旦存在法律模糊，人们存在疑问，行为标准就受到疑问，指引功能就受到影响。另外，法可以评价行为的性质，是合法还是非法，法律模糊的存在也使法的评价功能受到局限。人们可以根据法律预测行为的后果，但对象和概念之间的关系不确定，预见功能也会受到局限。

第二，导致法律概念的内涵和外延不确定。法律模糊存在，导致概念外延的不清晰和内涵描述的不完全。因为所谓概念的内涵是指属于这个概念的所有对象的共有的特征，既然所有的对象不能确定，那对其描述也是不完整的。

打个比方，若概念外延的界限本来是一条"线"，而现在法律概念的外延则是一个"晕",就像月晕一样,中间很亮到周围则渐渐变暗,但我们不知什么地方是"亮"到"暗"的界限。一个概念的外延分为核心区域和边缘区域。核心区域是指在语词"常用"的情况下所指事物的集合。"常用"指这些对象一般已经被合格的学习者所掌握并且可以通过实际使用的习惯来确定。比如"海啸"是不是属于"不可抗力"的情形,大家一看便知。剩下有疑问的对象叫边缘区域。但在实践中,核心区域和边缘区域的界限本身就是模糊的。

第三,法律模糊的存在,导致法律推理过程中,大前提和小前提不能自然得出。解决法律问题的模型是三段论,大小前提都要确定后,才能得出答案。但是大小前提需要通过一定的方法才能确定。处理法律模糊就是解决其对应的法律问题。解决该法律问题就要确定其大前提和小前提。前面我们说明了解决法律问题的模型:

存在 $A_1, G_1, S_1 \cdots S_n$ (A_1、G_1 代表事实,$S_1 \cdots S_n$ 为众多构成要件)

(1) $A_1 \in S_m$(经过扫描与匹配发现事实 A_1 符合构成要件 S_m)(第一个小前提——关于要件)

(2) $S_m \to R_m$(法律规定:凡是符合要件 S_m 的就有后果 R_m)(三段论的大前提)

(3) $G_1 \in R_m$(本案中 G_1 是法律效果 R_m)(第二个小前提——关于后果)

从(1)(2)(3)共同推导出:

$G_1(A_1)$(A_1 具有法律效果 G_1)

在上述模型中,如果出现外延型模糊,小前提不能自然得出。如果出现多义型或结构型模糊,大前提不能自然得出。此时,小前提与大前提是否为真,都需要通过一定的工作来获得。由此可知,虽然法律问题的解决过程中,大小前提的确定至关重要,但在许多时候,因为法律模糊的存在,它们并不容易获得。

第四,法律模糊存在使法律解释必然存在。处理法律模糊的工作是法律解释很重要的一个方面,由此我们知道,法律模糊是法律解释的存在基础之一,这是我们法解释学一个很重要的结论。处理法律模糊的工作就是法律解释工作。

第五,法律模糊存在,提出了部门法学的一方面工作任务。所有部门法学都要发现和研究该部门法中的所有法律模糊,并且澄清该模糊,找到其对应的法律问题的答案。这是部门法学主要工作任务之一,另外一方面任务是发现和处理法律漏洞。

第六,法律模糊的存在使法律没有绝对的确定性,但是却恰恰说明法律具有主体的确定性。如果立法技术较好,大多数法律模糊都是边缘性的模糊,并且立法技术很高时,边缘性的模糊可以渐渐缩小,法律文本就能够获得主体的确定性,也就是说大多数应用场景下含义是确定的。美国批判法学派的部分学者认为法律没有确定性,他们以法律的部分模糊来否定法律的主体确定性,这是不全面的。

第七,法律模糊的存在,决定了立法与司法的分工与判例制度的必然存在。法律模糊的存在提醒了立法者应有所为有所不为。立法者只能对社会中经常发生的对象进行规范,如果要规范所有对象,特别是实践中发生概率很小的事件,会使一部法律文本变得非常庞大甚至无限大,立法将无法进行。这就是,"立法要想完美,就不要立法"。

而立法者对常见对象的规范就可以使社会获得秩序,从而满足社会对立法的需要。因为社会秩序并不是对所有的对象都有评价的标准才能获得秩序,只要经常发生的行为得以规范并遵照这些规范行使,社会主体的行为就获得了稳定性、一致性和可预期性,就能建立社会秩序。

立法这样定位就使司法工作有了特定空间:司法必须处理不常见的边缘性案件。一个案件送交给司法机关不在于其常见不常见,而在于它是否对当事人的利益产生影响;它是否会发生纠纷,该纠纷是否必须由公共机构来解决。因而,司法机关必须处理不常见的边缘性案件,并且在两次立法之间负责发展法律。前一次立法可能留下了缺陷,在第二次立法完善它之前,司法机构应当积极进行试验性的活动,积累实践经验,从而发展法律。

  同时,不同的司法官员处理同类案件时要考虑其同行的实践,不能"各自为政","闭门造车"。司法机关对边缘案件的处理需要保持一定程度的一致性,这就应当承认和建立判例制度。一个司法机关对一个案件的处理在没有被立法机关吸收为法条之前,下一个司法机关如果遇到类似的案件,如果没有充足的反对理由,应当按照前一个司法机关的思路来处理,这就是同类案件同类对待——遵循先例的原则。如果要推翻先例,应当进行严格的论证,这也导致在法官共同体当中,形成平等探讨的理性氛围。在立法者创造主体的社会秩序之后,司法主体不断地修正、发展主体秩序,为主体秩序的变更积累细微的、持续的经验,这是法制发展的和谐景象。现代英美法系和大陆法系国家正是基于上述实践的需要,都正式或非正式地建立了判例制度,我国目前还没有这种制度,从法治发展的需要来看,也应当建立这种很有价值的制度[①]。

[①] 对于在我国建立判例制度,有许多探讨。请参阅张千帆、武树臣、张骐、武乾等学者的相关论述。

第三章 认识法律漏洞

一、对法律漏洞的描述

与前面讨论法律模糊一样,我们先提出一个假设:当前的成文法是绝对周全的,所有的权利、权力与义务都已经规定,所有的法律后果及其条件都已经规定,没有规定的法律性质和法律后果就不存在。

这个假设在现实当中,是非常苛刻、基本不成立的。因为,对于特定事项是否是一个权利、权力、义务、法律后果或其条件,如果法律没有规定,我们不能当然认定该事项不是任何权利、权力或义务,不是任何法律后果或其条件,也就是不能立刻认为该事项是不受法律调整的"中性事项",而应该考察该事项是否需要通过法律方法予以管理,再作出结论。法律没规定的我们不能当然认为法律不调整这个事物,否则就把立法者的智慧和权威"神化"了,并且也会阻碍法律在实践中发展。该假设所表达的态度是对法律文本作出绝对的信仰,相信立法者对所有的事项都已考虑周全,需要规定的事项都已经作出了规定。但是,"实践是检验真理的唯一标准"。实践中,立法者对很多事项都没有考虑到。

因此,一个法律上没有规定的事项,只有经过论证,在科学上认为其确实不需要法律进行规范,才能认定是"中性事项",否则,该事项就是法律应该规定,而没有有效规定的事项。这时,法律就存在应该制定而没有制定规范的现象,该现象被称为"法律漏洞"。

法律漏洞是法律体系中违反立法者意图,影响法的功能充分发挥的具体规则缺乏现象。法律漏洞首先是具体规则缺乏的现象。

就是存在一个事项,法律没有合理地规定它是一个权利、权力、义务,还是法律后果及其条件。其次,这种没有规定又是违反立法者意图的。何谓违反立法者意图?就是立法者知道或者应当知道这个事项,并且判定该事项不属于中性事项。如果是中性事项,立法者会故意保持沉默,而故意沉默不属于漏洞。因为中性事项用道德、习惯、民众意识等方式就能解决,不需要用法律来规范,这是立法者故意有所不为的区域。相反,立法者在本意中认为该事项需要法律进行规范。所以说,这一规则缺乏现象违反立法者意图。

只有某些领域法律没有明确规定,同时立法者又应当规定时我们才认为存在法律漏洞。如何判定立法者应该对这种事项作出规定?就看这种规则缺乏是否会影响法的功能的充分发挥,即法对社会生活加以指引、评价、预测和强制,从而促进秩序和正义的功能,是否因此受到损害。如果受到损害,该事项就是法律漏洞。

二、法律漏洞的分类

根据现实中出现的法律漏洞的不同特征,可以将其分成下列几种类型:

(一)明显漏洞

明显漏洞是指现存法律概念没有涵盖某种事项,而导致的规则缺乏现象,这种缺乏会影响法律功能的发挥,会影响社会秩序和正义的维持。明显漏洞根据原因又可分为三类:预想外型明显漏洞、消极型明显漏洞和授权型漏洞。

1. 预想外型明显漏洞

预想外型明显漏洞指立法者或准立法者(法律的起草者而不是立法会议的正式参加者)由于对某种事项不知而未设任何规定的情形。根据其原因又可分为两种:第一种是原始存在而不知导致的漏洞。即某一个现象在立法时就已经存在,立法者没有考虑周全而不知道,应当规定而没有规定。第二种是嗣后存在而不能知导致的漏洞。就是立法后又出现新情况,在立法时没有预见到,因此没有规定规则的情况。例如,立法时还未存在关于人工授精的情况,那么通过人工授精生育的子女与父母的关系以及与原精子提供者的关系如何加以调整的问题,当时的立法者没有考虑到,但该事项需要法律进行调整,否则不利于社会秩序和公正的维持,这里所产生的漏洞就属于"嗣后的预想外型明显漏洞"。

2. 消极型明显漏洞

消极型明显漏洞指关于某种事项,法律文本中未设规定,但立法者或准立法者在法律文本外的隐含意图对其已有判断的情况。此时立法者没有明确宣布对某个事项是赞同还是反对,但通过其他材料可以知道立法者的价值判断。例如,我国婚姻法规范中没有规定关于民间缔结的婚约是否具有法律上的强制效力,能否得到法律的保护。婚约所确定的权利义务是否属于婚姻法或合同法上规定的权利义务。这个需要调整的事项法律没有规定,因此存在明显漏洞。但是根据立法材料可以发现,当时立法者和准立法者的隐含意图,是婚约不应发生婚姻法或合同法上的效力。这种漏洞叫"消极型明显漏洞"。

3. 授权型漏洞

授权型漏洞,指立法者或准立法者关于某种事项的构成要件和法律效果明示或默示交由执行者判断,而故意不设规定的情形。立法者考虑到了某一事项,但是认为这一事项非常复杂,需要由具体的执行者(行政执法者和司法机关)在面对具体案件时,具体问题具体对待,灵活地创制更为细致的规则,来指导社会实践。此时法律文本所存在的漏洞属于"授权型漏洞"。民法、刑法、行政法中都存在这种情况。许多民事责任和刑事责任,立法者的规定比较粗略,需要执法者和司法者根据具体的案件创立计算的标准。行政法中关于行政机关很多事项的管理标准也只有一些原则性规范,行政管理事项的具体管理方法由行政机关根据具体的事项创立相应的政策,这些政策就是授权型漏洞下的一种补充。

(二) 隐含漏洞

隐含漏洞指表面上某种事项已被法律概念涵盖,但这种涵盖不能使该法的功能正常发挥的现象。有学者将隐含漏洞分为预想外型隐含漏洞、冲突型隐含漏洞与立法趣旨不适合型隐含漏洞。为了增强分类的实用性,此处所讲的隐含漏洞特指预想外型隐含漏洞。产生这种漏洞的法律条文所用的语词涵盖了本不应该涵盖的某种事项,而此漏洞的发生是由于事项超出了立法者或准立法者预想之外。它和预想外型明显漏洞都属于立法者没有考虑到的情形,但后者是立法者没有想到并且没有规定,前者则是没有想到却无意中规定了该事项,但是规定不合理。

预想外型隐含漏洞也分成两种类型。第一种是原始型预想外型隐含漏洞,指立法时这种事项已存在,但立法者没有考虑周全,把一个事项包含到一个要件中去,赋予其效果,而该效果的赋予是不恰当的。比如,我国在制定《经济合同法》时就已存在融资租赁行为了,但立法时把它规定到租赁中去,用租赁涵盖了融资租赁,赋予其法律效果。但融资租赁和一般租赁的法律效果实际具有较大差异,这就产生了涵盖不当的现象,所以后来立法又重新规定了融资租赁。第二种是嗣后型预想外型隐含漏洞。指立法时这种事项不存在,而后来出来的这一事项被现行的概念涵盖了,并且这种涵盖不合理。

(三) 冲突型漏洞

冲突型漏洞指某一事项法律上有相互矛盾的不同规定,该矛盾又不能按照法律的效力等级规则来解决,从而导致规则缺乏的现象。一种法律事项有两种不能同时成立的法律效果,就需要进行选择。一种选择的依据是法的渊源等级规则,也就是按照"上位法优先于下位法"、"特别法优先"、"实体法优先"、"国际法优先"、"后法优先"等规则进行选择。但有时这种选择规则并不能发挥作用,或者得出的结论不能令人满意,这时就出现了选择上的缺失,需要通过法律解释的方法,发现相应的论据来选择合适的规范。比如,刑法上经常有一个行为被多个罪名涵盖的情况,出现所谓的"想象竞合犯""吸收犯"等情况,其实都是冲突型漏洞的一种表现,这时就需要通过刑法解释的相关原理,确定合适的法律规范。

(四)违反立法宗旨型法律漏洞

违反立法宗旨型法律漏洞指某一条具体规则与该规则的目的或整个法律目的相违背,导致不能适用,需要重新创设规则的情形。有学者将这种情形描述为该条文的含义和其立法趣旨不相符,所以又称其为"立法趣旨不适合型漏洞"。这时的现存规则可以说是一条恶法,整个条款都应当被排除,因此这种漏洞也可以称为"恶法型漏洞"。

恶法应当按照一定的程序,被识别并且被排除[1]。在实践中,可能发现有条款问题很大,不能依靠目的性扩张或限缩解决问题,而是应当需要整个被排除,并重新设定法律效果。虽然很多人会反对在修订该法之前就排除该条款的适用,但在科学上应该这样做。因为不能放任现实中的权益受到遥远的立法者错误的践踏。当前的立法一般采用整体表决通过的方法,该方法有一定弊端,如果多数代表对某一部法律整体上是满意的,但对其中的个别条款可能普遍不满意,在作出取舍之后,还是对整个法案投了赞成票,那么在这种情况下,就会出现个别条款与整体立法宗旨相违背的情形。当然,如果立法者不能代表普遍民意,或者立法者工作出现差错,或者立法后社会发生变迁而旧法过时,也会产生"恶法"型的条款,出现违反立法宗旨型的漏洞。

---

[1] "恶法亦法"还是"恶法非法"?这似乎成了法理学的难题。解决这个问题需要确定"法"的标准。而这个标准必然是实体标准与程序标准的统一。从法治的角度分析,立法者不能武断地认为:其所发布的任何法律条文,司法机构都不能试验性地识别与修订其中的错误,哪怕这种修订在程序上最终需要立法者明示或者默示的确认。实践中,正是司法机构发现了许多立法错误,并最终得到立法者的承认与修正。

在一个条文被认定为恶法后,案件的判决会出现特殊情况。该条文不愿意赋予的法律效果就会被赋予给特定主体,或者该条文规定必须赋予特定主体的法律效果却被剥夺,这时裁判者作出了与立法者的指令完全相反的判决。因此对恶法型漏洞进行识别非常重要。如果一个国家司法的质量和威望普遍低下,对司法机关的创造性工作认同不足,那么对这种漏洞的认定和补充就需要考虑特定的程序,以防止产生不必要的冲突和麻烦。应该强调的是:我们应该支持对"恶法"型漏洞的补充工作,因为司法和执法过程中创造性地对法律中的错误进行识别和修正,实际上是法律进化的表现。只要这种修正受到正当司法程序的规范,就不用担心经常出现恣意妄为的篡改行为。

三、法律漏洞存在的原因

法律漏洞和法律模糊存在的原因既有相同之处,也有不同之处。概括起来,有以下几点:

(一)社会科学对象难以描述的特性

首先,还是社会科学研究的对象难以描述、难以掌握的特性导致法律漏洞的产生。"世界上没有两片完全相同的树叶",社会上也没有两个完全相同的行为和事件。法律是针对社会行为和事件作出规范,社会现象的极度复杂性导致立法者对它的把握和描述都是有限的,因此就有可能出现遗漏,这种遗漏就会产生法律漏洞。

(二)立法后事物发生了变化或出现了新事物

即使立法者在立法当时考虑很周到,立法之后事物、行为等社会现象还是会发展变化。出现新的事物后,过去的立法者没有规定,新的立法者还没有对其加以调整,这时就发生了法律漏洞。总之,事物的变化导致产生法律漏洞。

(三)立法者能力有限

事物的变化和事物的复杂性相对于立法者的能力而言,如果立法者不能把握它,就会发生法律漏洞。能力有限是指立法者即使再尽职尽责,他对未来的把握都是有限的。

（四）立法者的工作缺陷

有些立法者工作的严谨细致程度本身就存在缺陷,没有仔细对法律之间的冲突、本法律与其他法律的关系进行梳理,这就会导致立法对有些事物没有规定或规定不当,导致法律冲突、涵盖不当或错误规定的现象。

四、法律漏洞的广泛性

以上导致法律漏洞出现的因素,不是偶尔发生,而是经常发生,不是在一个部门法领域发生,而是在任何一个部门法领域（包括刑法领域）都会发生。因此,法律漏洞的存在不是个别现象,而是法律实践中的普遍现象。根据观察和思想实验发现,从中央到地方制定的所有的法律文本,都现实存在或可能存在法律漏洞。所有民族的过去和现在的法律文本都存在或可能存在漏洞。

求全责备就一事无成。立法者不能追求极限完美,否则立法工作将难以进行,因此我们对法律漏洞应该保持宽容的心态。法律漏洞的存在本身,不会对整体法制产生破坏性影响。如果不承认法律漏洞存在,或者拒绝对发现的法律漏洞进行补充,才会对法制产生破坏性的影响。一个法律规定有缺陷或不完善,恰恰是要对其加以改进的地方,法律漏洞的存在反而是法制的生长点,正是法制需要更新的一个领域。

五、法律漏洞存在的影响

与法律模糊相似,法律漏洞的存在对法制操作产生诸多影响。

第一,法律漏洞的存在使法的指引、评价、预测和教育等功能受到损害。法律漏洞存在的地方,当事人的行为标准缺失,要么找不到标准,要么会找到有害的或者相互矛盾的标准。这时,法的指引、评价、预测、教育功能都受到局限。当然,认识到这种局限,就产生了弥补法律漏洞的动力。

第二,法律漏洞的存在提出了部分案件三段论大前提的发现任务。案件的判决通过大前提和小前提推出结论,但是法律模糊和法律漏洞的存在,使法律推理的大前提和小前提不能自然得出,需要通过一定的方法来确定。"S_m 蕴涵着 R_m"这个大前提缺乏时,就不知道一个案件事实"A_1"属于哪一个构成要件"S"。此时需要创设一个要件,并赋予这个要件一个效果,论证它是合理的,然后才能得到 A_1 这个事实得到法律上的一个合适的后果。处理法律漏洞时就要创造性地确定案件推理所需要的大前提。

前面一章,论证了法律模糊是法律解释的一个存在基础,现在可知,法律漏洞就是另一个存在基础。解决法律模糊和漏洞的过程都是使法律含义明确、具体和完整的过程,因此,两者都是法律解释工作。法律模糊和法律漏洞作为两个必然存在的事物,它们共同构成了法律解释存在的基础。

第三,法律漏洞的存在决定了部门法学的另外一方面主要工作任务。前文已经说明,澄清法律模糊是部门法学的主要工作任务之一。同样,所有部门法学都要发现和补充本部门法的法律漏洞,并且要不断研究可能出现的法律漏洞,并且补充这些漏洞。因此可以认为,部门法学研究的主要任务就是澄清法律模糊和补充法律漏洞。

第四,法律漏洞的分布规律决定法律的具有主体确定性。和法律模糊一样,法律漏洞虽然广泛存在,但是相对于已经有效的法律规范,其数量还是少得多。在大多数应用场景下是存在确定规则的。因此,虽然法律文本不具有完全的确定性,但是具有主体的确定性。在立法技术较高时,法律文本越细致,法律漏洞越少,法律的确定性越强。现代批判法学派的部分学者,以法律的部分漏洞否定法律的主体确定性,这一观点是以偏概全的。

第五,法律漏洞的分布规律决定了立法与司法的部分分工,以及判例制度的必然存在。这一原理和法律模糊的影响相同。立法只能对社会中经常发生的对象进行规范,如果要规范所有对象,立法将无法进行。但立法对不常见的事项不规定,不是说这些事项不会发生纠纷,不需要执法者和司法者来加以判断。因此,立法对常见对象的规范可以使社会获得秩序,没有规范的事项一旦发生相关纠纷,就由司法机构来解决它[1]。司法机构必须在两次立法之间负责发展法律。这说明了立法和司法在创造规则上存在分工。前一章说明了司法机关试验创造规则,应当保持一定程度的一致性,此处的原理也相同。为了公正与有效率地解决纠纷,司法机构必须处理法律模糊与法律漏洞,这种处理工作在不同的法院之间应该保持特定的协调关系。基于上述需要,在司法体系中应该建立合理的判例制度。

六、法律问题和法律漏洞的关系

前文已经论证,法律模糊和法律问题存在着密切联系:特定种类的法律问题和特定种类的法律模糊存在着完全对应的关系。此处原理相同:凡是符合特定类型的法律问题和法律漏洞之间也存在着完全对应的关系。符合下列条件的法律问题都在表达特定法律漏洞的存在:假设对象 A 不属于任何一个现行法律上的要件,那么 A 是否给予效果 R?无论是明显型漏洞、隐含型漏洞、冲突型漏洞还是违反立法宗旨型漏洞都可以化解成这样的问题。

实际上,所有的法律问题都可以分成前述的四种类型,所以,法律模糊、法律漏洞和法律问题三者之间存在一一对应的关系。特定

---

[1] 所有的法律漏洞都能够由司法机构来补充吗?基于维护立法者权威,有前述的顾虑。实际上,如果法律漏洞的存在对解决纠纷没有影响,那么补充它没有什么价值。如果一项法律漏洞的存在对特定纠纷的合理解决存在必然影响,补充该漏洞是司法机构的职责。法官补充法律漏洞,不是因为要行使立法权,而是因为要公正有效率地解决纠纷。

类型的法律问题,要么表达了一个法律模糊的存在,要么表达了法律漏洞,它们之间的逻辑关系就非常清晰了。

　　这一发现使我们重新认识法律解释的存在基础。为什么要进行法律解释？表面看,是因为存在法律模糊和法律漏洞,但是只要提出一个法律问题,就表达了特定的法律模糊或漏洞的存在,所以法律解释存在的最终基础是法律问题的存在。只要提出法律问题,就要进行法律解释。这个逻辑关系对"没有法律解释就没有法律适用"作出了完整的论证。

　　认识法律模糊和法律漏洞之后,可以发现,法律能够给社会带来秩序和正义,但是经常性的处理法律模糊和漏洞的工作,使这种秩序与正义不断地更新和发展。因此,法律给社会带来的秩序与正义不是僵化的秩序和正义,而是发展的秩序和正义,是"活的秩序和正义"。

第四章　解决法律问题的一般逻辑过程

一、现行学说与存在的问题

案件中的事实问题解决之后,就要解决法律问题。其中法律问题可以分为中心法律问题与分支法律问题。中心法律问题是原告或控诉方的诉讼请求是否成立。分支法律问题是案件中每一个客观事实的法律性质与法律效果是什么。中心法律问题不能够直接解决,必须分解为分支法律问题才能解决。如何对中心问题进行分解？中心法律问题的解决在逻辑上是否具有一般的规律？这是一个需要研究的重要问题。

目前我国国内权威的法理学著作,对此有一个简单的回答,认为简易案件的中心法律问题,其解决过程的逻辑是一个三段论结构,所进行的推理是形式推理；而对于复杂案件,其解决过程的逻辑是辩证逻辑,所进行的推理是实质推理。① 但是该学说并没有给出辩证逻辑和实质推理的规律。有学者试图对此作出展开。② 有学者试图抛弃依三段论的逻辑规律来讨论司法裁决的证明逻辑,提出了替代性的等置模型。③ 在国际上关于法律论证的逻辑过程的理论,没有采纳前文区分为形式推理和辩证推理的学说。卢勃列夫斯基将法律裁决的证立区分为内部证立和外部证立两个方面④,内部证

---

① 张文显:《法理学》,高等教育出版社2003年版,第316页；沈宗灵:《法理学》,北京大学出版社2003年版,第396页。
② 参见解兴权:《通向正义之路》,中国政法大学出版社2000年版,第165页。
③ 郑永流:《法律判断形成的模式》,载《法学研究》2004年第1期。
④ 〔德〕罗伯特·阿列克西:《法律论证理论》,舒国滢译,中国法制出版社2002年版,第274页。

立是指法学判断可有立论之前提逻辑的推导出,而在外部证立中,这些前提的可接受性获得了支持。① 阿列克西对于内部证立和外部证立的逻辑结构,提出了相当清晰的分析模型。② 我国也有学者阐述了建构大前提和小前提的特定方法。③ 本章计划在此基础之上,根据法律问题解决者(很多时候是裁决者)解决法律问题的思维过程,运用逻辑形式语言描述的方法,提出解决法律问题的一般逻辑过程;并依此为根据,说明科学解决法律问题应该遵循的五个步骤。

假设一个案件④:到法官进行判断时,有一系列客观事实被查明为真,依照事实发生的时间顺序,依次用符号表达为:k_1、k_2、k_3、k_4、k_5(这里用五个事实代表系列事实的存在)。

所有法律规范都在设定不同的构成要件所导致的不同法律后果。构成要件用 S 表示,$S(x,y)$ 表示对于主体 y,有事实 x 符合法律要件 S。⑤ 法律后果用 R 表示,$R(y)$ 表示主体 y 得到法律效果 R。$(\forall x)$ 表示对于任何一个 x,$(\forall y)$ 表示任何一个 y,一项法律规范所表达的构成要件和法律效果之间的关系在逻辑上表达为:

$$(\forall x)(\forall y)(S(x,y) \to R(y))⑥$$

为了表述的简略,又因为在法律规范全部是全称命题,改写成逻辑表达式后前面都是全称量词,所以后面的逻辑表达式前省略全

---

① 〔荷〕菲特丽丝:《法律论证原理》,张其山、焦宝乾、夏贞鹏译,商务印书馆2005年版,第105页。
② 〔德〕罗伯特·阿列克西:《法律论证理论》,舒国滢译,中国法制出版社2002年版,第275页以下。
③ 郑永流:《法律判断大小前提的建构及其方法》,载《法学研究》2006年第4期。
④ 无论是民商事案件、刑事案件、行政案件、国家赔偿案件、违宪审查案件或者国际法案件,都可以这样用符号代表和分析。
⑤ 在一阶谓词逻辑中,该表达式相当于两个不同的对象 x,y 具有关系 S。
⑥ 有学者在此表达式的后件前加上规范逻辑中表示"应当"的逻辑算子"O",对此可以省略,因为该逻辑算子可以被界定为法律效果的一部分,法律效果中的另一个规范词"可以",也同样可以做内化处理。

称量词,类似 $S(x,y) \rightarrow R(y)$ 的表达式默认为全称表达。[①]

司法时所依据的法律体系有很多法律要件 S_1 到 S_n,也有很多法律后果 R_1 到 S_n。因此所有的法律规范可以用下述符号总括表达:

$$S_1 \cdots n(x,y) \rightarrow R_1 \cdots n(y)$$

本案件的原告 a 提出要求得到一个特定的法律效果 R_m,那么这个案件的中心法律问题就是该法律效果在判决案件时对于原告是否成立,或者说 R_m 对于本案是否为真?用逻辑符号表达为:$R_m(a)$?

二、没有法律模糊和漏洞时的逻辑过程

案件中的法律问题必须依据现行有效的法律解决,解决法律问题的首要任务是在法律体系中寻找合适的法律规范。解决上述中心法律问题时,可以先逐一考察案件中被查明的客观事实,导致法律体系中的哪些构成要件成立。首先将事实 k_1 针对所有的法律要件进行逐一扫描和匹配,如果发现其符合构成要件 S_1,就可以判定 S_1 对于 k_1 和主体 a 为真,用逻辑符号表达为:

$$S_1(k_1, a)$$

[①] 对于法律条文向逻辑表达式的改写,有几种情形:一种情形是构成要件和法律效果针对是一个对象,可以改写为 $S(x) \rightarrow R(x)$,例如,"18 周岁以上的公民是完全民事行为能力人",改写成逻辑上的表达式是:"如果 x 是 18 周岁以上的公民"($S(x)$),"那么 x 是完全民事行为能力人"($R(x)$)。第二种情形是构成要件和法律效果中存在多个对象之间的关系。例如,"未成年人的父母是未成年人的监护人。"改写成逻辑上的表达式是:"如果 x 是未成年人"($W(x)$),并且"y 是 x 的父母"($F(x,y)$),那么"y 是 x 的监护人"($J(x,y)$)。用符号代表为 $W(x) \wedge F(x,y) \rightarrow J(x,y)$。第三种就是正文中所选择的情形,在构成要件中存在多个对象之间的关系,在法律效果中只表达了主体的获得特定法律效果。"故意伤害他人身体的,处 3 年以下有期徒刑、拘役或者管制。"补充其中的省略词汇,再改写成逻辑上的表达式为:如果"x 是有责任能力人"($Z(x)$),并且"x 的 y 是故意伤害他人身体的行为"($S(x,y)$),那么"x 应该处 3 年以下有期徒刑、拘役或者管制"($C(x)$)。用符号代表为 $Z(x) \wedge S(x,y) \rightarrow C(x)$。第三种情形在条文中相当常见,因此本书将其作为代表。

根据法律体系的构成,即在 $S_1\cdots n(x,y)\rightarrow R_1\cdots n(y)$ 中,有特定构成要件 $S_1(x,y)$ 蕴含特定法律效果 $R_1(y)$,记为 $S_1(x,y)\rightarrow R_1(y)$,那么根据逻辑上的三段论规律,得到对于本案的原告 a,法律效果 R_1 为真。其逻辑过程为:

由 $S_1(x,y)\rightarrow R_1(y)$

和 $S_1(k_1,a)$

得到 $R_1(a)$①

因为 R_1 不是原告在本案中最终所要求的法律效果,并且本案的所有事实并没有考察完毕,所有对其他事实也要逐一在法律效果中进行扫描和匹配。再经过找法、扫描和匹配,得到:

$$S_2(k_2,a);S_3(k_3,a);S_4(k_4,a);S_5(k_5,a).$$

根据相同的三段论原理,得到:

$$R_2(a);R_3(a);R_4(a);R_5(a).$$

假设通过查阅法律,发现在法律体系中,有一项法律规范规定 $S_2(x,y)$ 与 $S_3(z,y)$ 两个要件同时成立即可推导出法律效果 $R_m(y)$ 成立,即 $S_2(x,y)\wedge S_3(z,y)\rightarrow R_m(y)$,(其中符号 $\wedge$ 表示并列关

---

① 目前通说认为:法律推理的大前提是法律判断,小前提是事实判断而不是法律判断。所谓:"法律规范是大前提,案件事实是小前提,判决是三段论的结论。"实际上,大前提和小前提都是法律判断,小前提是关于特定事实和法律概念之间关系的判断,是法律上的定性判断,严格意义上它并不是描述案件事实的事实判断。例如,"公民下落不明满两年的,利害关系人可以向人民法院申请宣告他为失踪人。"这一规范是大前提,某个人的特定情况是否是"下落不明满两年",另外一个人是否是"利害关系人",这些小前提都是关于法律属性的判断,也是法律判断,并非描述事实的判断。只有不使用法律文本上的概念,纯粹使用自然语言去描述客观事实,例如某个人何时出走,多长时间没有和家人联系,这样的判断才是事实判断。刑法条文有:"故意伤害他人身体,处 3 年以下有期徒刑、拘役或者管制。"裁决者在解决事实问题时,就不能直接用"故意伤害"这个词汇描述案件。必须现有证据审查结束了,事实用自然语言描述出来,才能判断当事人的行为是否是"故意伤害"。若最初就使用法律概念描述案件事实,等于给事实预先作了定性。因此这种纠正对于防止司法实践中先入为主的错误很重要。

系。)①那么,在本案中,根据逻辑规律,可以推理得到 $R_m(a)$ 为真。用逻辑公式表示为:

$$(S_2(x,y) \wedge S_3(z,y) \rightarrow R_m(y)) \wedge (S_2(k_2,a) \wedge S_3(k_3,a))$$
$$\rightarrow R_m(a) ②$$

由此解决了中心法律问题:"$R_m(a)$?"

上述解决中心法律问题的方法,是根据客观事实发生的时间顺序,逐一考察它们在法律上符合哪些构成要件,能够产生哪些法律效果,等到所有的客观事实都经过了分析,就可以发现案件中的诉讼请求是否成立。这种方法称为"历史分析方法"③,也可以称为"顺向分析方法"或"法律关系分析方法"④。

历史分析方法的优点在于不遗漏客观事实,让人形成对事实环环相扣的分析感受,展示裁决者非常尊重本案的客观事实。但这种分析过程有时会做一些多余的工作,所发现的部分法律效果缺乏针对性,对于解决中心法律问题没有作用。如前面发现的法律效果 $R_1(a)$、$R_2(a)$、$R_3(a)$、$R_4(a)$、$R_5(a)$ 最终与判定 $R_m(a)$ 是否成立就没有关系。因此历史分析方法的优点是不遗漏事实,但分析可能缺乏针对性。

能够克服历史方法缺陷的另一种方法是"要件分析方法",有学者也称其为:"请求权基础的分析方法"。⑤ 现在假设该方法面临的题设与历史方法一样:

---

① 法律体系中一个特定的法律效果可能有一个构成要件导致,更多时候是由多个构成要件导致。这里举例说明的方便,假设案件中的法律效果是两个并列的构成要件导致一个法律效果。如果是一个或两个以上,其逻辑原理相同。

② 第一章中说明解决法律问题的逻辑模型是复杂的三段论——三段论的组合,此处为说明问题方便,暂时不添加关于法律后果的小前提,所以本处使用的是简单的三段论模型。根据这一简单模型,将本章的主题阐述清楚后,再结合关于法律后果的小前提,就可以得出法律论证的完整逻辑结构。

③ 王泽鉴:《法律思维与民法实例》,中国政法大学出版社2001年版,第40页。

④ 王利明:《民法案例分析的基本方法探讨》,载王利明主编:《判解研究》2004年第3辑,人民法院出版社2004年版。

⑤ 王泽鉴:《法律思维与民法实例》,中国政法大学出版社2001年版,第42页。

1. 事实：k_1、k_2、k_3、k_4、k_5。
2. 法律体系为：$S_1 \cdots n(x,y) \rightarrow R_1 \cdots n(y)$

中心法律问题为：$R_m(a)$？

在解题时，要件分析方法不是首先逐一关注每一个客观事实在法律体系中的性质和后果，而是首先关注在现有法律体系中，在任何时候，能够导致中心法律问题所包含的法律效果成立的法律要件有哪些？即

$$R_m(y) \leftarrow ?$$

这是一种有针对性的逆向思维，和数学证明中逆向分析的思路完全一致。在操作中，要仔细检阅整个法律体系，寻找在逻辑上蕴含 $R_m(a)$ 的并列、选择和排除要件。这里根据和前面历史方法的同样假设条件，发现在 $S_1 \cdots n(x) \rightarrow R_1 \cdots n(y)$ 中有：

$$S_2(x,y) \wedge S_3(z,y) \rightarrow R_m(y)$$

接下来，分析者就考察：$S_2(x,y)$、$S_3(z,y)$ 这些要件，相对于本案事实，能否成立。通过将案件中的每一个客观事实和它们逐一匹配，最终发现：

$$S_2(k_2,a)、S_3(k_3,a)$$

因此，可以推导出 $R_m(a)$ 为真。

这里对于其他无关的客观事实、法律要件和法律效果，就不予关注，这体现了要件分析方法简洁的优点。但是后面会发现，存在法律漏洞时，这种操作也有忽视客观事实的缺点。

以上通过两种方法的操作，说明了一个案件中，中心法律问题所包含的法律效果成立时的逻辑过程。下面需要说明，这一法律效果不成立时的逻辑过程。

题设同前。选取逆向分析方法操作，通过找法发现：

$$S_2(x,y) \wedge S_3(z,y) \rightarrow R_m(y)$$

又考察这两个构成要件在本案中的成立情况。但是经过匹配发现本案中没有一个客观事实能够导致其中一个要件为真，或者只

有一个要件相对于本案成立。即

$-S_2(k_2,a) \wedge -S_3(k_3,a)$（$S_2(k_2,a)$为假记为$-S_2(k_2,a)$，下同）

或者是：

$$-(S_2(k_2,a) \wedge S_3(k_3,a))$$

此时，逻辑上，能否自然推导出：$-R_m(a)$，就是认为本案中主体a不能得到法律效果R_m？不能，因为逻辑规律上，$S \rightarrow R$，并且$-S$时，不能推导出$-R$。只有$S \leftarrow R$，并且$-S$时，才能推导出$-R$。因此在这里就要添加假设：

$$S_2(x,y) \wedge S_3(z,y) \leftrightarrow R_m(y)$$

由这一假设和$-(S_2(k_2,a) \wedge S_3(k_3,a))$成立，就可以推导出$-R_m(a)$。

这个假设在逻辑学上的意义，是将$S_2(x,y) \wedge S_3(z,y)$和$R_m(y)$之间的逻辑关系，由充分关系变成了充要关系。在法理学上，就是假设该法律体系没有法律漏洞，所有关于$R_m(y)$成立的要件都已经规定，没有规定的要件，就是不存在，因此$S_2(x,y) \wedge S_3(z,y) \leftrightarrow R_m(y)$。这种需要添加假设的情形，在使用历史分析方法判定$R_m(a)$不成立时，也同样存在。

由此可知，我们通常解决法律问题的思路中，可能隐藏着特定的假设。上述情形是隐含假设不存在法律漏洞。如果再仔细考察前面的几个过程，还会发现我们我们的思维中还隐藏着另外两个方面的重要假设。一个是考察法律体系时可以自然得出$S_2(x,y) \wedge S_3(z,y) \rightarrow R_m(y)$，也就是用自然语言表达的法律规范如何改写成逻辑上的表达式，是一看便知的，不存在自然语言结构上的模糊。另外，我们也假设能够很简单的判断$S_2(k_2,a)$、$S_3(k_3,a)$为真或者为假，就是事实和概念之间的关系一看就知，不存在法律概念外延上的模糊。

但是根据法律经验可知，关于一个法律体系没有法律模糊和没有法律漏洞的假设是十分简单的，也是十分苛刻的，在法律实践中基本不成立。在实际的找法过程中,只要翻阅规范性法律文件,试图寻找对于案件事实可以适用的法律规范时,就会发现不同程度的法律模糊甚至法律漏洞的存在。[①] 因此,解决法律问题的第一个步骤——找法操作完毕后,自然导致第二个步骤——发现法律模糊和法律漏洞。在这个过程中,前述法律推理的大小前提会发生复杂的变化,关于解决法律问题的一般逻辑过程的描述也会进一步深化。

三、存在模糊或漏洞时的逻辑结构变化

法律模糊分为三种:结构型模糊、多义型模糊和外延型模糊。此处仍然沿用前面的推理模型:

$$S_2(x,y) \wedge S_3(z,y) \rightarrow R_m(y) \quad 且$$
$$S_2(k_2,a) \wedge S_3(k_3,a), \quad 得 \quad R_m(a)$$

1. 当存在结构型模糊时,自然语言表达的规范如何改写成逻辑上的表达式,存在不确定性。裁决者会存在疑问:自然语句 A 对应的逻辑表达式是 P_1 还是 P_2?(P_1,P_2 代表两个不同的逻辑表达式)[②]如果上述案件发生这种模糊,就表明法律体系中的某一个语句,不能确定的对应 $S_2(x,y) \wedge S_3(z,y) \rightarrow R_m(y)$ 这样一个逻辑表达式,此时推理的大前提不能够自然得出。裁决者不能断定三个法律命题 $S_2(x,y)$、$S_3(z,y)$ 与 $R_m(y)$ 之间的逻辑关系,是 $S_2(x,y) \wedge S_3(z,y) \rightarrow R_m(y)$ 的形式,还是 $S_2(x,y) \vee S_3(z,y) \rightarrow R_m(y)$ 的形式

[①] 即使对于最简单的案件,也可以认为最轻度的法律模糊存在。例如,某某在汽车上趁人不备从其口袋里拿走钱财的行为是否是"盗窃"?这个问题一旦提出,在我们的思维中就有一个对象和概念之间的归属关系处于不确定的状态,可以认为这时存在最简单的法律模糊。由此可知,有法律问题就有法律模糊,有法律模糊或法律漏洞就要进行法律解释,因此有法律适用就有法律解释。关于"没有法律解释就没有法律适用"的论述,见梁慧星:《裁判的方法》,法律出版社 2003 年版,第 50 页。

[②] 结构模糊在法律模糊中的出现频率较低,但是现行法律体系中确实存在这种模糊。例如《消费者权益保护法》第 2 条中规定:"消费者为生活消费需要购买、使用商品或者接受服务,其权益受本法保护;……"其中的"购买、使用"之间的顿号,应该做并列关系理解还是选择关系理解,就是一个典型的结构性模糊。

（其中"∨"表示选择关系），或者是其他的形式。此时前面所述案件法律推理的大前提，由 $S_2(x,y) \wedge S_3(z,y) \rightarrow R_m(y)$ 变成：

$(S_2(x,y) \wedge S_3(z,y) \rightarrow R_m(y)) \vee (S_2(x,y) \vee S_3(z,y) \rightarrow R_m(y))$，

甚至其他形式。后面这个逻辑表达式虽然在逻辑上可以存在，但是在法律规范的表达中，并列关系和选择关系表达了对当事人不同的法律要求，因此法律命题不允许如此模棱两可，我们必须在并列关系和选择关系中确定一个。

2. 当存在多义型模糊时，自然语词 B 对应的逻辑概念是 S_1 还是 S_2？① 上述的大前提也不能够自然得出，变成了：

$(S_1(x,y) \wedge S_3(z,y) \rightarrow R_m(y)) \vee (S_2(x,y) \wedge S_3(z,y) \rightarrow R_m(y))$，

在法律上，不能想象立法者会同意自己所用的一个语词是代表两个摇摆不定的概念的，因此上述逻辑表达式在法律推理中也不能接受，裁决者必须选择一个确定的表达式。

3. 当存在外延型模糊时，上述大前提是确定的，但是小前提不能够自然得出。② 因为特定事实是否属于特定的构成要件存在疑问，推理模型变成了：

$$S_2(x,y) \wedge S_3(z,y) \rightarrow R_m(y)$$

并且 $\quad S_2(k_2,a) \vee (-S_2(k_2,a))$

并且 $\quad S_3(k_3,a) \vee (-S_3(k_3,a))$

这时，推理中案件的法律效果得出的是 $R_m(a) \vee (-R_m(a))$，这是一个永远为真的表达式，案件的法律效果也不能够自然得出，它不能够满足裁决者解决案件的需要，这时必须在可能的小前提

---

① 多义型法律模糊在法律中出现的频率也相对较低，但是实际存在。例如，《行政处罚法》第 9 条规定中的"法律可以设定各种行政处罚"中的"法律"一词，在实践中代表两个概念，一个为广义的所有具有普遍效力的规范性文件，一个是全国人大制定的规范性法律文件，此处的"法律"指称哪一个概念，需要结合上下文作系统解释，才能确定。

② 外延型法律模糊在法律中出现的频率相对最高，凡是不能用数学和测量的方法界定的法律用词都可能发生这种模糊。例如较多提及的"知假买假者"是否是"消费者"？公路静坐示威是否为采用"暴力"？退役的坦克是否为"机动车"？都是出现这类模糊的情形。

$S_2(k_2,a) \vee (-S_2(k_2,a))$ 以及 $S_3(k_3,a) \vee (-S_3(k_3,a))$ 中进行确定的选择。

法律漏洞可以划分成四种类型,不同类型的漏洞对应不同的逻辑结构,对此也需要依次分析。

1. 明显漏洞指一种客观事实没有被法律赋予特定法律效果,从而导致规则缺失的情况。[①] 当存在明显漏洞时,在现有法律体系中找不到任何可以适用的大前提,需要创设一个新的构成要件,赋予其法律体系中存在的一个特定的法律效果,或者赋予其法律体系中还没有存在的特定的法律效果(此时也创设了一个新的法律效果)。上述的推理结构和推理结果都发生了变化:

前面所述案件原结构中,效果不成立的推理过程如下:
$$S_2(x,y) \wedge S_3(z,y) \rightarrow R_m(y)$$
$$-S_2(k_2,a) \wedge -S_3(k_3,a)$$

又假设:
$$S_2(x,y) \wedge S_3(z,y) \leftrightarrow R_m(y)$$

因此得到: $-R_m(a)$

如果有论据表明存在明显法律漏洞,就不能够假设现行法律规范是圆满的,即不能作出假设 $S_2(x,y) \wedge S_3(z,y) \leftrightarrow R_m(y)$。这时新的构成要件和法律效果的关系变化分为两种情况:

一种情况时确定法律规则表达的大前提存在明显漏洞,遗漏了一种构成要件 $S'(m,y)$,该构成要件也应该获得与 $S_2(x,y) \wedge S_3(z,y)$ 相同的法律效果。因此原来的大前提被改写为:
$$(S_2(x,y) \wedge S_3(z,y)) \vee S'(m,y) \rightarrow R_m(y)$$

再评判该案件中的所有事实 k_1 到 k_4,发现没有事实能够使 $S_2(x,y) \wedge S_3(z,y)$ 成立,甚至 $-S_2(k_2,a) \wedge -S_3(k_3,a)$。但是和主体 a 关联的事实 k_4 却能够使 $S'(m,y)$ 成立,即 $S'(k_4,a)$

---

① 梁慧星:《民法解释学》,中国政法大学出版社 1995 年版,第 261 页。

因此大前提和小前提合并推理,得到:$R_m(a)$。

可见在这种情况下,所得到的判决结果和假设不存在法律漏洞的时候,是完全相反的。

也可能出现另外一种更具有创造性的情况,对于案件中出现的事实,应该归属于一个新的类型 $S'(m,y)$,并且这个新的类型,应该获得法律还没有设定的一种法律效果 $R'(y)$,用符号表达为:

$$S'(m,y) \rightarrow R'(y)$$

又因为对于本案,$S'(k_4,a)$ 成立,因此得到:$R'(a)$。

2. 隐含漏洞,指一种客观事实被现有的一个构成要件包含,并赋予特定法律效果,但是这种安排不合理,从而导致新规则缺失的情况。[①] 当存在隐含漏洞时,在现有法律体系中找到的大前提是不合理的,需要对现有的能够包含该客观事实的构成要件进行限缩,排除其能够导致特定法律效果的情况,另外,还需要创设一个新的构成要件,赋予其法律体系中存在的另一个特定的法律效果,或者赋予其法律体系中还没有存在的特定的法律效果(此时也创设了一个新的法律效果)。上述的推理结构和推理结果都发生了变化:

在假设没有法律漏洞时的原结构如下:

$$S_2(x,y) \wedge S_3(z,y) \rightarrow R_m(y)$$
$$S_2(k_2,a) \wedge S_3(k_3,a)$$

因此得到:$R_m(a)$。

当存在隐含漏洞时,有论据表明(具体论据后文陈述),主体 a 被赋予的法律效果 R_m 是不合理的,需要排除这个法律效果,并且给予其另外的法律效果。新的结构和法律效果的变化分为两种情况:

一种情况下不需要创设新的法律效果,而是首先要纠正原来的大前提包含太宽的缺点,$S'(m,y)$ 代表包含案件中事实的新的构成要件。原来的推理过程添加要件改写如下:

[①] 梁慧星:《民法解释学》,中国政法大学出版社 1995 年版,第 262 页。

$$S_2(x,y) \wedge S_3(z,y) \wedge -S'(m,y) \leftrightarrow R_m(y)$$
$$S_2(k_2,a) \wedge S_3(k_3,a) \wedge S'(k_4,a)$$

因此得到：$-R_m(a)$。

并且在法律体系中，这个新的构成要件 $S'(m,y)$ 已经被立法者赋予一个法律效果 $R_n(y)$，记为：$S'(m,y) \to R_n(y)$，又因为对于本案，$S'(k_4,a)$ 成立，因此得到：$R_n(a)$。

另外一种情况的其他过程和上述相同，只是在法律体系中，新的构成要件 $S'(m,y)$ 没有被立法者赋予法律效果，因此裁决者需要进行立法试验，给构成要件 $S'(m,y)$ 赋予新的法律效果 $R'(y)$，通过组合推理，从而给主体一个法律上新的效果。其过程为：

$$S'(m,y) \to R'(y),$$

并且 $S'(k_4,a)$，因此得到：$R'(a)$。

3. 冲突型漏洞指一种客观事实被现有的两个构成要件包含，并赋予两个不能够同时为真的法律效果，从而导致新规则缺失的情况。① 当存在冲突型漏洞时，需要对上述两个构成要件的其中一个进行限缩，排除其能够导致特定法律效果的情况，从而排除法律矛盾，给该案件的客观事实一个合理的法律效果。前述的推理结构和推理结果都必然发生变化。

存在冲突型漏洞的原结构如下表示：

$$S_2(x,y) \wedge S_3(z,y) \to R_m(y)$$
$$S_2(k_2,a) \wedge S_3(k_3,a)$$

因此得到：$R_m(a)$

又在法律体系中，另一个法律规范赋予该构成要件的法律效果与 $R_m(y)$ 矛盾，表示为：

$$S_2(x,y) \wedge S_3(z,y) \to -R_m(y)$$

又因为对于本案，有

---

① 梁慧星：《民法解释学》，中国政法大学出版社 1995 年版，第 263 页。

$$S_2(k_2,a) \wedge S_3(k_3,a)$$

因此得到：$-R_m(a)$

对于一个案件，不可能既判定 $R_m(a)$ 成立，又判定 $R_m(a)$ 不成立，因此冲突型漏洞时，$(S_2(x,y) \wedge S_3(z,y) \to R_m(y)) \wedge (S_2(x,y) \wedge S_3(z,y) \to -R_m(y))$，是逻辑上不能成立的大前提，也是一个对于法律推理没有价值的前提，必须收集相应的论据，对其进行改造。

改造上述命题的第一种可能是将其改造成下列的格式：

$$(S_2(x,y) \wedge S_3(z,y) \wedge S_4(m,y) \to R_m(y)) \wedge (S_2(x,y) \wedge S_3(z,y)) \wedge -S_4(m,y) \to -R_m(y).$$

这个命题表明，$S_2(x,y) \wedge S_3(z,y)$ 必须和 $S_4(m,y)$ 同时成立，才能推导出 $R_m(y)$ 成立，如果其中 $S_4(m,y)$ 不成立，则推导出 $R_m(y)$ 不成立。这样前面的矛盾命题的困境就被解决，冲突型漏洞也得到解决，根据案件事实：

$$S_2(k_2,a) \wedge S_3(k_3,a) \wedge S_4(k_4,a)$$

因此得到：$R_m(a)$

改造后的另一种情况与前面的格式存在部分差异：

$$(S_2(x,y) \wedge S_3(z,y) \wedge -S_4(m,y) \to R_m(y)) \wedge (S_2(x,y) \wedge S_3(z,y)) \wedge S_4(m,y) \to -R_m(y).$$

这里只是赋予 $S_4(m,y)$ 不同的法律效果。根据案件事实：$S_2(k_2,a) \wedge S_3(k_3,a) \wedge S_4(k_4,a)$，得到相反的推理结论：$-R_m(a)$。

当然，存在冲突型漏洞时，还有一种处理方法，就是在上述两个矛盾的命题中，根据特定理由，否定一个命题，选择另一个适用在案件中。即选择 $S_2(x,y) \wedge S_3(z,y) \to R_m(y)$ 成立，或者 $S_2(x,y) \wedge S_3(z,y) \to -R_m(y)$ 成立，然后推导出案件结论，也是合乎逻辑的。

4. 违反立法宗旨型漏洞指法律对于一类客观事实赋予了特定

的法律效果,即 $S(x,y) \rightarrow R(y)$,但是这种规定根本违反整体的立法目的而失去适用的合理性,从而导致新规则缺失的情况。① 当存在违反立法宗旨型漏洞时,根据特定理由,现有规则应该被否定,对于其设定的构成要件应该赋予与现有规定相反的法律效果,即 $S(x,y) \rightarrow -R(y)$,从而给该案的客观事实一个合理的法律效果,排除恶法的适用。② 这种情况在法律适用过程中十分罕见,但是还是可能存在。

对于前文所述案件的推理结构,存在违反立法宗旨型漏洞时,原有大前提:$S_2(x,y) \wedge S_3(z,y) \rightarrow R_m(y)$ 就不能适用,需要适用与其相反的大前提:$S_2(x,y) \wedge S_3(z,y) \rightarrow -R_m(y)$。此时裁决者肯定产生疑虑:能否这样改造? 因此该案的大前提也处于不确定状态中。

四、进行法律解释时的逻辑结构变化

前面的分析产生一个重要问题:根据什么理由去改造这些大前提? 以上发生法律漏洞时所确定的大前提,当然不能够凭借任意的猜想得到,而是必须根据相应论据推理得到,也就是通过补充漏洞的推理过程得到;同时,所陈述的法律模糊的三种情形,也需要通过狭义的法律解释发现相关论据,对大前提或者小前提予以确定,其推理前提才会摆脱无价值的不确定状态,推导出有意义的判决结果。

澄清法律模糊和补充法律漏洞是法律解释工作的两个方面。法律解释就是在解决案件的过程中,通过收集相应的论据,推导出三段论推理结构的大前提和小前提的过程。用逻辑符号表示就是:

$$? \rightarrow (S(x,y) \rightarrow R(y))$$

---

① 梁慧星:《民法解释学》,中国政法大学出版社 1995 年版,第 263 页,在该书中称其为"立法趣旨不适合型漏洞"。

② 此处不存在法律冲突,和前面法律冲突中否定一个规则的情况存在区别。

$? \to S(k,a)$

从而得到 R(a)。①

上述表达式中问号所代表的,就是法律解释过程中所收集的各种论据。法律解释不是任意的猜想,而是寻找特定的论据论证法律具有某种含义的过程。② 根据法律解释过程所发现的论据的种类,可以将解释的方法分成六类:语义分析方法、系统分析方法、目的分析方法、意图分析方法、类比分析方法与效应分析方法。③ 语义分析方法所发现的论据,是关于法律概念和语句结构习惯所代表对象的判断,在此处用"YU"表示这类判断;系统分析方法所发现的论据是不同的解释方案对法律体系的协调性的影响,此处用"XI"表示这类判断;目的分析方法所发现的论据是解释方案对立法目的的影响,此处用"MU"表示;意图分析方法所发现的论据是立法者在文本之外关于规范的隐含意思表示,此处用"YI"表示;类比分析方法所发现的论据是可以类比的境内或境外法律规范与判例,此处用"LEI"表示;效应分析方法所发现的论据是不同法律解释方案的经济和社会效应,此处用"XIAO"表示。这样上面的问号就可以用具体的论据替代:

$(YU_1 \vee XI_1 \vee MU_1 \vee YI_1 \vee LEI_1 \vee XIAO_1) \to (S(x,y) \to R(y))$

(下标号1,2等表示不同的具体论据)

$(YU_2 \vee XI_2 \vee MU_2 \vee YI_2 \vee LEI_2 \vee XIAO_2) \to S(k,a)$

从而得到 R(a)。

这表明,在面对法律模糊和法律漏洞时,不能任意地猜想法律推理的大小前提,必须有一个或几个方面的论据推导出大小前提成立,才能确定一个具体的推理过程。这样,前面的三种法律模糊和

---

① $(S(x,y) \to R(y))$ 代表一个特定的大前提,它表达了构成要件 S 和法律效果 R 之间的逻辑关系;S(k,a)代表一个特定的小前提,它表达了案件事实 k 和构成要件 S 之间的逻辑关系。
② 因此,法律解释的过程必然包含法律论证的过程。
③ 有关详细论述见下一章的论述。

四种法律漏洞的解决过程可以用逻辑符号简明地表达出来。

1. 如前所述,当存在结构型模糊时,该案件推理的大前提变成:$(S_2(x,y) \land S_3(z,y) \to R_m(y)) \lor (S_2(x,y) \lor S_3(z,y) \to R_m(y))$,这是一个无价值的命题,裁决者必须在这两个大前提之间选择一个。经过法律解释后,发现了有用的论据,支持其中的一个命题。于是选择得到法律解释支持的命题,案件的中心法律问题得到顺利解决。其逻辑过程为:

$$(YU_1 \lor XI_1 \lor MU_1 \lor YI_1 \lor LEI_1 \lor XIAO_1)$$
$$\to (S_2(x,y) \land S_3(z,y) \to R_m(y))$$

这时小前提需要 $S_2(k_1,a)$ 和 $S_3(k_2,a)$ 两个判断必须同时为真,才能得到 $R_1(a)$。如果只有一个为真,那么引用法律是完备的假设,并根据逻辑规律,得到 $-R_1(a)$。

或者解释的过程支持另外一个命题:

$$(YU_1 \lor XI_1 \lor MU_1 \lor YI_1 \lor LEI_1 \lor XIAO_1)$$
$$\to (S_2(x,y) \lor S_3(z,y) \to R_m(y))$$

这时小前提需要 $S_2(k_1,a)$ 和 $S_3(k_2,a)$ 两个判断至少一个为真,就能得到 $R_1(a)$。如果两个都为假,那么根据逻辑规律,并引用法律是完备的假设,就得到 $-R_1(a)$。

2. 当存在多义型模糊时,自然语词 B 对应的逻辑概念是 S_1 还是 S_2?于是案件推理的大前提不能够自然得出,变成:

$$(S_1(x,y) \land S_3(z,y) \to R_m(y)) \lor (S_2(x,y) \land S_3(z,y) \to R_m(y))$$

裁决者必须在这两个大前提之间选择一个。经过法律解释,在论据系列($YU \lor XI \lor MU \lor YI \lor LEI \lor XIAO$)中发现了有用的论据,能够证明特定的法律语词 B 对应的法律概念是 S_1,而不是 S_2,或者相反,这样,法律解释的论据就支持其中一个命题,于是选择该命题,案件的中心法律问题得到顺利解决。其逻辑过程为:

$$B \leftrightarrow (S_1(x,y) \land S_3(z,y)$$
$$\to R_m(y)) \lor (S_1(x,y) \land S_3(z,y)$$

$$\to R_m(y))$$

(自然语词 B 等价于后面的命题)
$$(YU_1 \vee XI_1 \vee MU_1 \vee YI_1 \vee LEI_1 \vee XIAO_1)$$
$$\to (B \leftrightarrow (S_1(x,y) \wedge S_3(z,y) \to R_m(y)))$$

因此 $S_1(x,y) \wedge S_3(z,y) \to R_m(y)$。

这时小前提需要 $S_1(k_1,a)$ 和 $S_3(k_3,a)$ 两个判断必须同时为真,才能得到 $R_m(a)$。否则就得到 $-R_m(a)$。

或者解释的过程支持另外一个命题 $S_2(x,y) \wedge S_3(z,y) \to R_m(y)$,整体推理过程同上。

3. 当存在外延型模糊时,大前提是确定的:$S_2(x,y) \wedge S_3(z,y) \to R_m(y)$。但是因为特定事实是否属于特定的构成要件存在疑问,推理模型中的小前提变成了:$(S_2(k_2,a) \vee (-S_2(k_2,a))) \wedge (S_3(k_3,a) \vee (-S_3(k_3,a)))$。裁决者必须寻找论据,判断事实 k_2、k_3 是否分别属于特定的构成要件 S_2、S_3,从而在两个相互矛盾的小前提之间选择一个。如果经过法律解释发现了有用的论据,证明其中一个判断成立,那么选择得到法律解释支持的命题,案件的中心法律问题就得到顺利解决。支持 $S_2(k_2,a)$ 和 $S_3(k_3,a)$ 成立的逻辑过程为:

$$(YU_2 \vee XI_2 \vee MU_2 \vee YI_2 \vee LEI_2 \vee XIAO_2) \to S_2(k_2,a)$$
$$(YU_3 \vee XI_3 \vee MU_3 \vee YI_3 \vee LEI_3 \vee XIAO_3) \to S_3(k_3,a)$$

因为六类论据中,一个以上成立,因此得到 $S_2(k_2,a)$ 和 $S_3(k_3,a)$ 成立,再配合大前提 $S_2(x,y) \wedge S_3(z,y) \to R_m(y)$,得到 $R_m(a)$。

$-S_2(k_2,a)$ 和 $-S_3(k_3,a)$ 成立的逻辑过程与上述相同。

4. 出现明显漏洞时,也是根据法律解释发现的论据创造大前提:

一种情况是六种论据中的一种或多种能够论证大前提 $S_2(x,y) \wedge S_3(z,y) \to R_m(y)$ 的前件部分应该进行扩张,立法者应该将一种没有规定的构成要件 $S'(m,y)$,和 $S_2(x,y) \wedge S_3(z,y)$ 一样,赋予法律

效果 $R_m(y)$。用符号表达为：

$$(YU_1 \vee XI_1 \vee MU_1 \vee YI_1 \vee LEI_1 \vee XIAO_1)$$
$$\rightarrow (S_2(x,y) \wedge S_3(z,y) \vee S'(m,y)$$
$$\rightarrow R_m(y)).$$

这样,虽然在该案件中 $S_2(x,y) \wedge S_3(z,y)$ 的要件不能够成立,但是有事实 k_4 符合 $S'(m,y)$,即 $S'(k_4,a)$,因此可也得到: $R_m(a)$。

另外一种情况如前文所述裁决者能够运用所发现的论据论证,对于一种新的构成要件,应该赋予一种法律尚未设定的法律效果 $R'(y)$:

$(YU_1 \vee XI_1 \vee MU_1 \vee YI_1 \vee LEI_1 \vee XIAO_1) \rightarrow (S'(m,y) \rightarrow R'(y))$,又因为 $S'(k_4,a)$ 成立,所以得到: $R'(a)$。

5. 出现隐含漏洞时,也是根据法律解释发现的论据修正现有的大前提,创造出合适的大前提。一种情况是所发现的论据能够证明现有的法律规则存在隐含漏洞,即现有的法律规则对于本案是错误的, $S_2(x,y) \wedge S_3(z,y) \rightarrow R_m(y)$ 不能对本案适用,必须限缩才能符合对法律的正确解释,即

$$(YU_1 \vee XI_1 \vee MU_1 \vee YI_1 \vee LEI_1 \vee XIAO_1)$$
$$\rightarrow (S_2(x,y) \wedge S_3(z,y) \wedge -S'(m,y)$$
$$\leftrightarrow R_m(y))$$

结合小前提: $S_2(k_2,a) \wedge S_3(k_3,a) \wedge S'(k_4,a)$,得到:

$$-R_m(a)。$$

在构成要件 $S'(m,y)$ 排除了法律效果 $R_m(y)$ 后,裁决者进一步通过解释,说明现有论据表明需要对于 $S'(m,y)$ 适用另外一个法律效果 $R_n(y)$,即

$(YU_2 \vee XI_2 \vee MU_2 \vee YI_2 \vee LEI_2 \vee XIAO_2) \rightarrow (S'(m,y) \rightarrow R_n(y))$,又因为对于该案件, $S'(k_4,a)$ 成立,因此得到: $R_n(a)$。

另外一种情况是通过论证,说明对于 $S'(m,y)$,现有规范中的法律效果不能适用,需要对其适用另外一个全新的法律效果 $R'(y)$,即

$(YU_1 \lor XI_1 \lor MU_1 \lor YI_1 \lor LEI_1 \lor XIAO_1) \to (S'(m,y) \to R'(y))$，结合小前提 $S'(k_4,a)$，得到：$R'(a)$。

6. 出现冲突型漏洞时，需要根据法律解释发现的论据对存在矛盾的规则进行改造，或者论证应该选择其中的一个规则作为案件裁决的大前提。如果经过解释，现有论据证明应该进行改造，其逻辑表达式如下：

$$(YU_1 \lor XI_1 \lor MU_1 \lor YI_1 \lor LEI_1 \lor XIAO_1)$$
$$\to ((S_2(x,y) \land S_3(z,y) \land S_4(m,y)$$
$$\to R_m(y)) \land (S_2(x,y) \land S_3(z,y) \land -S_4(m,y)$$
$$\to -R_m(y)))$$

或者：

$$(YU_1 \lor XI_1 \lor MU_1 \lor YI_1 \lor LEI_1 \lor XIAO_1)$$
$$\to ((S_2(x,y) \land S_3(z,y) \land -S_4(m,y)$$
$$\to R_m(y)) \land (S_2(x,y) \land S_3(z,y)) \land S_4(m,y)$$
$$\to -R_m(y)))$$

或者经过解释，论据表明在冲突型漏洞发生时的两个矛盾命题中，应该否定一个，选择另一个适用在案件中。即选择 $S_2(x,y) \land S_3(z,y) \to R_m(y)$ 成立，或者 $S_2(x,y) \land S_3(z,y) \to -R_m(y)$ 成立，其逻辑表达式为：

$$(YU_1 \lor XI_1 \lor MU_1 \lor YI_1 \lor LEI_1 \lor XIAO_1) \to ((S_2(x,y) \land S_3(z,y)$$
$$\to R_m(y)) \land -(S_2(x,y) \land S_3(z,y) \to -R_m(y)))$$

或者

$$(YU_1 \lor XI_1 \lor MU_1 \lor YI_1 \lor LEI_1 \lor XIAO_1) \to ((S_2(x,y) \land S_3(z,y)$$
$$\to -R_m(y)) \land -(S_2(x,y) \land S_3(z,y) \to R_m(y)))$$

然后，结合案件的小前提，就可以合乎逻辑地推导出相应的结论。

7. 出现违反立法宗旨型漏洞时，需要根据法律解释发现的论据论证现有大前提的不合理性[①],从而试验性地搁置现有的大前提,同时又根据法律解释发现的论据创造出合适的大前提。

如果现有若干种类论据已经产生确定的驳斥现行规则的逻辑力量,其逻辑表达式为:

$$(YU_1 \vee XI_1 \vee MU_1 \vee YI_1 \vee LEI_1 \vee XIAO_1)$$
$$\to - (S_2(x,y) \wedge S_3(z,y) \to R_m(y))$$

那么原有大前提 $S_2(x,y) \wedge S_3(z,y) \to R_m(y)$ 就不能适用。

然后,又通过前面的论据或者新的解释论据证明与其相反的大前提成立,即

$$(YU_1 \vee XI_1 \vee MU_1 \vee YI_1 \vee LEI_1 \vee XIAO_1)$$
$$\to (S_2(x,y) \wedge S_3(z,y) \to - R_m(y)),$$

因此案件就适用与其相反的大前提:

$$S_2(x,y) \wedge S_3(z,y) \to - R_m(y)$$

结合小前提: $S_2(k_2,a)$、$S_3(k_3,a)$,就得到案件结论: $- R_m(a)$。

五、解决法律问题的逻辑模型

需要进一步分析的是,为什么上述的六种论据能够推导出大前提和小前提?这种推导的理由何在?有学者提出法律论证问题存在明希豪森困境[②]。但是如同数学证明的结构一样,法律论证的最终理由是基本的公理或者公设。[③] 每一种法律解释方法之所以有效,是因为它们建立在符合人类理性的公设之上。

首先,语义解释方法所发现论据的合理性在于其符合下列两项公理:(1) 立法者只有使用并且必须使用本国语言的语词及其结构

[①] 包括违反立法宗旨型漏洞在内,四类法律漏洞存在本身就需要通过相应的解释论据予以证明。

[②] 舒国滢:《走出明希豪森困境》(代译序),载〔德〕罗伯特·阿列克西:《法律论证理论》,舒国滢译,中国法制出版社 2002 年版,第 1 页。

[③] 有学者怀疑法律论证存在基本的公理或者公设,本书否定这种怀疑,试图澄清这些基本公设。

进行表达;(2)立法者懂得并会熟练按照本国语言的习惯意义进行表达。因此人们必须通过本国语言中词语和句法的习惯意义来理解立法者的意图,不能轻易否定立法者的字面含义,否则就是否定立法者的权威。这样,在法律解释过程中,如果确定一个判断是关于法律概念和语法结构的习惯意义的判断,那么这个判断就应该作为推导出大小前提的正当论据。

系统解释方法所发现论据的合理性在于其符合下列公理:(1)法律对同一个对象往往设立不同层次与不同角度的多项规范;(2)立法者意图使自己整体法律体系中所有的指令协调一致。在法理上,多项权利、权力和义务之间相互补充、相互限定,因此关于这些权利、权力和义务的规范应该协调一致,而法律适用过程中,符合协调一致要求的解释当然是正当的解释。

目的解释方法所发现论据的合理性在于其符合下列公理:(1)每一个法律规范都有目的,目的隐藏在背后,需要分析得出;(2)法律为目的而存在,法律规范是改变现状达到特定目的的指令,对法律的理解应该符合其目的。因此,符合立法目的的解释是正当的解释。

意图解释方法所发现论据的合理性在于其符合下列公理:(1)书面语言存在局限性,法律文本中的文字及其结构可能不足以充分表达立法者的全部意志;(2)立法者的意思可能通过法律文本以外的材料表达出来。因此,如果一个判断可以被证明是立法者的文本外意思,那么该意思是对相关法律的正当的解释。

类比解释方法所发现论据的合理性在于其符合下列公理:(1)类比符合人类的惯例思维方式,同类事件同类处理的方法具有直觉合理性;(2)法治的基本原则要求处理案件时同等情况同等处理。因此,与同类事件处理方法一致的解释方案是正当的方案。被类比的对象都是前人对事务的处置方案,引用前人经验,才能建立更高级的合理性。

效应解释方法所发现论据的合理性在于其符合下列公理：(1) 法律解释者应该按照立法者的思维进行解释；(2) 法律是立法者在现实认识、规律认识和价值选择后作出的规范安排。现实中的解释方案都是对具体的权利义务的安排方案，如果一种安排能够产生一种效应，就是能规律性地导致普遍认同的社会价值增加，那么该方案就是正当的解释方案，关于该方案的判断就是能够证明大小前提的正当逻辑论据。

法律解释所发现的六种论据，可能互相支持，得出一个解释结论，前述的逻辑结构反映的是这种情况。但是这些论据也有可能互相冲突，导致不同的解释方法得出互相矛盾的结论。又因为对于一个案件，特定的解释方法可能存在有效和无效的区别，所以分别有两种、三种乃至六种解释方法有效时，解释方法之间的矛盾会存在复杂的组合。如何处理这种矛盾，从而选择一个合理的解释结论？根据数学上排列组合的方法计算，法律解释方法之间的矛盾组合在理论上有 301 种。每一种矛盾情形都需要讨论相应的解决方案，这样解决矛盾问题就成了法律解释学中最复杂的问题，需要进行专门分析。限于篇幅，这里不能展开，只能作简化处理，即将解决解释方法之间矛盾的原理，用简单的一个符号"J"代表，作为解决法律问题的最终公设的一部分。再者，若将前文所述法律解释方法的有效公理用符号"Y"表示，那么前述的法律解释模型就可以更新如下：

$$Y \vee J \rightarrow ((YU_1 \vee XI_1 \vee MU_1 \vee YI_1 \vee LEI_1 \vee XIAO_1)$$
$$\rightarrow (S(x,y) \rightarrow R(y)))$$
$$Y \vee J \rightarrow ((YU_2 \vee XI_2 \vee MU_2 \vee YI_2 \vee LEI_2 \vee XIAO_2) \rightarrow S(k,a))$$

因为是 Y 和 J 是公理，YU_1 等是发现的真实论据，所以大小前提能够分别成立，这样就能推导出 $R(a)$ 为真。至此，案件中心法律问题的答案就全部证明完毕。

上述逻辑推导过程用一个简单的模型表达，就是下列的图示：

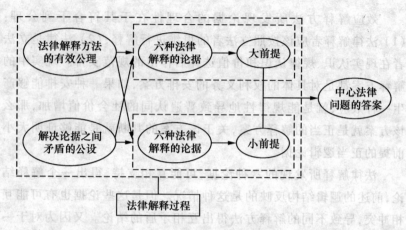

说明:全图所标示的是解决法律问题的逻辑推理过程,或者称为法律推理过程。梅花线框表示其中内容作为一个整体被后面的公理和公设推导出来。点线虚线框所包含的过程就是法律解释的过程。

该图示表明:首先,在逻辑上,案件的判决结论,即中心法律问题的答案是由作为一条普遍使用的法律规则的大前提,和判断特定事实和该规则的构成要件部分关系的小前提共同推导出来的,法律推理的基本框架仍然不能摆脱形式逻辑的三段论。其次,能够推导出大前提和小前提的是六种法律解释的论据,即关于法律语言意义、法律体系协调性、立法目的、隐含意图、可类比对象以及社会效应等方面的判断。再次,能够证明上一步骤推导过程的,是关于法律解释的基本公理和解决解释论据之间矛盾的公设。

六、对若干争议的澄清

在目前否定三段论作为解决法律问题推理的学说中,有一种重要倾向,认为法律推理中价值判断因素至关重要。有学者认为价值判断是大前提和小前提的必要构成部分。该学说将传统的三段论的大前提和小前提中都添加一个价值判断作为必要的并列要件,认为正是这个价值判断导致能够从案件的事实的实然判断推导出判断结论的应然判断。① 但是经过分析可知,添加价值判断并没有想象的那么普遍。在法律推理三段论的大小前提中,大前提本身就是一个包含规范词的应然判断,小前提是一个表达关系式的实然判断,从这两个判断自然可以推导出关于当事人应当如何的结论。在六种解释方法中,只有裁判者使用效应解释方法,模仿立法者的思维判断不同处置方案的社会效应,才需要作出价值判断和选择。如果在大小前提中,都一律加上特定价值判断,对于简单案件不仅多余,而且违反推理规律;对于复杂案件,也不符合前面所分析的法律思维的实际情况。

主张法律推理中疑难案件适用辩证逻辑的观点获得众多人的支持。但是辩证逻辑包含什么样的内容?它能够提供解决疑难案件的规律吗?从博登海默在20世纪60年代提出该观点后,该问题没有实质进展。最近的研究表明:博登海默的这种区分没有多少好处。首先,针对博登海默认为无法使用分析推理而只能使用辩证推理的三种情况②,仔细分析一下可以发现,辩证推理也无法对在这几种情况下如何选择起什么指导作用,它们同样是抽象的。在我们面临事实或者规则或者先例不清楚、不明确时,或者我们在对诸多先例或者规则进行选择时,辩证推理或者实质推理同样无法为我们提供帮助。其次,把法律推理分为形式推理和实质推理隐含着形式推理似乎和内容无关,而实质推理和内容的关系大一些。但实际上,不管是哪种推理都和内容都有关。再次,现在逻辑学界的大多数人并不把辩证逻辑作为逻辑的一部分,因为现代逻辑强调的是逻辑的形式化特征,而辩证逻辑无法提供形式的真理性,通常只是把它作为广义的科学方法论中的方法。从其他学者的角度看,桑斯坦、伯

---

① 张继成:《从案件事实之"是"到当事人之"应当"——法律推理机制及其正当理由的逻辑研究》,载《法学研究》2003年第1期。

② 〔美〕博登海默:《法理学——法哲学及其方法》,邓正来、姬敬武译,华夏出版社1987年版,第480页。

顿、列维、波斯纳甚至霍姆斯、卡多佐等人尽管对"法律推理"的认识不尽相同,但都倾向于一个更狭窄的"法律推理"概念,即认为法律推理的推理形式应该和逻辑推理形式相当,即应该是演绎推理、归纳推理和类比推理三种,主要使用演绎推理和类比推理。推理过程的研究的价值在于提供可以普遍应用的规律,但是对于复杂案件中辩证逻辑的研究,无法提供可以产生举一反三效用的逻辑规律。因此,可以得出结论认为:辩证推理不应作为法律推理的一部分。[①]

综上所述,关于法律推理基本结构的分析,应该遵循形式逻辑的框架。法治原则要求事务中同类的具体行为应该符合相同的一般性的法律规范,形式逻辑的三段论的推理规律正是与此相对应,因此遵循形式逻辑的规律也是法治原则的必然要求。

---

① 张芝梅:《法律中逻辑推理的作用》,载《法学论坛》2006 年第 3 期。

第五章 司法判断的五个思维步骤

一、司法判断的思维步骤概述

通过分析解决中心法律问题的一般逻辑过程,可以进一步发现,解决任何一个案件的中心法律问题,都具有一个相同的、非常清晰的思路。这个思路说明了每一步骤工作的内容,并且指示了步骤之间的顺序和关系。在案件的证据收集、展示与审查工作结束后,特定范围的事实问题得到了解决,并且事实可以用非法律化的自然语言进行恰当的描述。此时就可以按照特定的思路解决法律问题。该思路分成五个步骤:(1)找法与设计证明结构。(2)发现法律模糊和法律漏洞。(3)确定焦点法律问题。(4)进行裁判解释。(5)理清推理思路并判决。

为了说明上述思维步骤,下面选择一个具体案件进行应用分析:

简称:"鱼塘案"。

原告:丰收渔业养殖有限责任公司。

被告:广发农产品购销有限责任公司。

认定的事实:原告与被告于2002年10月签订合同,约定被告在2003年7月31日前收购原告一号池塘养殖的鱼1万斤左右,具体数量以当时打捞所得为准,被告自行打捞,双方当场核定数量。单价每斤2元。货款于交货后10日一次付清。2002年11月,原告按照数量放养所需鱼苗,并正常养殖。2003年7月15日,原告通知被告打捞,被告称没有时间。7月31日和8月2日两次催促后,被告仍称没有时间打捞。双方没有约定新的日期。8月2日夜大雨,发生洪水。原告管理员因醉酒没有及时开闸泄洪,鱼塘堤岸垮塌。①

本案的中心法律问题是:原告诉讼请求赔偿水产损失2万元能否成立?

二、找法与设计证明结构

第一步:找法与设计证明结构。就是按照历史方法或者逆向分析方法,搜索整个法律体系,寻找能够判断本案中每一个事实的法律性质和法律效果的法律规范。找法过程中,就要试着设计能够支持诉讼双方立场的法律上的证明结构。所谓证明结构,就是本方法律推理的大前提与小前提的组合。其中,大前提来源于特定法律条文所表达的构成要件与法律后果的关系,这是根据找法的结果确定的;小前提来源于证明结构的构造者关于事实与法律概念关系的判断。这种证明结构是法律推理的逻辑结构在本次证明中的具体表现,根据其中大小前提的组合,能够在逻辑上推导出当事人的诉讼主张。找法的最终结果就是形成一套确定的在法律上的证明结构。根据这个结构,就可以组织法律上的理由来证明或者证伪当事人的主张。任何参与裁判并提出裁判结论建议的法律专业人士,都要提交自己的证明结构,否则不能证明他的主张有法律根据,只能被认为是临时的猜想。

现在选择顺向分析方法,对"鱼塘案"进行第一步操作:找法。通过将案件事实依照时间顺序对照现行有效的《公司法》、《合同法》和《民法通则》等法律,可以发现:

1. 原告与被告都是依法注册的公司与法人。

2. 双方于2002年10月签订的合同,依照合同法成立并且有效,双方应当认真履行合同义务。

---

① 案例原型见巩献田主编:《法律基础与思想道德修养模拟考试题库》,中国社会科学出版社2000年版,第134页。为了说明问题,相关细节有改动。

3. 原告按照放养规律放养了所需鱼苗,并正常养殖,这是他履行合同义务必需的行为,也表明他可以按时供应1万斤鱼,原告履行了合同的主要义务。

4. 2003年7月15日,原告通知被告打捞,这是行使合同权利的行为,被告的拒绝行为没有违反合同的期限义务。

5. 7月31日,原告通知被告时,被告根据合同的期限义务不应该拒绝。被告以没有时间为理由拒绝打捞,是故意不履行合同义务的行为,构成违约。

6.《合同法》第107条规定:当事人一方不履行合同义务或者履行义务不符合约定的,应当承担继续履行、采取补救措施或者赔偿损失等违约责任。本案中的继续履行包括进行打捞和支付价款。

《合同法》第143条规定:因买受人的原因致使标的物不能按照约定的期限交付的,买受人应当自违反约定之日起承担标的物毁损、灭失的风险。

《合同法》第60条第2款规定:当事人应当遵循诚实信用原则,根据合同的性质、目的和交易习惯履行通知、协助、保密等义务。

《合同法》第119条第1款规定:当事人一方违约后,对方应当采取适当措施防止损失的扩大;没有采取适当措施致使损失扩大的,不得就扩大的损失要求赔偿。

《合同法》第94条规定:有下列情形之一的,当事人可以解除合同:

(1) 因不可抗力致使不能实现合同目的;

(2) 在履行期限届满之前,当事人一方明确表示或者以自己的行为表明不履行主要债务;

(3) 当事人一方迟延履行主要债务,经催告后在合理期限内仍未履行;

(4) 当事人一方迟延履行债务或者有其他违约行为致使不能实现合同目的;

(5) 法律规定的其他情形。

找法至此,能够证明原告方诉讼主张的证明结构是:被告的行为根据《合同法》第107条构成违约,因此应该继续履行,即支付价款。原告方原本应该继续支付货物。但是根据《合同法》第143条,因被告的原因致使标的物不能按照约定的期限交付,标的物毁损、灭失的风险应该由被告承担,因此原告就不需要履行支付货物的义务,而仍然有接受支付价款的权利。

能够证明被告方诉讼主张的证明结构是:根据《合同法》第107条,被告构成违约,并且应该支付价款。但是原告方的行为违反了《合同法》第60条,没有履行根据诚实信用原则应该妥善"协助"被告方管理标的物的义务,也违反了《合同法》第119条,没有采取措施防止损失扩大。因此不得就扩大的损失请求赔偿。根据第119条,标的物损失就不是第143条规定的"风险",被告方就不用承担该风险。原告方已经不能履行合同的交付货物的义务,根据《合同法》第94条合同应该被解除。被告方就不需要继续履行支付价款的义务。双方各自承担自己的损失。

三、发现法律模糊与法律漏洞

第二步:发现法律模糊和法律漏洞。找法中必然发现不同程度或者不同种类的法律模糊存在,还可能发现明显、隐含、冲突型或者违反立法宗旨型漏洞存在。

找法的过程是在法律概念和案件事实之间进行快速的、大规模的扫描和匹配的过程。在这个扫描和匹配的过程中,对于案件中大量的事实在法律上的属性作出快速的判断,这种判断是对简单的法律模糊的澄清过程,也是对"法律人一看就知"的法律问题的解答过程。但是只要不是非常简单的案件,随着找法的深入,裁决者会发现不能"一看就知"的法律问题。这些问题就表达了典型法律模糊和法律漏洞的存在。找法中必然发现不同程度或者不同种类的法律模糊存在,还可能发现明显、隐含、冲突型或者违反立法宗旨型漏洞存在。

此外,对比双方的证明结构,就可以发现双方在法律问题上的分歧点,这些分歧也对应了特定法律模糊或漏洞存在。

1.《合同法》第143条规定:因买受人的原因致使标的物不能按照约定的期限交付的,买受人应当自违反约定之日起承担标的物毁损、灭失的风险。本案中被告应该打捞的标的物已经丢失。如果认为这种损失就是该条规定的风险,那么被告就应该承担这一损失,并继续支付原告价款。是否应该这样解释,是一个典型的法律模糊。

2. 原告的管理员在遇到洪水的情况下,因为醉酒没有及时泄洪,导致堤岸垮塌。《合同法》第60条规定:当事人应当遵循诚实信用原则,根据合同的性质、目的和交易习惯履行通知、协助、保密等义务。原告是否违反了这一义务,也是一个典型的法律模糊。

3.《合同法》第119条只规定了卖方有防止损失扩大义务,没有规定防止损失发生义务;那么在买方违约的情况下,卖方有没有防止标的物损失发生的义务?另外违反这一义务时,卖方是否应该对标的物的损失负全部或部分责任?法律应该规定而没有规定,所以法律漏洞存在。

四、确定焦点法律问题

第三步:确定焦点法律问题。众多的法律模糊和法律漏洞之间存在交叉、重叠或者其他关联,对于发现的法律模糊和法律漏洞,需要进行梳理和化简,从而确定对于本案关键的一个或几个焦点法律问题。

至此发现,在法律条文和案件事实的对应问题上存在几个难点。这些难点是本地发现的典型的法律模糊和法律漏洞。这些难点不解决,中心法律问题的答案不可能得到。为了便于解决问题,

发现法律模糊和漏洞之后,需要将其明确表达出来:

(1)《合同法》第143条所称的"风险"是否包含本案中的标的物损失?(2)《合同法》第60条规定的附随义务是否包括在本案情形下,卖方有进行适当管理,防止损失发生的义务?(3)在买方违约的情况下,卖方有没有防止标的物损失发生的义务?(4)违反这一义务时,卖方是否应该对标的物的损失负全部或部分责任?

其次,观察可以发现,上述四个问题相互关联和部分重叠,(3)、(4)两个问题的答案对于(1)、(2)两个问题的解决具有决定性的影响。因此,本案关键的分支法律问题可以归结为两个焦点问题:(1)本案中在买方违约的情况下,卖方在遇到意外灾害时,有没有进行适当管理,防止标的物损失发生的义务?(2)违反这一义务时,卖方是否应该对标的物的损失负全部或部分责任?

五、进行裁判解释

第四步:进行裁判解释。确定焦点问题后,裁判者应在裁判解释的基本公设的支持下,通过寻找各种解释的论据,发现并证明焦点法律问题的相对最合理的答案。

焦点法律问题必须通过法律解释予以解决,因此法律解释的过程是确定焦点后的关键思维步骤。本案中,上述两个问题都可以看做是站在立法者的立场应该考虑的问题,所以此处主要采取效应分析的方法[①]进行解释。

首先针对焦点(1),通过分析可以认为,如果认定原告没有防止损失发生的义务,可以对货物的损失坐视不管,显然不合乎自然常理,并且损坏财产利用的效率,不利于建立认真对待财产的激励机制。因此判定:本案原告有进行适当管理,防止损失发生的义务。

其次对于焦点(2),如果判定:原告没有进行适当管理,丧失赔

---

① 关于效应分析方法具体参见第六章的相关内容。

偿损失的请求权,那么被告违约就没有承担任何责任,这显然是对违约行为的放纵,也违背合同法强调合同必须信守的立法意图。

适当的方案是:让违约的一方承担主要责任,疏忽管理的一方承担次要责任。这样既可以让可能的违约者认识到,违约不受领合同的标的物,要实实在在承当标的物灭失的风险,不至于轻视违约的后果。同时也督促标的物的管理者认真管理,不至于忽视标的物的效用,而归咎违约的一方,同时指望违约方承担全部损失。

同时要注意的是,原告方的疏忽是一种较轻的过失,不是严重或普通过失导致损失发生。关于原告方过失的判定,只要将其行为和一般的财产所有人或者管理人的行为相比较就可以得出结论。灾害的发生是由于夜晚天气突然变化,一般的财产所有人或者管理人对于自己的财产,即使比较认真地管理,在此条件下也会发生类似疏忽,从而导致损失,因此可以判定原告方的疏忽是一种轻过失。

如果一方违约后,另一方在面临意外灾害的情况下,认真管理,防止了损失的发生,那是付出了额外的管理精力与费用,这种费用应当由违约方来承担。需要注意的是,该费用的承担方法与前面所讨论的损失承担比例应该相对应。如果卖方不认真管理,发生了损失,判定承担30%的损失,如果实际认真的管理,防止损失的发生,就应该由买方多支付其30%的费用,其中就可能包括奖励的成分。

因此,在这种衡量不同效应的方案下,如果将卖方基于轻微过失的责任比例定得较高,买方就可能对于认真管理、从而防止损失发生的卖方支付过多的费用,这与他订立合同的目的不一致。

需要强调的是,即使不采取上述赏罚分明的方案,对于轻微过失导致的损失,如果判定全部或者大部分由卖方承担,那么对于重大过失甚至故意导致的损失,就没有进一步公平承担的空间。

这样分析,本案情况下,卖方承担损失适当的比例是在40%、30%、20%与10%之间选择。此时可以让合议庭经过表决来选择直觉上认为恰当的比例。如果绝大多数法官认为20%是适当的比例,那么就判定原告应该承当20%的货物损失,被告承担80%的货物损失风险。

六、理清推理思路与判决

第五步:理清推理思路并判决。总结前面的工作成果,确定能够推导出案件最终结论的大前提和小前提,然后确定案件中心法律问题的具体答案,并且针对当事人主张的理由,进行妥帖的证明和反驳。

根据前文所述理由,对四个疑难法律问题应该进行如下解答:(1)在买方违约的情况下,卖方有进行适当管理,防止标的物损失发生的义务。(2)因为轻过失违反这一义务时,卖方应该对标的物的损失负20%的责任。(3)《合同法》第60条规定的附随义务包括了这种义务,这也是按照诚实信用原则应该履行的义务。(4)《合同法》第143条规定的风险包含本案情况下标的物80%的损失。综上所述,对本案应判决如下:被告应当继续履行支付货款的义务,并且承担本案标的物80%的损失风险。而原告无需再履行交货的义务。扣除原告自己承担的份额,被告必须支付原告货款2万元的80%,即1.6万元。

以上为通过顺向思路找法并解决案件的过程。如果采用逆向分析的思路,先假设原告诉求成立,再寻找其在现行法律体系中的成立要件,也会发现与前述相同的法律模糊和漏洞。随后确定焦点问题、进行解释和判决的过程也与前文相同。

七、司法思维的意义

符合逻辑的答案才是科学合理的答案。司法主体解决法律问题的过程也必须符合逻辑规律。解决法律问题的过程虽然不完全等同于解决数学问题的过程,但是应该努力按照解决数学问题的结构进行解答。上述五个步骤的思维规律,对于民商事案件、刑事案件、行政案件和国际法案件都同样适用,因为任何一个案件中法律问题的解决都具有基本的共同规律。偏离这些基本的规律,案件的解决过程可能变成不周全的推演甚至任意的直觉判断,这对于司法的公正和效率目标是不可接受的。

  法的目标是实现社会正义。立法过程确定社会事务的抽象的正义标准,司法则是发现和落实具体正义的过程。这两种同等重要的公务过程需要正当程序予以保障,同时也需要正当的思维方法作为支撑。科学的思维方法对于司法过程尤其重要,因为司法作为社会正义的最后一道防线,法官的判断应该是一个社会中最有理性的判断。法官的论点要符合法理,而法理的实质是事理。司法问题的解决过程往往是一个问题答案的选优过程,在这一过程中,裁决者按照科学的思路和方法寻找论据、进行证明和反驳,就会发现案件所包含社会事务的最妥贴的处理方案。这一过程有众多法律人和相关社会主体参与,因此是一项社会共识的形成过程,也是集体理性的增加过程。可以确信,当司法过程为社会有机体输送的共识和理性的营养越来越多时,社会和谐和正义的光芒也将越来越亮。

第六章 裁判解释方法的确认与重新归类[①]

一、关于解释方法研究的概述

法解释学试图提供解决法律问题的一般原理与方法,关于裁判解释方法的理论是其最关键的构成部分。目前学界关于裁判解释的方法有很多表述。如通用的法理学教材[②]将解释方法分为一般解释方法与特殊解释方法。一般解释方法包括:语法解释(文义解释)、逻辑解释、系统解释、历史解释、目的解释和当然解释。特殊解释方法根据解释的尺度不同分为字面解释、扩充解释与限制解释;根据解释的自由度不同分为狭义解释与广义解释。卡尔·拉伦茨[③]、杨仁寿[④]、王泽鉴[⑤]、梁慧星[⑥]、黄茂荣[⑦]、张志铭[⑧]、解兴权[⑨]、李希慧[⑩]、郭华成[⑪]、史蒂文·J.伯顿[⑫]、詹姆斯·安修[⑬]等学者

[①] 本章主要内容笔者曾发表在《法商研究》2004年第2期,本处进行了修订。
[②] 张文显主编:《法理学》,高等教育出版社、北京大学出版社2007年版,第285页。
[③] 〔德〕卡尔·拉伦茨:《法学方法论》,陈爱娥译,商务印书馆2003年版,第193—315页。
[④] 杨仁寿:《法学方法论》,中国政法大学出版社1999年版,第101—226页。
[⑤] 王泽鉴:《法律思维与民法实例》,中国政法大学出版社2001年版,其中关于法律思维与裁判解释的理论。
[⑥] 梁慧星:《民法解释学》,中国政法大学出版社1995年版,第213页以下。
[⑦] 黄茂荣:《法学方法与现代民法》,中国政法大学出版社2001年版,第250—404页。
[⑧] 张志铭:《裁判解释操作研究》,中国政法大学出版社1999年版,第90—200页。
[⑨] 解兴权:《通向正义之路》,中国政法大学出版社2000年版,第77—213页。
[⑩] 李希慧:《刑法解释学》,中国人民公安大学出版社1995年版,第97—133页。
[⑪] 郭华成:《裁判解释比较研究》,中国人民大学出版社1993年版,第30—116页。
[⑫] 〔美〕伯顿:《法律与法律推理导论》,张志铭、解兴权译,中国政法大学出版社1998年版,第30页以下。
[⑬] 〔美〕安修:《美国宪法判例与解释》,黎建飞译,中国政法大学出版社1999年版,全书综述了美国法院对宪法解释所遵循的信念。

有专门的研究成果。此外张志铭先生转述了由英国学者 D. Neil MacCormick 和美国学者 Robert S. Summers 主编、并有来自大陆法系和英美法系的九个主要国家的学者参加研究的成果:《制定法解释比较研究》(Interpreting Statutes: A Comparative Study),其中将英国、美国、法国、德国、意大利等九个国家的主要解释方法归纳为四个类型十一种。[①] 本书试图在此基础上,对裁判解释的方法作进一步的梳理与归类,从而使这些方法的指导作用更强。

在日常语言和科学工作中,我们使用"方法"这个词项指向的是导致特定结果的、通用的、可以学习和重复的操作。在重复发生的法律问题的解答活动中,如果解答主体愿意声称自己是在通过解释法律来正确的理解法律,也就是说他愿意承认得到的关于某一个法律问题的答案不是随机的猜想或任性的决定,而是"正当的"、"有理由的"、"可审查的",那么可以判定:所有理性的解释者(主要是法律职业者)根据一个基本相同的操作过程后,对同一个问题有基本相同的答案。在这个前提下,对法律的理解不是"完全个人化的理解",是能够被理解的理解,是可以重复和传授的理解。我们才能说对法律的解释实际上是、并且应该是法律职业共同体的共识,因为这种基本相同的操作能够导致基本相同的认识。

二、法律理由的直觉成分与逻辑成分

进一步分析,如果将对于法律问题答案的理由分为直觉的判断与逻辑的判断,那么应该要求法律问题的解答者详细陈述答案背后的理由,并且反思自己的解答过程的逻辑属性,甚至反思理由背后的理由。这样,和这个解释者对话的共同体就可以将答案中的直觉成分与逻辑成分分离出来。这种分离对于法治发展的意义十分重大。对于直觉型的判断我们可以身临其境地感受它,分析它受到哪

[①] 张志铭:《裁判解释操作研究》,中国政法大学出版社 1999 年版,第 104—157 页。

些情感的支配,而这些情感对于解释者、相关人和社会具有不同的意义。引导解释者和相关主体认识这些情感和意义对于防治纠纷、促进合作与维护法治都很有价值。有些判断是非情感影响下的纯粹直觉判断,并且不同的主体有不同的直觉判断,这些判断如果是解释者行使权利或权力的表现,那么在当时的情景下必须被判定是正当的。但是它要经过对话程序的整合才能形成一个集体的答案,并且要受到实践的检验。还有些判断是某一个共同体的共同直觉判断,或者是基于普遍具有的情感的相似判断,这种判断也属于法律职业共同体的共识的构成部分。通过分析可以认为:裁判解释中的直觉判断并不妨碍法律秩序,关键是理性地识别出这些判断。认识和尊重相关主体的直觉判断,可以使法律共同体的对话更加透明和理性。关注这些直觉判断的实践检验效果,也可以增加法治的理性基础。

对于法律判断理由的逻辑成分,就可以进行条分缕析的整理、归纳与比较,从而得出能够推导出每一种结论的通用的思维方式和逻辑过程。一种通用思维方式和逻辑过程就称为一种"裁判解释的方法"。这种思维方式和逻辑过程可以被用来检验某一个主体的解释是否合理——合乎公认的推理标准。我们必须关注这种具有形式逻辑属性的一般过程,并且将其形式逻辑的步骤和最终假设分析出来,从中发现其推理过程可能有力的地方和可能不足的地方。对于法律问题的解答虽然不等于数学问题的解答,但是应该努力按照数学问题解答的逻辑结构作出,而不应该是随意拼凑理由。学界都同意霍默斯的格言:"法律的生命在于经验,而不是逻辑。"但是应该强调的是:法律秩序的生命在于形式逻辑,而不是经验。因为没有逻辑规则作为抽象的法律规定和具体的法律行为相连的基础,法律就不可能给社会生活和法律事务带来一致性和可预期性。而没有行为之间一定程度的一致性和可预期性,就没有法律秩序,也就没有我们所看重的"法治"。因此,虽然有学者对一般的裁判解释方法深入的研究持悲观态度①,但是这种反省式挖掘与探讨,可以大大改进学术界和实务界的解释工作是毋庸置疑的。

三、裁判解释方法的确认

裁判解释分为狭义解释和漏洞补充。狭义解释是对法律模糊的处理过程;漏洞补充是对法律漏洞的处理过程。法律模糊与法律漏洞分别是法律问题的特定类别所表达的问题情形。法律命题的模型为:$S \to T$,构成要件 S 与法律效果 T 由一系列法律概念 $A_1 \cdots A_n$ 表达。如果法律问题是:(1)法律命题 X 如何改写成 $S \to T$ 的形式?或者(2)对象 a 是否属于法律概念 A_m(A_m 无论是关于构成要件的概念还是法律效果的概念)的外延?这两种法律问题分别表达了结构型法律模糊和外延型法律模糊的存在。如果法律问题是:(3)对于不属于任何一个现有的法律概念外延的对象 a(可以假设对象 a 不属于任何一个现有的法律概念),是否应该判断它发生法律效果 T_m?或者说对象 a 应该有哪一个法律效果?那么该问题表达了一个法律漏洞的存在。裁判解释的释文就是问题(1)(2)(3)的答案,也就是解释后的结论或称为论点。裁判解释的原文是法律中的语词、词组、法律命题甚至是整个法律文本与法律体系。一次解释只会阐明原文的一点含义,原文会被无数次地解释。在每一次解释的过程中,连接原文与释文(论点)的桥梁是解释者收集的论据和组织论据的论证方法。裁判解释的方法就是收集论据的方式和组织论据的方式。

四、不是方法的若干"方法"

从上述分析可知,没有论据和论证方法的"法律解释"无法判定是通过什么方法得出的。今天所有的抽象解释包括立法解释、行政

---

① 朱苏力:《解释的难题:对几种法律文本解释方法的追问》,载梁治平编:《裁判解释问题》,法律出版社 1998 年版,第 32 页。

解释和司法解释都是如此。不如把它们看作立法或者准立法活动更加符合逻辑,因为立法是一种政治选择,基本不要求符合解释的准则,而一种解释活动就应该符合解释的准则。其次,只有表明了论据和论证方法的表述才算得上是裁判解释方法的理论。据此标准,很多现在被认为是解释方法的表述应该被淘汰出局。首先"扩张解释方法"、"限缩解释(限制解释)方法"的表述不成立。这两种解释方法被认为是:"法律条文的文义失之过于狭窄(广泛),不足以表示立法真意,乃扩张(限缩)法律条文之文义,以求正确阐释法律意义内容之一种解释方法。"[①]在这里过于狭窄或广泛是根据"立法真意"来判断的。而立法者意图的发现是意图解释方法的任务、我们不能没有重大并且充分的理由(这些理由往往要通过效应分析方法才能得到),就扩张或者限缩法律概念外延的范围。否则,法律就被软化了。因此将扩张和限缩解释作为裁判解释的方法是有误导的风险的。

"字面解释"要求根据法律中语词的字面含义来解释,但是什么是语词的字面含义需要依靠发现关于语词的使用习惯的论据来判断,因此这也不构成一种独立的方法。"广义解释"与"狭义解释"是根据解释的自由度进行的分类,并不是根据论据和论证方法作出的分类,所以自然不是裁判解释方法的表述。

"当然解释"也被众多学者认为是一种独立的解释方法。其操作是:"法律虽无明文规定,惟依规范目的衡量,其事实较之法律所规定者,更有适用之理由,而径行适用该法律规定而言。"即通常所说的举轻以明重,举重以明轻。[②] 一个事项为什么比另一个事项更应该适用某一个法律?其理由或者是进行类比的相似性推理,或者在事项与该条文的立法目的关系的分析上,当然解释中的"当然"并

[①] 杨仁寿:《法学方法论》,中国政法大学出版社 1999 年版,第 110 页;梁慧星:《民法解释学》,中国政法大学出版社 1995 年版,第 222 页。

[②] 杨仁寿:《法学方法论》,中国政法大学出版社 1999 年版,第 120 页。

不构成有效理由。例如有学者举例认为禁止小汽车通行,当然禁止拖拉机通行①。但是若该地段进行水利维修,禁止小汽车通行是为了提高施工的拖拉机及其他车辆的效率,上述的当然解释结论就不当然正确了。如果认为当然解释是根据目的来判别的,那么应该将它归入目的解释方法。

"反对解释"被认为是狭义的裁判解释或者漏洞补充的方法②。在操作上是通过构成要件 S 与法律效果 T 逻辑上的关系,推导非 S 与非 T 的逻辑关系。其学说认为:只有在(1) S→T 并且 T→S,或者(2) 单纯的 T→S 这两种情况下,才能进行反对解释,推定非 S→非 T。而在(3) 单纯的 S→T 情况下,不能进行反对解释。其实命题(1)(2)在逻辑上必然蕴含命题非 S→非 T,这是很基本的逻辑规律。而逻辑规律被视为任何一次裁判解释的论据的组织方法,并不认为是一种独立的解释方法。实践中的反对解释操作过程,往往是在获得 S→T 的前提下,收集论据论证 T→S,从而推导出非 S→非 T。其中收集论据论证 T→S 或者非 S→T 的过程决定了本次解释使用的方法的性质③。

有学者认为"悖论补充法"是补充法律漏洞的方法的一种。④ 该方法先假设一种裁判解释的结论为真,经过一系列的推导从而得出显然荒谬的结论,从而排除先前假设的结论而推定与其相矛盾的结论为真。该过程使用的是逻辑上的归谬法,归谬法是演绎法的一种,将归谬法的过程反过来表示就是标准的演绎推理的过程。演绎推理是绝大多数解释论据的组织过程,而演绎推理中所使用的论据的属性决定了该次解释的方法的种类。因此,虽然这一理论提供了

---

① 张文显:《法理学》,高等教育出版社、北京大学出版社 2007 年版,第 331 页。
② 梁慧星:《民法解释学》,中国政法大学出版社 1995 年版,第 278 页;杨仁寿:《法学方法论》,中国政法大学出版社 1999 年版,第 114 页。
③ 反对解释并非只有一种情况,参见第八章关于反对解释的分析(本书第 116 页)。
④ 李友根:《消费者权利保护与裁判解释》,载《南京大学法律评论》1996 秋季卷,第 166—175 页。

一种很好的寻找答案、组织论据与强化说理效果的思路,但还是不适宜确定为一种独立的裁判解释方法。同样道理,"逻辑解释"①也不能作为一种独立的方法。运用形式逻辑的方法分析法的要素的过程是法律的自然语言结构向人工语言结构改写的过程,而改写的依据是自然语言中虚词和语法的通常意义。

"合宪性解释"被认为是论理解释方法的一种②。该种方法引用宪法的相关规定来判定特定解释的合理性。裁判解释的系统解释方法的基本公设是:与整个法律体系最和谐的解释方法是相对合理的解释方法。而宪法性规范是法律体系的组成部分。所以该方法可以吸收作为系统解释方法的一部分。还有"善意解释"、"诚信解释"③、"公平解释"等都在有些著作中被认为是解释方法,但是它们都只表达了对裁判解释抽象的期望,并没有提供新型的具体论据种类和论证方法。"善意"、"诚信"与"公平"是接近于空白的规定,本身都需要解释。因此也不能将善意解释、诚信解释与公平解释算作有用的解释方法。上述"扩张解释"等表述只能看作是对裁判解释的某一类别的称呼,而不能看做是关于方法的分类表述。

五、裁判解释方法的重新归类

裁判解释方法的种类应该根据推导出论点的论据和论证方法的种类来划分。而且狭义解释和漏洞补充的方法可以一并归类。因为大多数方法对两者是通用的。归类时第一要考虑逻辑的清晰,第二要考虑简洁和方便适用。当然这种归类是开放的归类,准备在有新的方法发现时进行添加和修正。综合考虑,目前所有的裁判解释的方法可以归纳为下列六种。

---

① 张文显:《法理学》,高等教育出版社、北京大学出版社 2007 年版,第 331 页。
② 杨仁寿:《法学方法论》,中国政法大学出版社 1999 年版,第 129 页;梁慧星:《民法解释学》,中国政法大学出版社 1995 年版,第 231 页。
③ 梁慧星:《民法解释学》,中国政法大学出版社 1995 年版,第 301 页。

第一,语义分析方法。在处理外延型模糊和结构型模糊时,必须使用语义分析的方法。该方法所使用的论据有:(1)关于法律中实词或词组的外延的判断;(2)关于法律中虚词标点和语法所代表的逻辑关系的判断,这两种判断又需要进一步的论据支撑,包括① 法律中已有的关于描述语词和事实的关系的界定性判断,② 词典中关于语词和事实关系的判断;(3)社会中的专家和学者关于该语词所包含的对象特征的归纳性描述;(4)解释者关于语词所包含的其他常见对象的特征的归纳性描述;(5)关于社会中普通大众或者特定范围的共同体相关表达习惯的判断;(6)关于正规出版物中相关表达习惯的判断。上述论据结合语义分析方法的相关公设进行推演,其中可能使用演绎、归纳与类比的逻辑方法。

第二,系统分析方法。系统分析方法要求选择与整个法律体系协调性最好的解释方案作为合适的论点。其论据就是关于解释后原文与其他要素的关系的协调性变化的判断。进一步的论据有:(1)关于一种解释方案导致的原文本的形式协调性(文学美)的判断;(2)关于解释方案与本法其他法律规则、原则协调性的判断;(3)关于解释方案与其他部门法规范尤其是宪法规范的协调性的判断。伯顿先生提出的信念之网的理论[①],也可以被用来说明协调性。它要求一种解释能够被我们关于整个法律体系的信念之网接纳,并且对这张网有建设性的作用,在解释实践中常常发现一种解释方案冲击其他规范的意义的情况,如果要修正整个网络的构成部分,也要力求做最小的改变。关于法的协调性的问题还需要进一步的研究。

第三,目的分析方法。如果一个裁判解释的论点是根据以下两方面论据的组合得到的,那么解释者所使用的就是目的分析方法:(1)关于某一规范的立法目的的判断;(2)该解释方案所指引的事

---

① 〔美〕伯顿:《法律与法律推理导论》,张志铭、解兴权译,中国政法大学出版社1998年版,第148页。

项能够实现或帮助实现该目的的判断。法的目的是立法者通过设定和执行规范试图达到的目标,该目标要么是保护事务特定的积极状态,要么排除事务特定的消极状态。这里的目的是具体规范的目的,和整个部门法的价值目标可以相对分离。目的需要通过相关材料的分析才能得到。事项和目的之间关系的判断可能是一个常识,也可能需要特定经验判断支撑。上述两类论据和目的解释的公设一起,可以演绎出恰当的目的解释论点。因此目的分析方法是效果很好的常用解释方法。

第四,意图分析方法。广义的立法意图包括立法者关于某种立法对象所有的意志,狭义的立法意图指除了立法目的和法律条文的字面含义之外隐含的立法者的意思表示。意图论点存在的公设是法律文本中的文字与结构可能不足以充分表达立法者的全部意志,所以要通过合理的材料发现立法者可能存在的隐含意思。这些意思可以从立法理由书及论证报告、立法会议的讨论记录、法律起草者的言论、立法者的行为等信息来源中分析出来。所以其分析过程作出的判断是意图分析方法具体的论据。

第五,类比分析方法。类比分析方法典型的特征是进行类比推理。类比推理在没有其他证明方法支持的情况下,也具有直觉的合理性。而法律事务中同类情况同类处理是符合人类心理要求的。因此这种方法对于实现法治很有价值。类比分析的论据有三种:(1)将待决事实的要素与已决案件事实的要素进行比较,判定两者最相似;(2)将待决事实的要素与法律条文的事实要素进行比较,判定两者最相似;(3)将待决事实的要素与国外法的法律条文中的事实要素进行比较,判定两者最相似。

第六,效应分析方法。效应分析方法是非常重要的裁判解释方法。通常所说的社会学解释方法,经济分析法、利益衡量的方法、考虑交易需要和事物性质的补充方法都归入其中。效应方法的特别之处就是站在理性人的角度,努力运用当前科学中的相关经验材料来分析法律问题的答案。法律是立法者进行现实认识、规律认识和价值选择后的对事务方案作出的规范性安排。立法者设定权利、积极义务和消极义务的理性基础可以归纳为三个命题。(1) 如果一个事项的作出与否都规律性地导致正面价值,该事项将被允许自由存在;(2) 如果一个事项的作出规律性的导致正面价值,不作出就规律性导致负面价值,该事项将被要求必须作出;(3) 如果一个事项的作出规律性地导致负面价值,不作出就规律性导致正面价值,该事项将被禁止作出。如果将建立正义的秩序作为法律的整体价值目标,并且社会的整体正义性通过社会的安全属性、平等属性、效率属性、自由属性来说明,社会的秩序和正义属性又可以通过社会调查与统计的方法进行描述,那么,法律的整体价值就是可以通过经验进行衡量的。对于裁判解释时要处理的一个具体事务,其几个价值目标可能不相容,所以在进行效应解释时,首先可能要作出价值选择。然后,重点论证不同的安排方案与所选择的价值属性之间的规律关系。这种规律可能是社会学规律、经济规律、环境规律与管理规律,也可能是法学与其他学科上的交叉性规律。并且这些规律大多数是统计型的规律,而不是决定性的规律。由此可见,发达的裁判解释是需要发达的社会统计工作作为支撑的。经过具有普遍性的价值选择和对规律强有力的论证后,所得到的解释结论具有很强的说服力。相信效应解释方法是将来重点发展的方向,制定法及其适用过程的理性和民主基础也应随之大大增强。

第七章 语义论点的构建

一、语义论点构建概述

所谓"语义",就是语言的意义。在现代语言哲学上,"语言的意义是什么"?是一个有多种探讨的问题,其中有多种意义理论。法律解释学中可用的意义理论是"图像理论",即逻辑经验论当中的实证主义意义理论。该理论认为:所谓语言的意义就是符号所指向的、能够被经验所感知的、能够被证明其存在还是不存在的事实现象。简言之,语言的意义就是所对应的经验现象。

法律是一种规范语态表述。它规划将来可以怎样、应该怎样与不得怎样,这些都是由事件构成的未来现象。法律要给人民和政府描述一个应该存在的由种种事件构成的世界,因此法律语言的意义就是其指称的未来现象。

法律语词分为实词和虚词。实词包括名词、动词、形容词、副词与数量词。实词和虚词中的助词的意义,主要是符号所指的客观的自然现象与社会现象。社会现象主要包括人的行为与存在状况。有些法律词汇还描述人的内心感受与主观意识(例如"故意"、"过失"、"精神伤害"),这些词汇的意义就是可以把握和描述的内心意象。"可把握"就是多数人能共同感受到意象存在。"可描述"则是可以用另外的词汇来表达意象。虚词(冠词、连词、介词)(法律中无叹词)和语言结构的意义,可以用逻辑上的关系符号来描述,所表达的是事物之间的关系现象。

任何法律解释方法都要寻找并确定法律表达式(法律语言)的"意义",从这个角度,任何法律解释方法都是"语义"解释方法。但是，为了对法律解释方法进行分类，必须缩小此处"语义"一词的外延。本地的"语义"，专指通过分析语言在其通常使用环境中所对应的现象，而确定的"意义"，即"习惯语境中的意义"。

在面临特定法律模糊时，裁决者通过语义解释方法，得出澄清法律模糊的一种方案，该方案也同时是对应该法律模糊的焦点问题的一种解答，这种解答就构成法律解释的语义论点。针对同一个焦点问题，不同的解释方法可能得到不同的论点，语义论点是六种法律解释论点的一种。

语义论点的构建过程，就是运用语义解释方法，寻找关于法律语言的习惯意义方面的论据，组织这些论据进行论证，从而得到所要解决的焦点问题答案的过程。语义解释方法是澄清法律模糊的方法。前文已述，法律模糊由外延型模糊、多义型模糊与结构型模糊三种类型，外延型模糊与多义型模糊都是关于法律概念的模糊，结构型模糊是关于结构的模糊，因此语义论点构建活动就分为两种：(1) 通过分析语词的意义来确定语词和事实的关系，这是澄清多义型模糊与结构型模糊必须完成的操作。(2) 分析整句的句法、词法等语法结构的逻辑意义，确定法律语词表达的构成要件和法律效果的逻辑关系，这是澄清结构型模糊必须进行的活动。下面依次阐述这两种活动。

二、分析语词在习惯语境中的通常意义

法律规范由法律概念构成，要理解法律规范的意义，必须先理解法律概念的意义。在面临外延型模糊与多义型模糊时，也必须首先通过分析语词在习惯语境中的通常意义，来确定语词和事实的关系。分析语词意义的方法有下列几种：

1. 查阅法律体系中对于待解释概念的已有界定，通过这些界定来确定语词和事实的关系

立法者认为自己所使用的法律概念有必要予以专门说明时，会

使用专用条文予以界定。例如我国《民法通则》中："个人合伙是指两个以上公民按照协议,各自提供资金、实物、技术等,合伙经营、共同劳动。""本法所称的不可抗力,是指不能预见、不能避免并不能克服的客观情况。"《刑法》中："明知自己的行为会发生危害社会的结果,并且希望或者放任这种结果发生,因而构成犯罪的,是故意犯罪。"

在我国法律体系中,下位的立法者,包括发布司法解释的主体,经常会通过规范性文件的特定条文对上位立法者所使用的概念进行界定。例如,《最高人民法院关于贯彻执行〈中华人民共和国民法通则〉若干问题的意见(试行)》中："民法通则中规定的近亲属包括配偶、父母、子女、兄弟姐妹、祖父母、外祖父母、孙子女、外孙子女。""清算组织是以清算企业法人债权、债务为目的而依法成立的组织。它负责对终止的企业法人的财产进行保管、清理、估价、处理和清偿。"

这些界定少数可以认为是关于法律概念的定义,大多数实际上是对待解释法律概念的外延进行了一次描述。这是立法者对自己所使用概念的习惯意义的说明或限定。这是一种权威说明,对于分析概念的意义很有用,因此应首先被发现,并作为论证法律概念意义的论据。如果这种界定不能澄清待解决的法律模糊,必然是这些法定解释或者司法解释需要被再一次解释,因为其使用的语词也必然存在模糊,甚至存在漏洞。例如"本法所称的不可抗力,是指不能预见、不能避免并不能克服的客观情况"。其中"不能预见"、"不能避免"、"不能克服"、"客观情况"这些概念都有可能需要被再一次解释。后面的解释可以称为对于法定解释与司法解释的"复数解释"。

2. 通过查词典来决定语词和事实之间的关系

词典循环使用一种语言中的元素并能够对每个元素的意义进行相当有效的说明。它帮助理解语言的一部分元素的人理解其他元素。它是一个民族的语言专家团体对语言的理解,但不是专家个人化的理解,而是作者根据所发现的该语言在实践中的习惯意义而作出的解释。因此,法律解释时应该引用并尊重词典作者的解释,利用该解释来澄清法律模糊,决定语词和事实之间的关系。

词典有普通词典与专业词典。立法者使用的大多是日常语言,但针对专业问题立法时也必然使用专业词汇。日常词汇的解释需要查阅普通词典,如《新华词典》、《现代汉语词典》、《辞海》。专业词汇的解释必须查阅专业词典,如《邮票大辞典》、《金融大辞典》、《农业大辞典》等。如果有可能,针对一个词汇应该多查阅几个词典,提取多个词典对该词汇的共同解释作为构建语义论点的论据,这样可以增强论点的权威性。当然,如果有确凿的理由,可以质疑并修正词典的解释。

实践中使用词典进行法律解释,资料显示较多的是美国法院,美国联邦最高法院较常使用词典来阐释语词的意义,特别是在双方当事人对于某个语词的涵义争执不下时,法官就引用权威的词典决定这个语词到底指向哪个范围。

在我国,大多数法官没有自觉地使用这种方法。但也有利用词典的报道。在北京,一项集邮爱好者与邮票销售商的诉讼涉及"首日实寄封"这个专业概念。双方对于所销售的纪念封是否属于"首日实寄封"存在分歧。法院根据两个邮票类专业词典,对该词汇的意义进行解释并据之裁决了案件。[①]

3. 通过直接分析语词在实践中的使用习惯来确定语词和事实的关系

如果上述两种途径对于分析语词的意义效用不足,那么解释者必须自己花费时间与精力,考察语词在实践中的使用习惯,分析语词在其通常使用环境中所表达的信息,从而确定其意义。习惯在哪

---

① 王建民等集邮爱好者诉北京国脉商贸中心、国脉集邮活动中心一案。北京市第一中级人民法院(1998)一民终字第590号判决书。案例来源:北大法意网—法院案例。

里？习惯处于沉默当中，需要人去发现。语言习惯的分析途径有下列几种：

第一，根据语词在法律文本中上下文一贯的使用习惯来确定该语词的通常意义。

如果一个语词在法律体系的不同文本场景中多次出现，并且没有理由表明立法者试图使其涵义不一致，我们就可以归纳该语词在所出现不同场景里所反映的共同信息，确定其指向的是什么对象，最后归纳出语词的通常意义，从而构建解决焦点问题的语义论点。

如"法律"一词，在我国有广义和狭义之分。我国《行政处罚法》第9条规定："法律可以设定各种行政处罚。限制人身自由的行政处罚，只能由法律设定。"此处的"法律"，指的是广义还是狭义的含义？这个问题对应了一个多义型法律模糊。考察该语词在正规法律文本中的使用场景，就可以发现，我国法律条文的写作者总是将其与"行政法规"、"地方性法规"、"其他法规"等概念并列使用，此时"法律"所代表是全国人大及其常委会制定的规范性文件。因此，本地"法律"一词代表的是狭义的含义。[①]

第二，对于社会大众普遍使用该语词的习惯进行描述。

如果所解释的语词属于日常词汇，就要考察该语词在鲜活的人际交往实践中，如何被使用。语言的意义在于其使用环境，描述该语词在不同使用环境里所反映的共同信息，就可以知道该语词的通常使用主体使用该语词代表什么信息，不代表什么信息。由此可以大大丰富解释者对于语词通常意义的理解，也常常会获得有效的解决焦点问题的语义论点。

例如，有人贴出悬赏广告："若归还本人丢失的某财物，必有重谢。"但当别人还他时，他只非常认真的鞠了一个九十度的躬，还说：

---

① 其他事例如对刑法条文中关于"伪造"和"以……论处"的解释，都可以分析立法者的使用习惯得到意义。参见李希慧：《刑法解释论》，中国人民公安大学出版社1995年版，第121页。

"这就是我很重的感谢了。"人们对这是不是"重谢"发生争议。根据该语词通常使用场景可知,"重谢"指诚恳地给对方一定的物质利益的行为。显然,鞠躬不是重谢的方式。

再如,日本有一法律条文在3月1日之后就禁猎"狸"这种动物,后有一农民在3月1日前几天在追捕叫"貉"的一种野兽,野兽逃入洞中,这农民就将洞封死。过了几天(3月1日之后)将洞打开,并射了几枪将貉打死拖回家,后被警察发现,他捕的却是"狸",只是方言中称"狸"为"貉"。后公诉至法庭,法官认为其在3月1日后将狸打死为"捕获",而有些学者说将"狸"封在洞中为"捕获"。该案中农民是否有罪,就看他3月1日之后是否有捕猎这种行为。此时,需要将"捕获"这个词放在猎人的生活场景中进行解释。实践中,如果有猎人挖陷阱并有猎物掉进去,就可以说他"捕获"了猎物。如果非要像法庭上所说打死猎物或者抓住才叫"捕获",之前的所有权仍不属于该猎人,那么猎人陷阱中的猎物其他人都能去抢,这显然是猎人们不能承认的一种论点。该案中,农民将该野兽封在洞中,实际上已经控制了野兽。因而此人的捕获行为应发生在3月1日之前,3月1日之后只是处分自己捕获的财物。这样的解释才符合猎人的用语习惯,法律人应当尊重并遵循民众的语言习惯。

印证上述方法的反面典型莫过于莎士比亚写作的"一磅肉案"。一磅肉在《威尼斯商人》中被鲍西亚解释成不带一滴血的纯粹一磅肉,但在日常生活中,这个语词不是这样被使用。鲍西亚的解释是歪曲语言正常意义的"深文刻法"的解释。如果夏洛克说:"请对方按照自己的标准,找到不带一滴血的一磅肉。"鲍西亚就会被难倒。当然,鲍西亚有效运用了那个时代的法律解释理念。我们都要做"鲍西亚式的法律人"。因为她用巧妙的策略,改变了法律僵化引发的恶果,从而带来了实质正义,而这正是法律解释的终极目的。①

---

① "鲍西亚式的法律人"一语从丹宁勋爵"我才是鲍西亚式的男人"一语转化而来,参见〔英〕丹宁:《法律的训诫》,杨百揆、刘庸安、丁健译,法律出版社1999年版,第38页。

第三,通过对正规出版物中该语词的使用习惯分析来决定该语词和事实之间的关系。

如果解释对象是书面语言,还要通过对正规出版物(官方文件是其中的重要内容)中该语词的使用习惯的分析,来决定该语词和事实之间的关系,分析该语词在正规的书面使用环境中,是包涵了某种事实还是排除了该事实。但是本地要排除该语词在比喻、借代、拟人、夸张、借用等文学修辞手法中所代表的意义,这些意义不是该语词的"通常意义",因此不是法律解释所采纳的意义。例如互联网一词代表的是计算机信息网络,幼儿园将家长与学校沟通的渠道称为"家园互联网",此地"互联网"代表的就不是通常意义。

例如,在"知假买假"或者"疑假买假"的打假案件中,有意见认为购买者知道经营者所卖的是假货,所以经营者的行为不是消费者权益保护法所说的"欺诈",在司法解释中也有类似意思。① 但是,查阅所有正规出版物中的使用环境,可以判断出"欺诈"所描述的是行为人故意告诉虚假信息的行为,接受的人是否识别,对其行为是否是"欺诈"没有影响。因此前述的论点不是正确的语义论点。

再如,在前面章节中分析的鱼塘案中,有意见认为"风险"是不可以归责于合同任何一方当事人的标的物损坏或灭失的风险。但查阅正规出版物中对"风险"的使用,可以发现其泛指所有的标的物损坏或灭失的可能。前面的限定不是正确的语义论点。

第四,进行归纳性描述。

解释者对于属于该语词的一系列典型对象的特征进行归纳,然后用概括性的语言描述其特征,这种过程就是"归纳性描述"。归纳性描述可以得出该语词内涵的一般解释,并使用该解释来判断待分析的事实对象是否属于该语词。所归纳与描述的典型对象越多,得出的解释质量越高。比如判断堵车是否是"不可抗力"? 我们收集

---

① 李友根:《消费者权益保护与法律解释》,载《南京大学法律评论》1996 年秋季卷,第 166 页。

一些被认为是不可抗力的典型事件,然后对这些事件的共同特征加以归纳,描述它的一般性特征,得出不可抗力的一般解释。再判断堵车是否是"不可抗力"。实践中,部门法学工作者正是运用这种方法得出概念涵义的。法律解释者也可以积极主动的使用该方法来解决案件。

例如,1895年,美国商人从印度群岛运来一批西红柿。按纽约当时的法律,输入水果是免交进口税的,而进口蔬菜则必须缴纳10%的关税。纽约港的关税官认定西红柿是蔬菜。理由是:它要进入厨房,经过烹制,成为人们餐桌上的佳肴。商人则认为应属水果,据理力争:西红柿有丰富的果汁,这是一般蔬菜所不具备的;它又可以生食,同一般蔬菜也不一样,形状色泽也都应当属于水果范畴。双方为此争执不下。西红柿到底是水果还是蔬菜?联邦最高法院根据词典解释说西红柿是蔬菜,而不是水果。法院一致判决:"正像黄瓜,大豆和豌豆一样,西红柿是一种蔓生的果实。在人们通常的谈论中总是把它和种植在菜园中的马铃薯,胡萝卜等一样作为饭菜用;无论是生吃还是熟食,它总是同饭后才食用的水果不一样。"①

再如,一保姆精心照顾一老人,该老人精通书画,并收保姆为徒,保姆照顾到老人去世。老人立了两份遗嘱,一份遗嘱写道:我的所有财产一针一线都给某人(该保姆)。另一份公证遗嘱表示把所有的房产都给保姆。老人的遗产除了有房产外,还有他的很多价值很高的书画。老人的子女与保姆发生纠纷,子女主张保姆只能继承房产,因为房产是公证遗嘱。保姆起诉到法院。根据《继承法》,有多份遗嘱,其中与公证遗嘱抵触的条款无效。那么这两个遗嘱是否相"抵触"?就需要通过对"抵触"进行归纳性描述。将其放在多个使用场景中加以理解就会发现,多个判断之间发生"抵触"的一个典型特征,是这些判断之间不能同时成立,因此解释者可以判定:"不

---

① 《美国历史上的西红柿案件》,载《中国食品》1984年第6期。

能同时为真就是抵触。"本案中,一份遗嘱把一针一线都给原告,另一份把房产给原告,这两个判断不可以同时为真吗?其实不然。两份遗嘱可以同时执行,并不是以公证遗嘱为准。

再如,一个流浪汉看见一间房子长期无人居住,就擅自住了进去。后来还想卖房子,造了个假证件,在市场上贴了卖房告示,果然有人给他打电话,谈成了交易。这事后来被发现,公安机关认为他的行为构成盗窃。这是否成立?就要对属于"盗窃"的典型案件进行归纳型描述。可以看到,在日常生活中的所有盗窃的典型案件,都是指盗窃动产而不是不动产,是归纳出的一个典型特征。一般来说,盗窃房屋是很难想象的,只可能强占房屋影响别人的居住权。如果在别人不知情的情况下对房屋加以控制并转移的话,转移的是象征性的产权。可见,判定其构成盗窃不合理,可能的是定为诈骗罪。

第五,查阅法学论著中对于该语词的解释与界定。

法学论著对法律概念中的解释,是学者对概念的通常使用语境进行考察后,对其特点与内涵进行归纳性描述的结果。此时应该查阅多种论著,提取学术界对于该语词普遍接受的解释,作为构建语义论点的依据。如果对于解释对象只有新出现的唯一解释,基于对学者的知识背景与治学态度的信任,可以引用该解释。但是,如果学者对于同一概念的解释有明显分歧,或者唯一的解释明显扩展或者限缩了概念的通常意义,又没有说明充分理由,解释者就要对概念重新进行归纳性描述,得到相对准确的一般特征,从而构建语义论点。

三、分析法律规范内部结构的逻辑意义

法律规范由法律概念及其结构组成。结构的意义是概念所表

达的事物之间的关系。"世界是由事件构成的,不是由事物构成的。"①事物之间的关系是一种重要事件。因此分析结构,得到关于该事件的信息就是必要的工作。对于法律解释而言,只理解法律概念的意义,而不理解法律规范内部结构的意义,就不能理解法律概念所指向事物之间的关系,也就不能理解法律规范的意义。

构成法律规范内部结构的解释对象包括:标点符号、介词、连词以及部分逻辑副词、词语之间的结构以及复句中句子之间的结构。这时的解释工作,也是在分析语言在习惯使用环境中的通常意义。同前文所述,这就要考察上述解释对象在法律体系中、在大众表达习惯中、在正规出版物中所代表的通常意义。因为一个民族的语言工作对于其民族语言的语法结构规律有很多研究,所以法律解释者还要考察语言学家关于语法结构意义的说明。

法律规范中结构的意义,也是其构成元素之间的逻辑关系。这种关系由句法、词法等语法以及特定虚词予以表达。要分析法律规范的句法、词法等语法的逻辑意义,形式逻辑是不可缺少的工具。要确定法律语词表达的构成要件和法律效果之间的逻辑关系,就要对法律语句进行逻辑解析,将句子分析成等价的逻辑关系非常明确的表达式。这些表达式可能有 $S \rightarrow P, S_1 * S_2 \rightarrow P, (S_1 + S_2 + S_3) \rightarrow P,$ $S_1 * S_2 * (-S_3) \rightarrow P$ 等形式("S"表示构成要件,"P"表示法律效果,"→"表示逻辑上的蕴含关系,"*"表示并且关系,"+"表示或者关系,"-"表示"非",下同)。

首先,对单句的句子结构进行逻辑解析。就是根据所发现的该结构的使用习惯,将其改造成"S→P"的形式的逻辑关系表达式。注意此处可能需要对法律条文的省略词进行添加,并且对于虚词的意义要作出精确的解析。例如:"没有过错的不承担法律责任。"逻辑解析如下:

---

① 〔德〕维特根斯坦:《逻辑哲学论》,贺绍甲译,商务印书馆1996年版,第1页。

"某主体是有过错的"为 S,"某主体应该承担法律责任"为 P;

"某主体是没有过错的"就是 $-S$,"某主体不应该承担法律责任"为 $-P$;

本结构中连词"就"解析为逻辑上的蕴含关系,整个句子的逻辑意义就是:$-S \rightarrow -P$。如果一个主体是没有过错的,就蕴涵着该主体不承担法律责任。

以上为运用命题逻辑符号工具,对法律规范的逻辑意义进行解析的过程与结果。如果运用谓词逻辑的符号工具,可以进行更精细的解析,前面章节曾经分析,此地不再展开。

分析结构的逻辑意义时,必然要分析标点符号。例如:"本法所称的不可抗力,是指不能预见、不能避免并不能克服的客观情况。"逻辑解析如下:

S_1 = 某事物是不能预见的;

S_2 = 某事物是不能避免的;

S_3 = 某事物是不能克服的;

S_4 = 某事物是客观情况;

P = 某事物是本法所称的不可抗力;

本地顿号与"并且"同时使用,根据语法习惯的通常意义,顿号解析为逻辑上的"并且"关系,"是"型主谓结构与逗号解释为"蕴含"关系。本法律语句的整体逻辑意义就是:

$$S_1 * S_2 * S_3 * S_4 \rightarrow P$$

读者了解民法知识,马上会感受到,上述结构中解释为"并且"关系与解释成"选择"关系,对于"不可抗力"的认定范围有很大影响。本地立法者的界定与普通生活中对"不可抗力"的使用习惯有差异。而立法者大大限缩了"不可抗力"的范围,并可能存在不合理之处。我们不能因为效果不当就否认本地语言结构的习惯意义,或者擅自改变语义论点。①

---

① 如何克服语义论点的局限呢?本书后面有关解释方法的阐述都涉及这个问题。

复句中并列、选择与偏正结构(转折、因果、条件)及其连接词分别表达不同的逻辑关系,此时也要进行逻辑解析,认定哪些构成要件和哪些法律效果存在怎样的并列或选择型的蕴涵关系。当然此时也要分析标点符号、连接词与逻辑副词的习惯意义。

例如:《刑法》第272条规定:公司、企业或者其他单位的工作人员,利用职务上的便利,挪用本单位资金归个人使用或者借贷给他人,数额较大、超过三个月未还的,或者虽未超过三个月,但数额较大、进行营利活动的,或者进行非法活动的,处三年以下有期徒刑或者拘役;挪用本单位资金数额巨大的,或者数额较大不退还的,处三年以上十年以下有期徒刑。

S_1 = 某人是公司、企业或者其他单位的工作人员,

S_2 = 某人利用职务上的便利,

S_3 = 某人挪用本单位资金归个人使用

S_4 = 某人挪用本单位资金借贷给他人

S_5 = 某人挪用本单位资金数额较大

S_6 = 某人挪用本单位资金超过三个月未还的

S_7 = 某人挪用本单位资金未超过三个月

S_8 = 某人挪用本单位资金进行营利活动的

S_9 = 某人挪用本单位资金进行非法活动的

S_{10} = 某人挪用本单位资金数额巨大的

S_{11} = 某人挪用本单位资金数额较大不退还的

P_1 = 某人应该处三年以下有期徒刑或者拘役

P_2 = 某人应该处三年以上十年以下有期徒刑

考察其中的标点符号、结构以及连接词的习惯意义,本法律语句的整体逻辑意义就是:

$$(S_1 * S_2 * (S_3 + S_4) * (S_5 * S_6 + S_7 * S_8 * S_9) \to P_1)$$
$$+ (S_1 * (S_{10} + S_{11}) \to P_2)$$

将法律规范从自然语句改写成逻辑上的结构,才能清晰地理解

法律规范结构的意义。同时,也有助于分析案件的法律推理过程在逻辑上是否严谨,并且对于增强法学的科学性也很有价值。如果不使用形式逻辑工具,而改用日常语言分析,将变得繁琐而混乱。因此,上述逻辑解析过程是进行语义解释时必须完成的工作。

四、语义论点构建的可能结果

经过上述过程以后,确定了所讨论的事实 a 归属哪个要件,或者是否归属法律概念 A,或者确定了自然语句对应了怎样的逻辑语句,或者在多义中确定了一个含义,就得到了单一语义论点。此时法律模糊得以澄清,语义论点完全有效。需要分析事实,属于语词外延的核心区域。所得出的论点是单一论点。

如果得到了多个可能的语义论点、或对于所确定的习惯语义的论证没有确凿论据,此时虽然不能澄清模糊或选定含义,但是确定了解释对象语义的大概范围,为后面的解释活动确定了基础,此时语义论点部分有效。如果所处理的是外延型模糊,此时所讨论的事实处于语词外延边缘区域。

如果所要解决的焦点问题是法律漏洞,无论是哪一种漏洞,都不能使用语义解释方法进行填补,那么对该问题就没有语义论点。

语义解释方法虽然不是解决疑难案件的重要方法,但是它对于不了解法律表达式的习惯意义,或者对法律表达式产生"个人化的理解"的人,可以提供正确有效的指引。在普法活动和法律学习活动中,语义解释方法是不可缺少、同时也是重要的阐明法律含义的工具。在一个国家的法治初级阶段,司法机关处理的大多数是简单案件,大多数案件都可以通过语义解释方法裁决。

五、语义论点的存在理由与价值

为什么语义解释方法在实践中能够被接受?为什么语义论点是有效的?为什么在面临法律模糊时通过语义解释得到的结论在

法律科学上应当被承认？任何法律解释论点的成立都应当有基本理由。语义论点的成立理由基于两个公设：

第一，立法者仅使用并且必须根据本国语言（语词及其结构）的习惯意义进行表达。这是语义论点存在的必然性。

第二，立法者懂得并会熟练使用本国语言进行表达。这是语义论点存在的可能性。

上述两个公设是无需证明的常识。因此人们必须通过本国语言中词语和结构的习惯意义，来理解立法者的意图。任何人不能轻易否定立法者所使用表达式的字面含义，也不能违反其字面含义裁决案件。任何否定法律字面含义的人，都是在假设立法者不会熟练使用本国语言，或者假设立法安排存在缺陷。这并非不可能，但是必须有充足理由。

语义论点在六类法律解释论点中处于特殊地位：

首先，它是法律解释的开始环节。任何法律解释都必须从语义解释开始，并且不能随意推翻或忽视其中任何一个语义，否则违背法治原则，尤其违反立法至上原则，也同时违背前述关于语义论点存在理由的基本公设。

其次，语义解释划定了狭义解释的范围。狭义解释就是澄清法律模糊的工作。狭义解释的论点选择不能超越可能的语义范围，否则违背相应法律原则（如罪刑法定原则）。如果一个部门法要求只能对其进行狭义解释，而不能进行广义解释，那么只能在语义论点划定的范围之中选择一个语义，并且不能推翻所有的语义。例如罪行法定原则要求刑法没有规定的行为，司法时不得定为犯罪。实践中执法者不能通过扩充解释、类推或创设相应的条文来添加罪名。因而在刑法解释当中，所有论点都不能超越语义论点提供的选择范围。

实践中，有案件将邮寄假冒炭疽杆菌白色石灰粉末给公共管理机构的行为，定为"以其他危险方法危害公共安全"。一包白色石灰粉末是不可能危害公共安全的,该行为超出了"以其他危险方法危害公共安全"的普通语义。[①] 因此该案的裁判解释在立法机关后来的针对性补充立法之前,已经超出了狭义解释的范围。

最后,语义解释方法确定了简易案件与复杂案件的界限。能够使用语义论点解决的案件就是简单案件,不能根据语义论点解决的就是复杂案件。如果案件通过语义解释方法得出多个论点,解释者需要在语言的习惯意义以外发现其他的论据、考虑其他的理由在复数论点之间进行选择,或者缩小、扩张语词的字面含义,甚至抛弃字面含义创设另外的含义,此时该案就属于复杂案件。

六、语义论点与其他论点的区别

因为法律解释的结论有很多,面对同一焦点问题时,不同解释者可能得出不同结论。必须先识别某一个解释结论到底是语义论点还是其他论点,才能判断哪些论点应当优先,才能根据不同论点之间的关系原理处置其中的矛盾。在众多法律解释论点中,如何识别语义论点?根据法律词语或者条文结构所包括的习惯意义,对法律进行解释所得出的结论就是语义论点。

语义论点与其他论点按照依据的论据和论证方法不同进行区别,在后面章节中,论述其他解释论点的构建之后,将逐一比较和区分。

七、语义解释的无限性

语义解释方法的最高任务,是归纳出属于被解释对象(例如"不可抗力")事物的所有特征,从而得出被解释对象的"定义",根据这个定义,可以得到区分解释对象 A 与非 A(例如"不可抗力"与"非不可抗力")的根本标准。根据这个标准,以后判断一个具体的现象 x

---

[①] 《肖永灵投寄虚假炭疽杆菌邮件受到法律制裁》,新华社 2001 年 12 月 19 日。

是否属于 A，就非常简单。但是遗憾的是，这种任务的完成经常是一个理想境界。语言的意义是约定俗成的，语言的使用习惯是大众有意无意积累的结果。并且这个习惯总是处在缓慢的变化中。如果要对一个语言要素进行定义，其实是对语言进行精确化的科学处理。如前所述，它必须运用数学工具，还必须依靠达成共识的程序。众多科学领域的语言的精确化过程，由科学家会议按照少数服从多数的原则进行操作，并且按照同样的原则进行修订，达成共识后大家都要服从。例如冥王星是否属于"太阳的行星"？科学家开始认为是，最近通过国际天文学家会议又给出否定答案。在法律领域，如果一个解释者试图对于一个解释对象提出定义，那么可以认为他已经对解释对象进行了数学化的归纳性描述，并且是在向预想中的法学专家会议提出语言精确化的"议案"。

但是对法律概念和句法结构的数学化描述十分困难，也十分稀少，而且上述规模的法学会议目前还不存在，因此上述"议案"目前几乎不存在。由此决定现在的语义解释过程，都是在解决一个具体的问题："事实 x 是否属于解释对象 A？"（对应了外延型模糊），或者：符号 f 代表的是法律概念 A 还是 B？（对应了多义型模糊的存在）或者：法律条文 L 对应的逻辑表达式是 P 还是 Q？（对应了结构型模糊的存在）解决了其中一个具体的焦点问题不等于对于解释对象的所有意义作出了澄清。即使解释者会根据归纳性描述得到某概念的内涵的描述，但这种描述也是不完整的，下一次语义解释时会根据新的归纳性描述重新修订。因此，每一次语义解释对于发现解释对象的全部意义而言都是有局限的。一次任务下的解释不能看做是对该语词全部含义的说明，同一语词可能需要无数次解释。这就是解释的不圆满性，或者说解释的无限性。不仅语义解释具有无限性，其他解释方法也一样。

八、法律语义解释和文学解释的区别

法律语义解释和文学解释有一定的相似性。它们都重视语言的通常意义,它们都需要解释者对于语言有一定的"前理解"。但是法律解释和文学解释有很大区别：

首先,两者采用的意义理论不同。前文已述,因为法律要给人民和政府描述一个应该存在的由现象构成的世界,所以法律语词的意义就是其指称的现象。法律解释学中所用的意义理论是图像理论。而文学解释的意义在于沟通与审美。如果作者能够通过作品启动与受众的沟通过程,受众能够在沟通中产生审美效应,这个作品就是有意义的。

其次,两者的用词限制与修辞手法不同。立法者使用较朴素的词,确定性较强。要求同一个符号表示相同意义,不同的符号表示不同意义。而文学作品中,讲究用词的艺术与变化。法律表达不得使用比喻、拟人、隐喻、借代、借用、夸张等修辞手法,恰恰相反,文学作品中这些手法出神入化的运用,是作者语言功底深厚的表现。这一差别,当然导致对法律语义的理解和文学理解不同。

再次,法律表达与文学(包括艺术)表达的追求以及评价标准不同。艺术作品追求对受众广泛的启发,并产生丰富的审美感受。因此文学理解启发性广泛,确定性不强,并且是其优秀的表现。所谓"一千个人有一千个哈姆雷特","一万个人有一万个红楼梦"。"一个作品是由作者与读者共同完成的。"但法律表达追求确定性。立法者不是和人民在玩猫捉老鼠的游戏,相反,他们很担心人民误解他们的意图,广泛的启发性将导致其法律语言的确定性不强,并丧失指示性和规范性,变成质量低劣的表现。法律表达追求确定性,法律理解也追求和能够产生确定性。

文学艺术解释活动(圣经等哲学经典的解释活动也有很大文艺成分)对于哲学解释学产生很大影响,法律解释学受到哲学解释学的指导,但是要避免照搬其中所有原理。现代哲学解释学甚至断定:"文本是没有确定意义的"①。但根据前面的分析可知,这一文学理解的原理不能套用到法律理解活动中,不能因为文学理解没有确定性,就断定法律理解也没有确定性。

---

① 哲学解释学中解构主义的观点,由哲学家德里达提出。参见成素梅、荣小雪:《什么是非充分决定性论题》,载《哲学研究》2003 年第 3 期。

第八章　系统论点的构建

一、系统论点构建概述

系统由要素构成,要素之间存在特定结构,每个要素有独立的意义或功能,而由结构联系起来的要素整体,即整个系统又具有单个要素没有的功能或意义。复杂的系统具有层次性,子系统有自己的内部结构与要素,每个层次的子系统作为要素,根据特定结构构成上一层次系统。良好的系统被假设为是稳定的,内部关系协调的。要素或者子系统的功能不会损害其他系统或者上位系统的功能。

法律也是有特定结构、特定层次与特定要素的大规模系统。制定法系统是精雕细琢的结果,它追求系统的良性属性。完整性与协调性是该系统良好性能的体现。法律首先被假设为关于调整对象一个完整的协调的规范系统。没有充分理由,不得认为法律是有漏洞的。为什么必须先这样假设?因为不这样假设,就可能以法律有漏洞为由自行其是,从而导致执法与守法任性,损害立法者的自信与权威。

构建系统论点的基本过程,就在于选择能够使法律文本或者法律体系的协调性、完整性达到最高的解释方案,作为裁判解释的结论。构建系统论点,要求裁判解释者全面熟悉法律体系,将一个规范与其他规范、其他法律甚至整个法律体系联系起来解释。

二、构建系统论点的方法

裁判解释者面临法律模糊或者法律漏洞时,可以有选择地从下列几个方面,判断不同的解释方案对法律系统的完整性与协调性的影响,从而构建合理的系统论点。

1. 澄清法律模糊时,考虑表达式在独特语境中的协调意义

一个语词有一个或几个通常的使用环境,考察其语境可以发现该语词在其中代表什么信息。但是,语词也可能有一个独特的语境,此时,将该语境和语词的通常语境相比较,可以发现两者明显不同。在这个独特语境中,语词代表的是和在通常语境中不同的含义。表达者一般都意图使自己的所有表达协调、连贯与完整。如果将该语词的意义判定为其在通常语境中的意义,整个表达式将产生不协调、不连贯或者不完整的效果。法律语词的意义分析也会出现这种情况。这时如果服从普通语义解释的结论,这就破坏了法律系统的良性属性,违反了进行系统解释的基本前提。裁判解释者从维护法律系统的协调与完整性的角度考虑,就要选择该语词在本次独特语境中的专有意义。这种选择所得到的解释结论,就是澄清法律模糊的系统论点。

例如,"残疾赔偿金"这个概念,将其放到日常语言使用环境中,从字面上判断,其意义是指"对遭受残疾的受害人应赔偿的经济损失",可能包括因残疾导致的生活费用增加的损失,以及丧失的工作收益等。我国《消费者权益保护法》第41条规定:"经营者提供商品或者服务,造成消费者或者其他受害人人身伤害的,应当支付医疗费、治疗期间的护理费、因误工减少的收入等费用,造成残疾的,还应当支付残疾者生活自助具费、生活补助费、残疾赔偿金以及由其扶养的人所必需的生活费等费用;构成犯罪的,依法追究刑事责任。"依此规定,消费者受伤害并造成残疾后,经营者应当赔偿的损失有七项,"残疾赔偿金"是其中一项。如果将此处的"残疾赔偿金"按照字面含义进行解释,显然与其他概念相互交叉,造成整个规范不协调的结果。因此,必须考虑这个概念在上述特定语境中,与其

他表达要素相协调的意义。在贾国宇案①中,十几岁的原告因为被告的产品造成面部毁容。北京市海淀区人民法院将"残疾赔偿金"这一概念解释为对残疾者的精神损害赔偿金。这种解释相对于普通语义缩小了外延范围,但它是和其他表达要素相协调,因此是裁判解释中合理的系统论点。②

类似的事例在国外也有发生。美国联邦最高法院认为:"一项事物通过其关联事物而了解","当两个或者两个以上的单词组合在一起,且其相互之间具有类似含义,但又非完全重合,那么一般性单词的含义受到特殊单词含义的限制"。在 Jarecki v. G. D. Searle &Co. 一案中③,一部允许因"勘探(exploration)、发现(discovery)、开采(prospecting)"产生的收益再分配的税法,不适用于专利项目的收益。法院认为,鉴于该法将"勘探、发现、开采"并列使用的关系,"发现"应当解释为仅限于"发现矿物"。

为了维护法律系统的协调性,实践中还提出了"同词同义原则"、"异词异义原则"、"兜底条款同类判断原则"。同词同义原则要求将立法者在整个法律体系中所使用的同一个词汇,按照同一个意义理解,除非立法者有特殊说明。这个原则是寻求立法者表达习惯的前提。只有遵循这个原则,才能认为立法者有一个一贯的表达习惯,才能寻找表达式或者结构的习惯意义。在前面一章中,已经说明发现表达式和结构的习惯意义,是语义论点的构建方法之一。因此,"同词同义原则"是这个方法的基础。

"异词异义原则"的含义是,假设立法者使用不同的语词,代表不同的意义,不能将不同的语词解释为完全相同的意义。因为在法律体系中,语词要么代表的是构成要件,要么代表的是法律效果,如

---

① 贾国宇诉北京国际气雾剂有限公司、龙口市厨房配套设备用具厂、北京市海淀区春海餐厅损害赔偿案。
② 梁慧星:《裁判的方法》,法律出版社 2003 年版,第 92 页。
③ 367 U.S.(303)。转引自孔祥俊:《法律解释方法与判解研究》,人民法院出版社 2004 年版,第 376 页。

果不同的语词可能代表相同的构成要件与法律效果,会增加法律体系的不确定性,或者产生累赘,或者增加体系的复杂性。"异词异义原则"可以促进法律体系的结构相对确定与简约,这是维持协调性的表现。因此,如果有两种解释方案,一种遵循"异词异义原则",另一种违反该原则,那么遵循该原则的方案是合理的系统解释论点。

有些法律条文在列举了几项具体事物后,用"等"、"其他事项"、"其他合理事项"等抽象的表述,代表没有列举的事物。这个抽象表述,就是"兜底条款"。对于"兜底条款"的解释,尽量选择与前面列举的事项同类的意义,相似性越大,法律体系的协调性越高。而不能使"兜底条款"包括了所有的事实和行为。这就是"兜底条款同类判断原则"。

2. 考虑多个规范协调生成的整体意义,根据该整体意义澄清模糊补充漏洞

权利、义务、权力、责任是法律系统最小的构成要素。权力在不同的法律关系中可以分析成权利或者义务,责任一般就是第二性的义务。因此,可以说,权利与义务是构成法律系统的细胞。设定一项权利或者一项义务的表达式,就是一项法律规范。所有权利、义务之间有着系统性的关联:首先,权利义务相互对立。权利与义务相互区别,一般的,一个事项是权利就不是义务。其次,权利义务密切联系。权利与义务互相暗含、互相界定、互为因果。所谓"互相暗含",就是一项权利的存在必然暗含特定义务的存在,反之亦然。所谓"互相界定",就是一个主体特定权利停止的地方就是特定义务开始的地方,反之亦然。所谓"互为因果",就是行使特定权利后,可能导致要承担特定义务,反之亦然。权利与权利之间、义务与义务之间,也存在互相界定,互为因果的关系。

霍菲尔德先生通过研究发现了法律的"最小公分母",即八个互相关联的权利义务元素,每个元素都有它的矛盾元素和对应生成元

素,元素之间的矛盾与生成关系构成了一种协调而完整的关联系统。① 一项法律规范有独立的意义,但是单一的规范无法表达权利义务之间的关联关系。所有权利与义务的系统关联必须通过众多法律规范表达出来,法律规范构成的子系统的意义,就是对一组关联的权利义务作出充分并协调的设定。这就是解释者应该发现并应用的规范群体的一种"整体意义"。

另一种"整体意义"要从规则的逻辑结构来看,法律对特定主体的一项权利或者一项义务的设定,如果要完整的设定其行为模式与法律后果,必须符合下列结构:

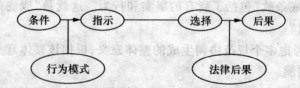

其中,"条件"指的是一项权利、义务或权力的承担条件;"指示"指的是权利、义务与权力的具体内容;"选择"指的是法律假设主体实际选择的行为类别,包括正确行使权利或权力、正确履行义务、滥用权利或权力、违反义务的各种具体情形;"后果"指的是各种选择对应的法律效果。

法律文本的一个条文,所设定的往往是上述四个结构成分的一个或者两个,如果要获得对于一项权利或者义务的完整的设定,必须组合理解众多条文,此时条文群体的"整体意义"就是上述协调而完整的结构。

再者,从部门法系统的内部结构来看,规则与规则之间一般是并列成立或者选择成立的结构,而原则与规则之间,总则规范与分则规范之间,以及上位法规范与下位法规范之间是"统帅结构"(或者说包含结构)——前者在更抽象的范围内包含了后者的意义,后

---

① 参见沈宗灵:《现代西方法理学》,北京大学出版社 1992 年版,第 144 页。

者在前者的意义空间内,协调的生成关于某一点具体事务的意义。

因此,要获得上述所说明的几种整体意义,必须将法律体系中多条规则联系起来确定一项权利和义务;必须将总则和分则、原则与规则结合起来确定权利义务;必须将上位法与下位法结合,确定众多权利义务的关系;必须将法律体系中多条规则联系起来,确定法律规范的完整的逻辑结构。分析一项权利或义务的界限在于何处,不能仅仅通过一个条文,而是要通过多个条文综合起来判断,而这些条文可能在一个法律文本中,也可能分布在不同的法律文本中。比如民法和继承法之间应保持协调,那么确定继承事务中权利义务的界限时,就应将民法总则和继承法结合起来解释。这样操作,法律系统的协调性和完整性才能得以提升。① 在第一章中的"饮食店里的伤害案"中,法官所采取的协调多个条文,选择其整体意义的解释方法。下面亦是一个通过多个条文的组合理解,考虑维护法律系统的协调性,从"整体意义"中构建系统论点的典型判例:

案例:陌生人拐走摩托车案②
原告:许永军,男,25 岁,安阳县许家沟乡许家沟村村民。
被告:安阳市国营华侨友谊公司。地址:安阳市解放路 75 号。

1995 年 6 月 30 日下午,原告许永军与其父许二虎及同村王光成等 5 人,到被告安阳市国营华侨友谊公司处购买摩托车。经看样品,许永军看中五羊本田 125 型摩托车,价格为 15800 元。按华侨友谊公司的售货规定,顾客须先交款后才给到仓库提货、安装和试车。许永军到柜台交款 15800 元,但应其要求,发票价开为 12800 元,保修登记卡未填写。随后,许永军等随营业员到仓库提货。此时,有

---

① 见本书实验成果展示部分:《公序良俗原则在继承事务中的运用——关于"泸州遗赠案"的对抗式判解研究报告》。参见最高人民法院中国应用法学研究所编:《人民法院案例选》一九九七年第一辑(总第 19 辑),人民法院出版社 1997 年版,第 107 页。
② 同上。

一男青年混迹其中,帮助营业员提货、组装、加油、发动试车。营业员认为这个青年是和许永军一起的,许永军则认为这个青年也是营业员。车装好后,该男青年在原地加好油发动试车,营业员叫该男青年到外面跑一下试试车。结果,该青年骑车一去不返,车被拐走。

原告向安阳市北关区人民法院提起诉讼,称:我们去被告处买摩托车,看过样品后,营业员提出必须先付款,后到仓库提货并试车。我们只好在未确定货物质量前,就支付了价款15800元。此后,我即与营业员到仓库提车。营业员经组装、加油、发动之后,将车交给同他一起工作的另一个人,让其开车试跑。谁知试车人一去不返。该营业员认为试车人和我是一起的,不向我交付摩托车,双方发生争执。我认为,双方正在对车进行质量检查,车的所有权并未转移,仍为华侨友谊公司所有。被告营业员错误认为试车人与我相识,亲手将车交给试车人,而没交给我,营业员的认识和行为均有过错。根据法律的有关规定,被告华侨友谊公司应承担民事责任。要求被告交付我一辆同型号同价款摩托车,或还回价款15800元,并赔偿我误工的经济损失5000元。

被告华侨友谊公司答辩认为:已给原告开具了发货票。车是原告从仓库推出来的,所有权已经转移给原告。试车也是原告叫人试的车。故本公司不承担任何责任。

该案件经过一审与二审。二审期间,其处置方案出现过三种意见:

第一种意见是华侨友谊公司承担摩托车被拐走的风险责任。理由是:(1)摩托车被拐跑是由华侨友谊公司的过错引起的——营业员没有核对那个青年是不是买主的人,就让他骑到外边试车;(2)摩托车并未交付——是在调试阶段灭失的,从仓库提出摩托车的目的是为了调试,许永军并没有占有;(3)摩托车是种类物,如不中意,还可以调换另一辆,所有权并没转移。所以原判决并无错误。

第二种意见认为:试车是买主的责任,许永军应该自己试车。

既交了款,又提了货,所有权已经转移,应该买主承担全部负责。

第三种意见认为双方应该分摊责任。认为摩托车被拐走既不是标的物已经转移阶段,也不是标的物尚未转移阶段,而是属买卖过程阶段。在这个阶段,营业员不认真核对试车人的身份,但许永军已交了款,如他试车后满意,该车就属于他,但他却不去试车,致使摩托车丢失。双方都有过失,属于混合过错,卖主应负主要责任。顾及办案的社会效果——既要教育公民保护公私财产,又要教育企业加强管理,所以让双方分担摩托车灭失的责任,让华侨友谊公司退还许永军车款 9480 元。

本案的焦点问题之一是:涉案车辆所有权是否已经转移? 这是本案风险责任由谁承担,必须先行解决的问题。有学者分析:

我国《民法通则》第 72 条第 2 款规定:"按照合同或者其他合法方式取得财产的,财产所有权从财产交付时起转移,法律另有规定或者当事人另有约定的除外。"本案原告向被告购买摩托车,属于消费者消费购买商品的行为,所购商品所有权的转移,也必须依该规定来认定。

首先,双方当事人并没有约定所购摩托车所有权转移的方式、时间,法律上也未另作规定,因此,本案摩托车所有权只能从交付时起转移。这是处理本案应确立的一个基本大前提。

其次,作为消费购物来说,一般属即时清结——双方两清的法律行为,除非当事人另有约定。但购买"大件"消费商品,其即时清结有着特殊性,即消费者一般需先交款取得发票(或提货单)后,由经营者的营业人员凭票从经营的同种类(种类物)商品中,择定(特定化)一件开箱供购买者目测检验,如需加以现场安装、测试及启动检测的,也由营业人员完成。在购买者监督下完成这些项目,购买者满意的,才最终向购买者交付,所购商品的所有权从此时起转移。如果在进行正常检测各项程序中发现该商品不符合性能或质量要求,购买者不会接受交付;或者购买者不中意的,也不能勉强或强迫其接收,营业人员应当另行更换,也不发生交付的问题。本案的情况即是如此。很显然,顾客交款开出发票或提货单,只是顾客购买该项商品意思表示的固定化,顾客据此享有了向经营者主张交付发票或提货单上所指商品的权利,经营者据此产生了向顾客交付单证上所指商品的义务,此时所发生的只是顾客所交货款即那一部分货币的所有权向经营者转移的问题,而经营者应当交付的商品仍然在经营者掌管、控制之下,所有权并未向顾客转移。所以,不能以顾客开出发票或提货单时作为单证上所指商品所有权转移的时间。顾客交款开票后,应当当场进行安装、检试的,不论商品是谁从仓库中提出,该提出行为不能视为是所有权转移的行为,提出的时间不能视为是所有权转移的时间。因为,在商品交付之前的开箱安装、检测,是经营者对消费者所承担的保证所售商品符合性能、质量、安全等要求的保证义务。此保证义务在当时交货验货情况下,即为不合格不交付、消费者不满意不交付的义务(当时交货不验货的表现为事后的包修、包换、包退或其他责任的义务)。而消费者在此时享有的是我国《消费者权益保护法》第9条第3款规定的"消费者在自主选择商品或者服务时,有权进行比较、鉴别和挑选"的权利,此权利应当是在商品交付前行使和完成。也就是说,消费者接受商品,是行使"比较、鉴别和挑选"权利后的结果。所以,本案不能以被告所说原告将车从仓库推出的为理由,认定车的所有权已经转移给原告。被告的理由在法律上是不成立的。

再次,根据上述理由,即使原告要求试车,也只能说原告在行使"比较、鉴别和挑选"的权利,或者说在行使"验货"的权利,"验货"后,根据情况,原告可能接受此车,也可能不接受此车,这也是原告的权利。所以,原告是否行使试车的权利,和货物所有权转移没有必然联系。相反,作为消费者的原告不试车,作为经营者的被告就有义务进行试车,这是交付之前的必经程序。综上所述,除非双方明确约定了车的交付方式、时间,或者原告从仓库中推出货物就走,不要被告进行任何检验,或者原告不要求试车,在安装、调试完毕后,自己骑上车就走,可视为已交付外,本案这种情况不能视为货物已经交付,所有权并未发生转移,风险责任仍应由被告承担。①

　　上述分析意见,将"选择权的行使"和"交付的确定"结合起来解释,构建协调的解释论点。这是联系不同的法律文本中的法律规范进行系统解释的事例。我国《民法通则》与《消费者权益保护法》属于一般法与特别法的关系。根据需要,还有可能联系来自于不同制定主体的法律规范进行系统解释。在联系上位法规范进行系统解释时,如果上位法规范中有宪法规范,那么该解释就是通常所称的"合宪性解释"。通过上述分析可知,"合宪性解释"本质上是系统解释的一种。德国联邦宪法法院认为:"如果一项规则允许多种解释,但只有一种产生符合宪法的结果,应当按照符合宪法的方式进行解释。"②我国最高人民法院《关于雇工合同"工伤概不负责"是否有效的批复》[(88)民他字第1号]指出:"对劳动者实行劳动保护,在我国宪法中已有明文规定,这是劳动者所享有的权利。张学珍、徐广秋身为雇主,对雇员理应依法给予劳动保护,但他们却在招工登记表中注明'工伤概不负责'。这种行为既不符合宪法和有关法律规定,也严重违反社会主义公德,应属于无效的民事行为"。此处,最高法院除了考虑社会效应以外,要求将宪法中的"劳动保护原则"与合同法联系起来解释,选择能够实现宪法中的原则,而不是限缩该原则的解释方案,从而维护了法律系统中上位法意义的完整性。虽然有司法解释曾对引用宪法裁决有顾虑,但是引用宪法裁决在我国不是个别现象。司法实践中多次引用宪法判决具体的部门法案件,

---

　　① 该案件有几个焦点问题。杨洪逵先生对该案件有精致而周全的分析。参见最高人民法院中国应用法学研究所编:《人民法院案例选》一九九七年第一辑(总第19辑),人民法院出版社1997年版,第107页。
　　② BverdGE 49,148(157)。转引自孔祥俊:《法律规范冲突的选择适用与漏洞填补》,人民法院出版社2004年版,第162页。

学术界对此进行了富有价值的整理①。

3. 通过反对解释推定解释对象的意义

反对解释又称为反面解释,它是人们在日常生活中经常进行的一种理解活动。第六章已经说明,在没有揭示反对解释的隐含前提前,不能确定应该将其归属于哪一种解释方法。在裁判解释领域,运用系统解释方法进行反对解释发生在下列的场景中:

例如,假设有法律规范:"侵害姓名权的,应该停止侵害、消除影响并赔礼道歉。"根据前面语义解释中分析法律规范结构的方法,令

S_1 = 某人是侵害姓名权的人;

P_1 = 某人应该停止侵害;

P_2 = 某人应该消除影响;

P_3 = 某人应该赔礼道歉;

该规范结构的意义就是: $S_1 \rightarrow P_1 * P_2 * P_3$。

在法律体系中,必然还有其他的法律效果 P_n(n 不等于 1、2、3)。例如有 P_4 = "某人应该支付精神赔偿金"。如果解释者检索整个法律体系,发现在法律体系中,立法者没有再规定 S_1 会导致其他的法律效果成立。此时解释者根据法律体系是完整的假设,推定立法者关于 S_1 导致的法律效果已经设定完备。因此,根据上述表达式,就可以推定:

$$S_1 \rightarrow -P_n (例如 S_1 \rightarrow -P_4)$$

即"侵害姓名权的,并非应该承担其他法律后果。例如支付精神赔偿金。"这是反对解释的第一种情形,假设效果完备推定反面意义。

同样道理,在法律体系中,必然还有其他的构成要件 S_n(n 不等于 1)。如果解释者检索整个法律体系,发现在法律体系中,立法者没有再规定其他的情形会导致 $P_1 * P_2 * P_3$ 成立。此时解释者根据

---

① 王禹先生收集了我国司法实践中引用宪法的很多判例,参见王禹:《中国宪法司法化:案例评析》,北京大学出版社 2005 年版。

法律体系是完整的假设,推定立法者关于 $P_1*P_2*P_3$ 成立的要件已经设定完备。因此,根据上述表达式,就可以推定:

$$-S_1 \to -(P_1*P_2*P_3)$$

即"没有侵害姓名权的,就并非应该停止侵害、消除影响并赔礼道歉"。这是反对解释的第二种情形,假设要件完备推定反面意义。

读者知道,如果法律规定 S 蕴涵 P,我们得出结论:$-S$ 就蕴涵 $-P$,即通过 $S \to P$ 推导 $-S \to -P$,这在逻辑上和日常语义上是不通的。因此反对解释必然添加一个假设前提,即法律的规定是完整的,没有漏洞。当然,如果有人主张法律漏洞存在,他就负有证明漏洞存在的义务。在他证明不成功之前,我们都说法律是完整的,法律要件和效果之间的关系都已设定完备。在上例中,"侵害姓名权的,是否应该支付精神赔偿金?"没有侵害姓名权的,是否应该停止侵害、消除影响并赔礼道歉?都对应了可能的法律漏洞存在。但是,反对解释首先假设法律是完整的,通过反面推定回答了上述两个问题。反对解释在弥补可能的明显法律漏洞的工作中,是被首先应用的一个方法。后面所描述的目的解释、意图解释、类比解释、效应解释方法,都需要针对反对解释所得到的论点进行证明或反驳[①]。

4. 考虑法律文本篇章结构的形式美因素,推定解释对象的意义

所有法律文本都有篇章结构,在形式上有序言、正文、总则、分则、篇、章、节、条、款、项、目等要素。所有要素的排列应该符合形式美观的标准,包括应该简洁、协调、连贯、完整、层次分明、条理清晰等。但遇到法律模糊与法律漏洞时,将解释对象放到表达的形式环境中,分析规范在整个文本中的位置,以及与前后要素的关系,从维护法律文本表达形式上协调性、连贯性与整体性的角度,推定解释对象的意义。这种操作,也是系统论点构建的一种过程。

对此有一个典型解释事例。我国《民法通则》第 122 条规定:

---

① 根据第六章的分析,如果目的、效应等解释方法支持反对解释的结论,那么,此时的裁判解释方法就不再是系统解释方法,而应该根据所支持的解释方法确定。

"因产品质量不合格造成他人财产、人身损害的,产品制造者、销售者应当依法承担民事责任。运输者、仓储者对此负有责任的,产品制造者、销售者有权要求赔偿损失。"此条规定的产品责任是过错还是无过错责任?梁慧星教授根据本条的表达环境,考虑前后条文的关系,解析了从第102条到第127条的文本结构与表达安排,发现产品责任的前后条款(第121条到第127条)都是无过错条款,最后推出立法者是意图使立法表述协调一致的,在第106条已经对过错责任进行概括性的设定之后,不可能在随后列举的无过错责任条款当中突然插入一个具体的过错责任条款。从维护表达的协调性、连贯性与简约性的角度,推定产品责任是无过错责任。[①]

5. 通过调和解释推定解释对象的意义

所谓"调和解释",就是在不违反概念的通常语义的前提下,尽量将规范之间的关系解释为无矛盾的关系。"法律与其他法律调和而解释,斯为最佳之解释方法。"郑玉波先生认为:法律解释在乎解决问题,不在乎制造问题。故不得因解释之结果,反制造法律之矛盾[②]。因此,如果多个法律规范分别有多种解释,有些解释将导致规范之间的关系被判定为冲突或者"抵触、不一致"(我国立法用语),那么就舍弃这种解释,选择能够维护规范之间的协调关系的解释。在不违背语词的通常意义的前提下,构建系统论点。

例如,我国《民法通则》第106、131、132条,分别规定了侵权的过错责任、无过错责任与公平责任,问题是,既然一般的,无过错就不承担责任,为什么又要承担公平责任?过错责任、无过错责任与公平责任之间是否存在冲突关系?此处关键在于对第106条中"法律规定应当承担民事责任的"的理解,如果将该短语理解为第121条到第127条的八种情形,那么这八种情形以外的,就不承担法律责

[①] 详细分析参见梁慧星:《裁判的方法》,法律出版社2003年版,第89页。
[②] 郑玉波译解:《法谚(一)》,第11—12页。转引自孔祥俊:《法律解释方法与判解研究》,人民法院出版社2004年版,第385页。

任,显然公平责任与此冲突。如果将该短语理解为包括第132条、甚至以外的情形,那么三者之间就是协调的关系。从系统解释的角度,应该选择后一种理解。进而,三个原则之间的关系就可以这样理顺:过错造成他人法益损失,必然承担全部责任;无过错造成他人法益损失,并且属于法律具体列举的八种情形(可能其他法律有增加)的,应当承担全部责任,(根据法定事由减轻);其他情形中,如果当事人对造成损害都没有过错,并且双方的行为共同导致损失发生的,双方分担公平责任;其他的情况,致损方不承担民事责任。虽然这种论点会被其他解释方法质疑,但是它是调和三项条文关系的合理的系统论点。

又例如,《道路交通事故处理办法》第13条规定:交通事故造成人身伤害需要抢救治疗的,交通事故的当事人及其所在单位或者机动车的所有人应当预付医疗费,也可以由公安机关指定的一方预付,结案后按照交通事故责任承担。交通事故责任者拒绝预付或者暂时无法预付的,公安机关可以暂时扣留交通事故车辆。而《道路交通事故处理程序规定》第28条第1款规定:预付抢救治疗费直接向医院交纳,凭据由预付的当事人保存。对不预付或无力预付的,公安交通管理部门可以暂扣交通事故责任者的车辆,暂扣的期限由各省、自治区、直辖市公安厅、局规定。前者规定暂扣"交通事故车辆",后者规定暂扣"交通事故责任者的车辆"。① 显然设定的法律效果不同,两者为交叉关系,"交通事故车辆"不一定是"交通事故责任者的车辆","交通事故责任者的车辆"也不一定是"交通事故车辆",但是这两种法律效果并非不相容,因此从系统解释的角度考虑,不对其判断为矛盾关系,可以同时对于案件适用。这就是调和

---

① 参见孔祥俊:《法律解释方法与判解研究》,人民法院出版社2004年版,第383页。

解释的论点。①

6. 处理冲突型漏洞时，从维护法律系统的协调完整性角度构建解释论点

如果调和解释方法无效，法律规范之间存在明显的矛盾，即两个规范根据字面含义对待解决案件都有效力，但是两个规范在本案中又不能同时成立，那么裁判解释者必须处理该矛盾。处理冲突型漏洞需要通过许多途径，构建系统论点是其中之一。此时，解释者运用立法法赋予的，或者维护法律系统良性属性的最省力的方法，按照一系列原则，在冲突的规范之间进行选择。这些原则包括：

（1）国际法优先原则：如果冲突的规范分别属于对本地有效的国际法规范和境内法规范，那么从维护国际法效力的普遍与完整性的角度，优先选择国际法规范。

（2）上位法优先原则：如果冲突的规范分别属于境内法的上位法与下位法规范，那么从维护上位法效力的普遍与完整性的角度，优先选择上位法规范。

关于上位法与下位法的区分，根据我国《立法法》78—82条规定，顺序如下：宪法＞法律＞行政法规＞地方性法规与规章。地方性法规的效力高于本级和下级地方政府规章。省、自治区的人民政府制定的规章的效力高于本行政区域内的较大的市的人民政府制定的规章。

在法律中，有全国人大制定的基本法律（除宪法以外），还有全国人大常委会制定的普通法律。根据两者权力的差异，以及前者对后者所制定法律的撤销权，应该将其认定为上位法与下位法的关系，基本法律的效力高于普通法律。

（3）特别法优先原则：如果冲突的规范属于同一机关制定的法律文件，但是分别属于特别法文件与一般法文件（特别法的适用范

---

① 还有事例如：对我国《行政诉讼法》第5条与第54条表面矛盾的调和解释，参见上注书，第389页。

围比一般法的范围小），为了维护依法生效的特别法效力，实现一般法与特别法的效力分工，优先选择特别法规范（根据我国《立法法》第83条）。

（4）后法优先原则：如果冲突的规范分别属于同一机关制定的不同的法律文件，并且没有特别法与一般法的关系，那么选择新的文件优先适用（根据我国《立法法》第83条），此时所维护的是法律文件效力更新的连续性，不能让旧的法律规范给新规范的效力实现产生障碍。

（5）并行不悖原则：如果是属于一个规范性法律文件中的规范，或者是上述原则不能解决的其他情形，就对两个规范的有关语词的意义都进行适当的限缩，尽量让两条规范对于待解决案件都有效力。当然此时的处理是根据系统解释的假设进行的处理，并非代表对冲突性漏洞的终极处理。

还要注意的是，我国《立法法》第85、86条规定了对于法律冲突的裁决制度：

法律之间对同一事项的新的一般规定与旧的特别规定不一致，不能确定如何适用时，由全国人民代表大会常务委员会裁决。

行政法规之间对同一事项的新的一般规定与旧的特别规定不一致，不能确定如何适用时，由国务院裁决。

地方性法规、规章之间不一致时，由有关机关依照下列规定的权限作出裁决：

（1）同一机关制定的新的一般规定与旧的特别规定不一致时，由制定机关裁决；

（2）地方性法规与部门规章之间对同一事项的规定不一致，不能确定如何适用时，由国务院提出意见，国务院认为应当适用地方性法规的，应当决定在该地方适用地方性法规的规定；认为应当适用部门规章的，应当提请全国人民代表大会常务委员会裁决；

（3）部门规章之间、部门规章与地方政府规章之间对同一事项的规定不一致时,由国务院裁决。

根据授权制定的法规与法律规定不一致,不能确定如何适用时,由全国人民代表大会常务委员会裁决。

上述冲突裁决制度的适用条件理解有分歧:一种认为法院遇到这种冲突,就要申请有权主体裁决。另一种认为根据上述条文的字面含义,认为法院遇到这种冲突,"不能确定如何适用时"要申请有权主体裁决。如果能够确定如何适用,就不用申请裁决。① 根据中国的国情和实践中的教训,全国人大常委会或者最高人民法院应该对此有明确的规定。在没有补充立法之前,裁判者应该根据情势慎重选择。

7. 对于法律未规定的事项进行权利推定

如果法律没有规定一个事项,一般的根据法律的完整性假设,该事项就是立法者不愿意调整的对象。因此,该事项首先应该属于"中性事项",它既不是权利,也不是义务。如果这个推定需要舍弃,那么就退一步,推定这个事项是相关主体的一种自由型的权利。法律关于权利的设定方面自然采取的是默示原则,除非有争议的权利,一般都不需要明确的予以设定,但是明确的设定义务与权力的内容、种类、条件与界限,是区分与保护权利的必不可少的途径。因此,古今中外的立法者,都要明示表达的重点放在对义务(包括责任)与权力的设定上。在民商法中尤其尊重社会自由原则,一个事项法律没有被立法者评判时,一般的该事项应当推定为是一个权利;行政法中,没有规定的事项不能被推定为一个权力,这是一个原则;刑法中未规定的事项也不能认为是法院可以管辖的范围。这就是根据整个法律的性质推定某一个没有规定的事项在实践中应当如何对待。推定的理由在于系统解释的假设,法律是权利的保护神,为了保护权利,立法者关注的目标是设定必要的权力与义务,如

---

① 孔祥俊:《法律规范冲突的选择适用与漏洞填补》,人民法院出版社2004年版,第302页。

果假设法的协调完整性,也就假设了法律对义务和责任的规定已经完整。因此在不得已的情况下,首先推定该事项是一项权利,而不是一项义务或者权力。当然,在经过其他解释方法的操作后,发现有特定理由时,可以论证该事项是其他属性。综上所述,权利推定被包含在系统解释方法当中。

三、系统论点构建的可能结果

系统论点的构建结果,有下列三种可能:

第一,多个备选的解释论点中的某一个论点自然胜出,因为它能保持法律体系的协调性。此时法律模糊能够根据维护法律体系的良性属性得以澄清,或者漏洞在整体意义以及反对解释等操作中能够得到一个确定的答案。

第二,多个论点都能保持或增加法律体系的协调性,各自不相上下。此时系统论点部分有效,需要根据其他解释方法继续选择最优解释论点。

第三,无法判断哪一个论点能够保持或增加法律体系的协调性。这种情况对于反对解释操作不会存在,但是对于其他的系统解释操作可能发生。这时没有有效的系统论点。

四、系统论点的存在理由与价值

系统论点的存在理由基于下列的公设:

第一,立法者意图建立必要的协调而完整的法律体系。不能假设立法者在立法时,就想建立一个充满矛盾和漏洞的法律系统。因此立法者努力使自己所有的指令协调一致。立法者意图在同一种含义下多次使用同一个词语,使用不同的词语表达不同的意义,并且对各种表达元素进行有意识的排列,使其能够对权利义务进行完整而协调的设定。

第二,法律对同一个对象往往存在多项规定、或多层次、多角度的规定。一个条文只能描述一项权利或义务的某一方面,因此必须将多个条文结合起来,才能全面的描述一项权利或义务的条件、内容与界限。而权利、权力和义务之间又存在系统的关联关系,所以必须发现法律文本的整体意义,从而揭示这种关系。只有揭示这种关系,才能准确地理解其中的权利、权力与义务。

系统解释方法是古老的解释方法。在古代,法律家们就强调理解法律必须考虑上下文协调意义。现代各国的法治实践与学说,都将其作为必不可少的法律解释方法。系统论点的首要价值在于,它防止了对法律断章取义的理解。只见树木,不见森林的解释操作,不会被系统解释接受。其次,系统论点强调众多权利义务的密切关联,它提示人们对一个权利或义务的理解必须和其他权利义务相协调,这就培养了协调完整的对待众多权利义务的法治理念。再者,系统论点以现有法律系统的协调完整性为假设前提,有助于维护立法的权威。

五、系统论点与其他论点的关系

系统论点也容易识别:以维护法律系统的协调完整性为前提,联系各方面的规范进行解释得到的结论,就是系统论点。系统解释也有一些别称,如体系解释、语境解释、联系上下文的解释、合宪性解释等。

系统论点与其他论点按照依据的论据或者论证方法不同进行区别。系统论点与语义论点的区别在于:系统论点需要结合其他条文来整体性的理解法律的意义,而语义论点只针对一个条文的语词或者结构进行解释。构建语义论点只有一种情形结合其他条文,就是考虑同一概念或结构在不同条文中的意义,除此以外结合其他条文构建的论点都归属系统论点。关于系统论点与目的论点、意图论点、类比论点和效应论点的区别,在后面章节中说明。

系统论点与其他论点同时有效时,相互之间可能的联系有三种：互相印证、互相独立或者互相矛盾。其中系统论点与语义论点同时有效时，如果两者互相印证，说明立法者没有创造一个独特的语境使用语词，普通语义论点就是系统论点。两者互相独立或者矛盾时，说明立法者创造了一个独特的语境使用语词，普通语义论点和系统论点不同甚至矛盾。此时一般应该优先选择系统论点，但是如果语义论点获得了其他论点的最大化支持，系统论点就退居次要地位。

六、系统解释的循环性

在哲学解释学上有所谓"解释的循环"，即对整体的理解与对部分的理解的相互依赖。若要理解文本整体的意义，首先需要理解部分的意义，而要理解部分的意义又要理解整体的意义。"解释的循环"可能使理解陷入困境。但是根据作者的观察，法律系统的要素的理解以及整体的理解有独特之处，就是法律要素的连接结构有元素没有的独特意义。根据系统的良性假设，并对照权利义务的整体关联状态以及法律规范的完整逻辑结构，法律文本结构连接的元素可以生成元素没有的整体意义。因此，虽然法律解释中的系统解释不能排除解释的循环发生的可能性。但是目前还没有发现具体解释的个案中发生这种情况。

当然，如果出现解释的循环，可以在有限的部分意义前提下，配合考察独特语境以及要素的结构，理解整体的意义。再通过这个整体意义，调整部分的意义。如此反复循环，如螺旋式上升，直到发现该语境下的全部意义。这是一种理论上的设想，在实践中有待检验。

第九章 目的论点的构建

一、什么是法的目的

法律规范的调整对象有多种表述,可以非平行的包括行为、社会关系、社会事务、特定主体或者事物。这些立法对象经过立法者价值评价后,对其特定属性有积极与消极的区分。什么是法的目的?立法者通过规范想使调整对象达到特定的积极状态,或者通过规范排除调整对象特定的消极状态,这种保持特定积极状态与抑制特定消极状态的意图就是法的目的。

立法者的目的是复杂的。从微观到宏观,法的目的可以分为单一规范的目的、一项制度的目的和法律文件的整体目的。

单一规范的目的是立法者通过一项规范想排除的消极状态或想保护的积极状态。

比如,合同法规定租赁合同的最长期限为20年,超过20年的,限制期限为20年。如此限制的目的,是要将租赁合同与买卖合同强制区别开来。如果租赁为永久租赁,就成了变相的买卖合同而不是租赁合同。而在法律上,租赁和买卖的法律效果是不同的。单一规范的目的是法的微观目的。

一套相互关联的规范构成一项制度。一项制度的目的是:立法者通过一套规范想排除的立法对象的某种整体的消极状态或想保护的整体积极状态。例如婚姻登记制度由一套规范构成,这些规范的整体目的是想消除当时包办婚姻的状态,给自由婚姻行为提供政府支持。单一制度的目的是法的中观目的。

没有社会问题不立法。立法者制定规范性文件意图解决当时所发现的特定社会问题。一次立法中立法通过的是有限的法律条文,这有限条文的整体目的,就是立法者在该次立法中要排除特定事物的消极状态,或者想保护特定积极状态。该文件中所有条文的整体目的就是法律文件的整体目的。法律文件的整体目的是法的宏观目的。

同一法律可以有多种目的。法的目的也有多层内容。从公共管理的角度看,法是一个社会的控制系统,所以任何法律文件必然具有政治目的。从经济角度看,法律是对社会资源的总体分配框架,绝大多数法律都是对既得利益的保护方案或者将来利益的分配方案,所以从微观到宏观,特定法律文件隐含或者鲜明的追求特定经济目的。从文化角度看,法律是该民族的精神文化在制度层面的体现。一部法律意图强化、弱化或更新怎样的民族精神?试图给特定主体保护与分配怎样的精神利益?这都是可以发现并清晰表达的法的社会文化目的。

任何法律,无外乎在设定特定的权利、义务、公共权力与法律责任。从权利与义务、公共权力与法律责任的关系角度看,义务、公共权力与法律责任的设定都是为了区分与保护特定权利而存在。法律是权利的守护神。从权利的角度阐述法的目的是不可缺少的一种选择。立法者试图在特定主体之间区分怎样的权利?按照怎样的标准区分权利?保护该权利的强度有多大?试图使主体在现实中的权利达到多大的实现程度?这些信息都是重要的微观和中观立法目的。

说明法律文件的整体目的可以运用这样一系列关键词:安全、秩序、正义、平等、自由、效率、人权、法治等。这些关键词的意义都与法的价值理论有关,因此理解法律文件整体目的必须理解法的价值理论。

二、如何发现法的目的

关于法的目的有多种信息来源:

第一,法律文件本身的目的条款。一部法律文件的整体目的常常通过目的条款予以表达。在近现代立法中,许多法律文件的第一条或者序言中表达了立法者制定该文件的整体目的。虽然这种表述常常是简单的,但较多时候还是可以提供有效的分析论据。如果该条款省略了重要的追求目标,故意或者过失不恰当的表达、甚至掩盖真实的目的,该条款的效用就降低甚至丧失。

第二,立法材料,即法律制定过程中的信息记录文献。包括:立法建议书、立法理由书,法律草案的说明、起草者分析意见、立法论证报告、议案内容、立法会议的讨论记录等资料。这些材料包含的丰富信息中,肯定有关于立法目的的内容。它说明法律文件的起草者、审议者与决定者,当时注意到什么立法对象与社会问题,追求怎样的目标,又如何的考虑与其他制度以及政策的关系以及相应利弊的权衡。这些内容是证明立法者实际有怎样立法目的(主观目的)的最有力证据。如果一个国家或国际组织对于这些信息没有记录,或者只有很简单的记录,或者不愿意公开立法材料,那么主观立法目的的发现就非常困难。

第三,立法时的法律学者的著作与论文。某项法律制度之前以及制定过程中,法律学者甚至其他研究人士关于该法律必然有所研究,所发表的著作与论文应该是法案的起草者与制定者的重要参考资料。通过查阅这些著作与论文,可以推定立法者的立法目的。

该法律通过之后,又肯定有相应研究文献。这些文献依靠法学研究所得的原理,分析法律规范的含义,考察其得失,其中也会包含关于该法目的的信息。

第四,立法时的社会背景。法律解释者通过考察立法时的社会背景,了解特定立法对象在当时的状况以及人们对这些状况的评价,从而推定立法者通过制度该法想解决的社会问题,抑制的社会现象、促进的社会现象。

法的微观目的、中观目的与宏观目的需要通过上述四种途径发现。第一种途径较多的被用来发现宏观目的，其他三种对发现所有目的都有效。其中微观目的的发现，最好的信息来源，是高质量的立法理由书。该理由书逐条说明了条款追求的目标以及本条款对于实现该目标的有效性（健全的立法过程应该具备这种理由书）。分析中观目的，需要对法律文件进行制度解析，即将其中的条款，分块汇总为若干制度，再根据微观目的或者其他信息来源，分析每项制度的目的。

前文显示，所发现的"法的目的"有主观目的与客观目的之分。主观目的是法律的制定者与起草者实际有的目的；客观目的是推定立法者的应有目的。区分主观目的与客观目的，是为了评价其对于构建目的论点的效用大小。主观目的对目的解释的效用大于客观目的。不能发现主观目的才寻找客观目的。同时，要区别客观目的与解释者"想象的目的"，如果法律解释者陈述的特定目的，没有任何理由可以相信是立法者应该有的，并且立法者如果具有该目的是不合常情的，该"目的"就是"想象的目的"，不得作为构建法律解释目的论点的论据。

分析客观的法的目的，必须分析法律文件的制度背景。每一次立法之前的已有法律与政策构成本次立法的制度背景。任何一次立法都是嵌入在现有制度背景中的。该制度背景对于相关主体的权利、义务、权力与责任进行过分配，该分配方案在现实中具有不同程度的落实情形，并且特定物质与精神利益也存在特定的分布状况。法律解释者分析这些信息，才能判断所分析的法律文件试图或者应该对其制度背景产生怎样的影响。这种试图或者应该产生的影响，就是推定的客观立法目的。

关于特定法律的立法目的可能出现认识分歧。分歧的解决首先需要区分主观目的与客观目的，根据尊重立法者权威的原理，主观目的效力高于客观目的。关于主观目的出现分歧认识的，选择在法律的起草与表决者中获得多数人支持的表述。客观目的之间出现分歧的,在经验分析发现每种客观目的的推论过程都没有明显瑕疵后,也选择获得多数人支持的表述。

三、根据立法目的构建解释论点

理解法的目的之后,在面临案件的焦点法律问题时,就可以按照下列步骤构建法律解释的目的论点:

第一,发现并陈述与焦点问题相关的法的目的。

解释者根据上述途径,检索并分析相关资料,发现与解释对象相关的微观目的、中观目的与宏观目的,并恰当的表达这些目的。不同的焦点问题所要发现的目的具有不同范围:

当要解决的焦点法律问题对应是外延型法律模糊时,外延型法律模糊的一般表达式是:待裁决案件中关于主体 a 有特定事实 x,在法律体系中有法律规范 S→P,特定事实 x 是否属于法律概念 S?① 解释者需要考察的是,法律规范 S→P 的立法目的;如果规范按照通常观念,属于特定制度,还要考察该制度的立法目的以及法律规范所在法律文件或者部门法的整体目的。

当要解决的焦点法律问题对应是多义型法律模糊时,多义型法律模糊的一般表达式是:在法律体系中有语词 A,语词 A 对应的法律效果是 P,语词 A 对应的法律概念有 S_1 或者 S_2,待裁决案件中关于主体 a 有特定事实 x,特定事实 x 属于法律概念 S_1,但不属于法律概念 S_2。问题是:语词 A 对应的法律概念有 S_1 还是 S_2,从而在本法

---

① 此为关于构成要件型的外延型法律模糊,如果是关于法律效果的外延型法律模糊,即待裁决案件中关于主体 a 有特定事实 x,在法律体系中有法律规范 S→P,特定事实 x 是否属于法律概念 P 所发现的目的范围相同。

中,是法律规范 $S_1 \to P$ 成立,还是 $S_2 \to P$ 成立?① 解释者需要考察的是,包含语词 A 的条文的立法目的;立法者在法律体系中,对特定事物分别赋予或者不赋予法律效果 P 的立法目的,以及明确规定事实 x 的法律条文的立法目的(假设对特定事实 x 有其他相关法律条文);若按照通常观念,法律效果 P 属于特定制度,还要考察该制度的立法目的;此外,还要考察该条文所在法律文件或者部门法的整体目的。

当要解决的焦点法律问题对应是结构型法律模糊时,结构型法律模糊的一般表达式是:在法律体系中有语句 Y,语句 Y 对应的法律命题是 Q_1 或者 Q_2,待裁决案件中关于主体 a 有特定事实 x,特定事实 x 根据法律命题是 Q_1 或者 Q_2,分别有不同的法律效果 P_1 与 P_2。问题是:语句 Y 对应的法律命题是 Q_1 或者 Q_2?从而在本案中,是法律效果 P_1 成立,还是法律效果 P_2 成立?解释者需要考察的是,包含语句 Y 的条文的立法目的;立法者在法律体系中,对特定事物分别赋予法律效果 P_1 与 P_2 的立法目的;明确规定事实 x 的法律条文的立法目的(如果对特定事实 x 有其他相关法律条文);如果按照通常观念,法律效果 P_1 与 P_2 属于特定制度,还要考察该制度的立法目的;此外,还要考察该条文所在法律文件或者部门法的整体目的。

当要解决的焦点法律问题对应是明显法律漏洞时,明显法律漏洞的一般表达式是:待裁决案件中关于主体 a 有特定事实 x,在法律体系中有法律规范 $S \to P$,已知事实 x 不属于 S,但是法律体系没有明确规定事实 x 是否有法律效果 P,问题是,事实 x 是否有法律效果 P?

---

① 此为关于构成要件型的多义型法律模糊,如果是关于法律效果的多义型法律模糊,即在法律体系中有语词 A,语词 A 对应的法律效果是 P,语词 A 对应的法律概念有 S_1 或者 S_2。待裁决案件中关于主体 a 有特定事实 x,特定事实 x 属于法律概念 S_1,但不属于法律概念 S_2。问题是,语词 A 对应的法律概念有 S_1 还是 S_2,从而在本法中,是法律规范 $S_1 \to P$ 成立,还是 $S_2 \to P$ 成立?所发现的目的范围相同。

解释者需要考察的是,包含法律规范 S→P 的条文的立法目的;立法者在法律体系中,对特定事物分别赋予与不赋予法律效果 P 的立法目的;若按照通常观念,该规范与法律效果属于特定制度,还要考察该制度的立法目的;此外,还要考察该条文所在法律文件或者部门法的整体目的。

假若此时,法律效果 P 是法律中没有出现的法律效果,即该漏洞是关于效果的漏洞,所发现的目的范围不相同。解释者没有微观目的需要发现,可能发现的是事实 x 所在制度的制度目的,以及所属部门法的整体目的。

当要解决的焦点法律问题对应是隐含法律漏洞时,隐含法律漏洞的一般表达式是:待裁决案件中关于主体 a 有特定事实 x,在法律体系中有法律规范 S→P,已知事实 x 属于 S,但是解释者主张属于 S 外延的所有对象中,除了事实 x 以外的对象应该得到法律效果 P,但事实 x 应该得到法律效果 Q,而不是法律效果 P。法律体系没有明确将事实 x 排除在法律效果 P 之外,也没有规定事实 x 应该得到法律效果 Q。问题是,事实 x 应该是法律效果 P 还是法律效果 Q?解释者需要考察的是,包含法律规范 S→P 的条文的立法目的;立法者在法律体系中,对特定事物分别赋予与不赋予法律效果 P 与 Q 的立法目的;若按照通常观念,该规范与法律效果 P、Q 分别属于特定制度,还要考察该制度的立法目的;此外,还要考察该条文所在法律文件或者部门法的整体目的。

当要解决的焦点法律问题对应是冲突型法律漏洞时,冲突型法律漏洞的一般表达式是:待裁决案件中关于主体 a 有特定事实 x,在法律体系中有法律规范 $S_1→P_1$ 与 $S_2→P_2$,已知事实 x 即属于 S_1 也属于 S_2,但是 P_1 与 P_2 对于本案不能同时成立,问题是:事实 x 应该是有法律效果 P_1 还是 P_2?解释者需要考察的是,包含法律规范 $S_1→P_1$ 与 $S_2→P_2$ 的条文的分别的立法目的;以及立法者在法律体系中,对特定事物分别赋予法律效果 P_1 与 P_2 的立法目的;若按照通常观念,该规范属于特定制度,那么还要考察该制度的立法目的;此外,还要考察该条文所在法律文件或者部门法的整体目的。

当要解决的焦点法律问题对应是违反立法宗旨型法律漏洞时,违反立法宗旨型法律漏洞的一般表达式是:待裁决案件中关于主体 a 有特定事实 x,在法律体系中有法律规范 S→P,已知事实 x 属于 S,但是解释者主张属于 S 外延的所有对象应该得到法律效果 −P。问题是:包含事实 x 的 S 应该是得到法律效果 P 还是 −P?解释者需要考察的是,包含法律规范 S→P 的条文的立法目的;立法者在法律体系中,对特定事物分别赋予 P 与 −P 的条文的立法目的;若按照通常观念,这些规范分别属于特定制度,还要考察该制度的立法目的;此外,还要考察该条文所在法律文件或者部门法的整体目的。

第二,分析不同的解释方案与法的目的之间的经验关系。

不同的解释方案就是焦点问题可能的不同答案。这些方案要么给特定主体添加、要么取消特定权利、义务、权力或者责任。解释者需要考察的是,这种添加或者取消对于实现立法目的的影响。这是两种事物之间关系的经验论证,所论证是赋予特定主体特定法律效果后,该类主体行为的变化以及这种变化会促进立法目的实现,还是阻碍立法目的实现。其中包含了社会行为与事物之间因果关系的分析,而社会科学的因果关系,除了少数是决定性的因果关系,大多数是统计型的因果关系。如果一种解释方案引发的行为,与立法者追求的事务状态正相关,就认为该解释方案会促进立法目的实现。如果一种解释方案引发的行为,与立法者追求的事务状态负相关,就认为该解释方案会阻碍立法目的实现。

关于相关性的分析,需要特定的经验信息、资料甚至数据作为根据。实践中已经发生的经验信息,是可靠的论据。但是对于一种新事物与立法目的的相关性的分析,常常要依靠推断的经验。这种推断是依靠常情,对两者可能的关系规律的一种设想。例如解释者假设给予夫妻一方对于第三者的赔偿请求权,会造成的连锁反应,以及最后对于婚姻法的构建婚姻自由、一夫一妻制度的立法目的的影响。因为现实中还没有这种权利实施效应的经验信息,所以只能依据常情,推断这一新的制度设计对于立法目的的影响。

需要注意的是:社会事物之间经常处于互动关系,所以单纯的分析一方对另外一方可能是不够的,事物之间的互动关系落入恶性循环或者良性循环是常见的情形。利用系统图分析循环结构是有效的方法。例如关于是否给予配偶一方对破坏其婚姻的第三者损害赔偿请求权?如果不给予该权利,受害方通常采取对于另一方抱怨与指责等措施,下图为这种行为反映的系统分析。示例(该过程表示一种恶性循环,"同"表示对箭头另一方产生正强化效应)①:

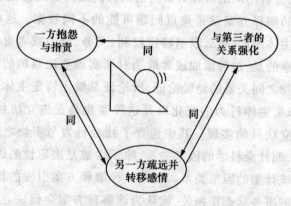

如果给予该权利,受害方将是另一种反映,下页图为这种行为反映的系统分析。示例(该过程表示一种良性循环,"同"表示对箭头另一方产生正强化效应):

---

① 有关"落入循环"在人类生活中的表现以及系统图的原理,参见〔美〕彼得·圣吉:《第五项修炼》,郭进隆译,杨硕英审校,上海三联书店 1994 年版,第 53 页。

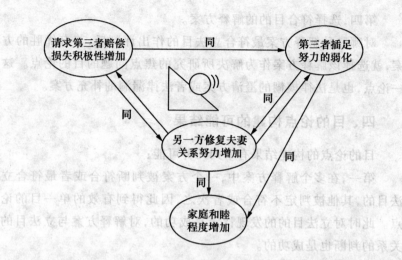

有一个问题是：如果在法律体系中，随意发现一个立法目的，考察解释方案与它的关系，是否可以？从理论上，能够促进任何立法目的实现的解释方案都是正当的解释。但是，如果没有按照前面分析的路径，系统的检索与解释对象有关的立法目的，只是随意的分析一个目的，那么对解释方案的影响的分析肯定是片面的，也不可能发现并协调可能的目的之间的冲突，该分析肯定是不完整的。

第三，判断哪一种解释方案符合该目的。

能够最大程度的实现立法目的所追求状态的解释方案就是符合目的的解释方案。此时要对多种解释方案与立法目的之间关系的分析结论进行整体的有效性评估与比较。权衡其中的利弊，并作出整体上孰优孰劣的比较。

另外，在考察比较不同解释方案对立法目的的影响时，注意保持"其他条件不变"。如果不能保持"其他条件不变"，对实现立法目的的作用变化就不是解释方案变化引起的。如果微观、中观与宏观目的之间出现冲突，根据服从大局的原则、从宏观向微观优先选择。如果多个宏观目的之间出现冲突，根据法的价值理论的优先理论进行选择。

第四,选择符合目的的解释方案。

对哪一种解释方案最符合立法目的作出评判后,若有优胜的方案,就选择该解释方案作为解决所研究的焦点问题的目的论点。这一论点,也是法律模糊的澄清方案或者法律漏洞的补充方案。

四、目的论点构建的可能结果

目的论点的构建结果有下列几种可能:

第一,在多个解释方案中,一个方案被判断符合或者最符合立法目的,其他被判定不符合或者次之,因此得到有效的单一目的论点。此时对立法目的的发现肯定是成功的,对解释方案与立法目的关系的判断也是成功的。

这个有效的目的论点,与语义论点相对照,也有几种结果:可能恰好支持通过语义解释所发现的字面词义;也可能澄清了一个法律模糊,即在语义解释发现的多个可能意义中,论证了一个意义符合立法目的;也可能根据立法目的,对字面含义进行了限缩或扩张,从而补充了一个隐含漏洞或明显漏洞;也可能根据目的分析,举轻明重、举小明大,得出一当然解释的结论——这也是补充明显漏洞的情形;如果处理焦点的是冲突型漏洞,就是支持了其中一个规范或者一种折中方案;如果处理焦点的是违反立法宗旨型漏洞,就是肯定或否定了该漏洞的存在。

第二,多个方案被判定符合法的目的。不同的解释方案经过分析与评判后,被认为都能够促进法的目的实现,此时得出的是两可的目的解释结论。但是这不标明该案件就是一个可以两可判决的案件,还要构建其他解释论点对之予以澄清,目的论点提供了一种重要参考,因此目的论点部分有效。

第三,没有有效的目的论点。这有两种情形,一种是关于法的目的是什么不能判定,或存在不能解决的理解分歧;第二种是关于解释方案与目的之间的关系不能判定。这两种情形中任何一种发生,都会阻碍构建有效的目的解释论点。

五、目的论点的存在理由与价值

与前面的解释论点一样,目的论点能够成为解释论点家族中的正当成员,必须符合法学甚至人类理性中的基本原理。目的论点存在理由基于下列两条公设:

第一,法律为目的而存在。自然科学的研究与实践者必须遵循因果律,而立法者除了服从因果律,还要遵循目的律。所有法律规范都是改变现状达到特定目的的指令。没有立法目的的法律规范就是没有方向的航船,只能解释为任性的安排和狂妄的指令。因此对法律的理解应该符合其目的。这是法律解释活动中目的论点存在的必然性。

第二,法的目的可以通过分析得出,规范与目的的关系也可以考察。每一个法律规范都有目的,但是目的隐藏在背后,需要并且可以通过分析得出。规范与目的的关系也可以根据经验和相关信息予以分析。孕育目的的园地可以被法律解释者开垦,解释者通过自己的努力,可以做到与立法者"心心相印",因此其推导的结论应该像立法者一样被尊重。这是目的论点存在的可能性。

在解释论点家族中,目的论点地位"显赫":

首先,能进行目的解释才能正确理解法律。不能理解法的目的,往往犯深文刻法的错误,表现为死抠文字而试图达到个人或组织不正当的目的。在法律解释中,目的论点具有纠偏的作用。

其次,法的目的是立法航行的灯塔,它指引立法者正确组织自己的语言,从而保持正确的航向。如果立法者是按照先确定目的、再设计具体条文的正确思路进行立法,那么目的解释在执法实践中,还具有还原与提高立法者权威的作用。

六、目的论点与其他论点的区别

综上所述,凡是通过发现法的目的,分析并评判不同的解释方

案对实现目的的作用,从而得出的解释结论就是目的论点。目的论点与其他论点按照推导论点的论据和论证方法不同进行区别:

首先,目的论点和语义论点差异明显,语义论点不考察立法目的,考察立法目的得出的论点归属目的论点。

其次,系统论点需要结合其他条文来整体性理解法律的意义,但是它不考虑立法目的,如果考虑一组条文或一个文件的整体目的,就是在构建目的论点。

关于目的论点与意图论点、类比论点和效应论点的区别,在后面章节中说明。

第十章 意图论点的构建

一、什么是立法意图

立法时被调整的对象被称为立法对象,一般的将其指向被调整的社会关系,其中还可以非平行地包括被调整的主体、行为与事务。什么是立法意图?立法者对于立法对象的所有意识都是立法意图。包括关于立法对象的认识、关系的判断、规律的认识、存在的评价、将来的期望、所设计的目标、改变现状的种种意志、对风险的考虑、甚至关于立法对象的种种情感。这是广义的立法意图,立法者通过条文表达的字面意思,以及上一章节所描述的立法目的,也被包含其中。

为了对各种法律解释方法进行相对清晰的区分,本章节的立法意图专指狭义的立法意图,即上述立法意图中,除立法目的和条文字面意思以外的,隐含在其他信息来源中的关于立法对象的意思表示。这是立法者的"隐含意思表示"。①

在立法者是多人的情况下,立法意图是集体意思表示。因为立法过程的复杂性,这种集体意识可能是参差不齐的。其中有可以识别的共识成分,也可能有互相矛盾的地方。还有许多意思表示,是其中一个或者部分成员的意思,而其他成员没有表达赞成或者反对意见。一般来说,识别立法意图时,应先收集法案的起草者、审议者、参与听证者、表决者和参与决定者关于立法对象的种种意思表

---

① "意图"在日常用语中,有时与"目的"是同义词,所以"立法意图"的最狭窄含义就是"立法目的"。但是按照法学上的通常用法,立法意图还包括了立法目的以外的立法者意志。

示,然后排除其中的矛盾部分,保留最大化的共识和准共识的内容,就得到广义的立法意图。

法律解释学上,立法意图有主观意图与客观意图之分:"主观意图"指立法者实际上有的意图;"客观意图"指假想立法者在问题发生的现场应该有的意图。此处的"应该"不是表达价值判断的含义,而是表示对最大可能性的推断。因为受到信息来源的限制,发现主观意图常常非常困难。再者,立法者的认识是有限的,立法者对于一个对象可能没有认识与判断。随着法律"出生"后,年龄的增长,这种情况更是常常发生。因此客观意图作为一种可信赖的推断意图,也已经被历史和现实中的裁判实践接受。

二、发现立法意图

裁判解释主体在面临案件的焦点问题时,通过法律条文的字面含义,不能发现或者不足以确信立法者的准确意图时,必须考察其他信息来源,来发现隐含的立法意图。其途径有下列几种:

1. 直接与立法机构以及起草者沟通,询问其隐含立法意图。这是一种稀有情形。如果一个社会的规模很小,政治制度的设计者又崇尚立法机关对司法的驾驭权力,那么可以设计一种司法机构遇到法律模糊与法律漏洞时,向立法机构咨询隐含意图的机制。立法会议有会期与议程的限定,所以该机制的运行成本必然很高。社会规模越大,其存在的可能性越小。因此在法治国家中几乎不存在这种常设渠道。裁判者可能通过一些临时渠道,向立法机构或者其附属机构咨询信息。在我国也存在这种情形。《立法法》第55条规定:"全国人民代表大会常务委员会工作机构可以对有关具体问题的法律询问进行研究予以答复,并报常务委员会备案。"如果判断附属机构的意见能够代表立法机构、提案主体或者起草者的意见,那么可以根据该信息构建意图论点。

2. 通过立法理由书及论证报告发现意图。如目的论点构建一章中所述，正规的立法过程应该具备关于各项制度设计立法理由书及论证报告。该资料由起草者或提案主体提供。其中逐条说明规范设计时所考虑的因素。这是发现法案的起草者与提案者隐含意图的权威信息来源。但是，如果立法时没有这种制度安排，这种途径就无法使用。我国近年来，由法律专家负责起草法律草案时，已经开始提供较为详细的立法理由书。这是一个非常良好的开端。可以相信，在将来立法中，该安排将越来越成熟与正规化。它将为裁判解释中构建意图与目的论点，提供有力帮助。

3. 通过提案者的说明、法案初审机构的审议报告发现隐含意图。提案者对立法会议提交的法律草案的说明，会表达关于提案的背景、理由以及整体考虑。初审机构是立法机构的一部分，它对法案的初审报告中，将表达对于提案者意图的分析、评论与修正意见。这些意思表示都是整体立法意图的一部分。我国立法过程中的草案说明过于简略，这不利与充分理解立法意图。

4. 通过法律起草者的言论发现立法意图。起草者往往不是提案者与审议者。但是他们对于立法对象有很多研究。参与其中的事务专家和学者在立法前后，可能有相关文章或著作发表。这些作品都是发现立法意图的信息来源。在关于焦点法律问题的讨论中，起草者也会说明自己在写作条文时的考虑。在我国的解释实践中，参与起草的学者或机构通过说明自己写作法律规范时的意图，多次澄清了法律模糊或补充了漏洞。[1]

5. 通过立法会议的讨论记录发现立法意图。立法机关是民主机关，为实现人民的知情权，保障人民的参与和监督，应当具有最大

---

[1] 例如高铭暄教授对伪造货币罪是否包括变造货币行为的解释。参见李希慧：《刑法解释论》，中国人民公安大学出版社1995年版，第125页。江平教授对《中华人民共和国民法通则》138条"超过诉讼时效期间，当事人自愿履行的，不受诉讼时效限制"中"当事人自愿履行的"的解释。铁道部对其起草的《中华人民共和国铁路法》第13条"铁路企业应该提供饮用开水"中的"提供"是否是无偿提供的解释。参见梁慧星：《裁判的方法》，法律出版社2003年版，第97页。

的透明度。正规的讨论记录记载了参与审议者的意思表示。它是深厚的立法历史的固化体。"历史在照亮昔日的同时也照亮了今天,而在照亮了今天之际又照亮了未来。"① 审议记录是忠实再现审议者主流意图的必备信息来源。世界主要法治国家或地区都有如实记录并公布审议记录的制度。我国香港特区立法会是其中的典范。目前对我国内地解释者只有从立法机关附属的工作机构撰写的法律宣传文本中,或者立法机关的网页中,了解到少量的背景信息。这种状况不利于裁判解释工作,也不利于法律的遵守、学习、研究与更新。有立法代表在第十届全国人大第一次会议上建议公布立法审议记录,得到了舆论界与法律界肯定。② 期望制作与公开立法记录在我国内地能尽快成为现实。③

6. 通过法律草案的变动、法律草案和法律案之间的变动以及规范在立法源流中的变动推定立法意图。上述途径所发现的立法意图是立法者实际有的意图,即主观意图。如果针对焦点问题,不能发现主观意图,就要通过相应资料推定客观意图。法律草案在立法过程中有多次变动,从草案到通过的法律也有变动。而且,一个国家的立法可能有特定的学习对象,或者是历史上特定法律的继承与改良,处在一个源流上的法律文本,同类规定或概念就会发生可观察的连续变动。这些添加、减少或修改特定字句的变动,都体现了立法者意图增加、排除和改变特定构成要件与法律效果的关系。

例如,关于高度危险责任,我国《民法通则》第 123 条规定:"从事高空、高压、易燃、易爆、放射性、高速运输工具等对周围环境有高度危险的作业造成他人损害的,应该承担民事责任;如果能够证明损害是由受害人故意造成的,不承担民事责任。"其中的免责事由是否包括不可抗力?我国 20 世纪 80 年代民事立法的学习对象是苏俄

---

① 〔美〕卡多佐:《司法过程的性质》,苏力译,商务印书馆 2000 年版,第 31 页。
② 《郑成思等代表建议公布立法审议记录》,载《法制日报》2003 年 3 月 14 日。
③ 孔祥俊:《法律解释方法与判解研究》,人民法院出版社 2004 年版,第 405 页。

民法典。从该规范的立法源流来看,从苏俄1922年《民法典》第404条,到苏俄1964年《民法典》第454条,到我国民法草案第四稿第432条,再到《民法通则》第132条,其中的免责事由从开始的三个:"受害人故意"、"受害人重大过失"与"不可抗力",变成后来的一个:"受害人故意"。由这种变动可以推定,《民法通则》的立法者隐含意图中,已经将"受害人重大过失"与"不可抗力"排除在外。①

7. 通过考察立法当时的社会状况推定立法意图。解释者通过检索一定的信息,了解特定规范制定时立法对象的状况以及当时的主流舆论对该状况的评价,从而推定立法者在当时的认识、价值评价与选择以及相应的安排方案。在解释合同、遗嘱等法律行为时,也可以使用这种推定。例如在英国,一份遗嘱安排了遗嘱人夫妇"同时死亡"时的遗产处置方案。后来遗嘱人夫妇在同一次事故中去世,有法官认为,这种情况中遗嘱人不一定是"同时死亡",因此拒绝适用该条款。丹宁勋爵假设这一问题回到过去,通过意图推定,判断当事人所用的"同时死亡"一词包含了该案件中的情况。②

这是推定过去的立法意图的做法。还有另一种推定现实立法意图的做法:假设立法者就在裁判解释者所要处理的焦点问题的现场,根据其能够发现的信息以及其一贯的价值评价与选择,推定立法者的对该问题的处理方案。例如著作权法制定时,还没有网络侵犯著作权的情况。面临新型的网络著作权纠纷时,裁判解释者可以假设著作权立法者正面临该问题,根据其在著作权法中的表达的认识与价值选择,推定立法者对于网络著作纠纷的处置方案。

8. 通过立法者其他政治行为推定其意图。在现代政治制度中,立法者不仅仅担任立法任务,还有其他政治任务。代议制机构还作为立法以外的重大事务决策者、人事决策者以及对公共权力的监督

---

① 梁慧星:《裁判的方法》,法律出版社2003年版,第101页。
② 〔英〕丹宁:《法律的训诫》,杨百揆、刘庸安、丁健译,法律出版社1999年版,第28页。

者。行政立法主体都要承担管理与执法任务。行为是意图的外化,因此可以通过立法者的行使其他权力的行为,推定其关于立法对象的隐含意图。在解释合同和遗嘱时,也可通过人的客观行为推定隐含的意图。

三、根据立法意图构建解释论点

根据立法意图构建解释论点的基本过程是:发现立法者的隐含意图,理解立法意图,判断哪一种解释方案符合意图,最后选择该解释方案作为意图解释的结论。经过上述发现意图的过程后,如果发现了和焦点问题可能相关的立法者意思表示,就需要对该"意思表示"进行理解,即阐释该"意思表示"的意义,将"意思表示"中关于特定权利、义务、权力与责任的信息分析出来。此时,还要判断可能的解释方案与立法意图的相容性。如果某些解释方案明显与所发现的意图矛盾,那么就排除该方案。在与立法意图相容的可能的解释方案中,如果通过对比得出结论:某个解释方案就是立法者的意图,那么意图论点的构建就成功了。

意图论点与目的论点构建过程的区别在于:前者是关于可能的解释方案与立法意图之间,同一关系或包含关系的论证;而后者是关于可能的解释方案与立法目的之间因果关系的论证。意图论点的构建过程是:有可能的解释方案 A、B,发现了立法意图 C,如果发现 A 就是 C,或者,A 被包含在 C 之中,那么就可以判断 A 是意图论点。而目的论点的构建过程是有可能的解释方案 A、B,发现了立法目的 D,分析发现,A 实现 D 就能实现,两者之间存在因果关系,那么就可以判断 A 是目的论点。

在意图论点的构建过程中,还有一种根据意图选择语义的操作。如果经过语义解释,发现特定词汇有普通含义与专业含义两种含义,可以通过意图解释,分析词汇所在法条的立法对象和立法问题的类别,判断该词汇属于何种专业领域,然后在普通含义、专业含义之间选择其中一种作为优胜解释方案。如果立法对象是专业事务,立法者意图调整某个专业领域的事务与关系,那么专业含义优先。因为专业词汇专业理解,法学上的专门术语应遵从法学家的理解和使用习惯。如果立法对象是针对普通民众,则普通含义优先。因为立法者针对普通民众使用有多重含义的语词时,若要选择和普通民众理解含义不同的含义,应该特别界定,没有特别界定的,说明立法者的隐含意图中,顺从普通民众的理解。

例如"新药案"。四川成都一家医院的中医科,发明了一种中药的新配方,对肝炎有非常好的疗效。为了保密,医院要求医生处方中不再写出配伍药材的名称与用量,开药时以代号来指称每个药品,后来干脆将已配好的药材制成丸剂,直接说明使用某某丸来治疗。此事被卫生局发现后,认为医院没有经过批准和试验程序制造新药,违反《药品管理条例》,责令改正并加以处罚。但医院认为自己是对旧有药品的配方行为,只是改变其外形以丸剂的形式给患者服用,不是制造新药。在本案中,焦点问题就是:"新药"应当如何界定?一种意见认为,此处旧药品的物理混合没有改变化学成分,没有产生新的物质,制成的丸剂仍是旧药。这是一种普通民众的"常识化"的理解。另一种观念认为,在中医药行业,经过物理方法制成丸剂的行为也是一种制造新药的行为。在西药中化学成分的改变才有新药,而许多中成药的制成过程,从表面看就是物理方式的混合,但根据中医药原理,药品的性质与功用会随着不同的配伍发生变化。不能认为只使用物理方法,就不是制造新药的行为。显然,第二种说法阐述的是关于专业含义。而考察《药品管理条例》,它是意图专门调整医药事务的法律,可以推定:"按照医药专业人士的理解来使用本法的语词",是其中的一项隐含意图。因此,对"新药"一词的理解,专业含义应当优先采用。后来法院采纳了这种意见。

四、意图论点构建的可能结果

意图论点构建后的可能结果有以下三种:

第一,通过相当可靠的材料,发现了立法者的某一隐含意图,能够澄清本案的法律模糊或者漏洞。此时,虽然立法者在条文中没有说明焦点法律问题的答案,但是通过立法理由书、立法报告、立法者的行为等渠道,能够判断立法者存在相关的隐含意图。根据该意图,可以判断可能的解释方案中,一个方案胜出,因此得到单一意图论点。这是意图解释方法有效的表现。

第二,在所发现的材料中,立法者关于焦点问题的意图是模糊的,处在未定状态。或者存在多种推定的客观意图,也不可以确信哪一种优先。此时,多种解释方案都有符合意图的可能,得到多个意图论点,需要根据其他解释方法继续进行选择。意图解释方法部分有效。

第三,通过现有材料不能发现立法者关于焦点问题的隐含意图。此时,立法者不仅在字面上没有表达其意思,其他地方也找不到立法者的隐含意图;也没有推定的客观意图;或者材料之间相互冲突,不足以推导出某一意图,这就不能构建意图论点。意图解释方法无效。

五、意图论点的存在理由与价值

意图论点的存在的理由有以下两点:

第一,法律文本中的文字及其结构不足以充分表达立法者的全部意思。在语义论点的存在公设中,我们假设立法者能够熟练使用本国语言表达其意思,因此我们必须通过文字及其结构理解立法意图而不能擅自脱离,这是一般的情形。这里需要考虑例外情形予以修正。中国有句老话:"书不尽言,言不尽意。""意"变成"言"、"言"变成"书"的时候都可能有损失。文字及其结构可能不足以表达全部意思。因此,通过发现立法者的隐含意图构建解释论点就有存在的必要。

第二,立法者的意思可能通过文本以外的材料或渠道表达出来。法律文本不是表达立法意图的唯一渠道,众多的立法材料以及可记录的该段立法史中,都蕴含着立法者的种种思想。解释者可以寻找这些信息来源,发现或推定隐含的立法意图。立法者的意思可能通过法律文本之外的材料得出,这是意图论点存在的可能性。

意图论点有其独特的价值。主观意图论点首先可以印证语义解释发现的立法者字面含义,然后可以补充字面含义的意义,而通过说明这些都是立法者的真实意图,进一步的维护立法权威。这对于一个社会的法治建设与政治管理,都有重要意义。

客观意图论点除了可以较大可能的再现立法者意思,还可以融会语义、目的与效应论点,增强这些论点的可接受性,从而避免裁判者承担政治风险。为什么历史上许多著名案例中,裁判解释者总是构建客观意图论点支持自己?因为客观意图论点是假象立法者在问题发生现场会怎么办,这完全符合维护立法权威的一般理念。如果裁判者直接说明这是我的结论,其他人会指责他篡夺立法权,或者指责其任意裁判。但是裁判者的解释是立法者在问题发生现场"肯定"会作出的,他受到指责的风险就大大降低,或抵抗指责的能力会大大增强。因此,客观意图论点在实践中是一种睿智的表达。

六、意图论点与其他论点的关系

凡是通过上述方法得出的解释结论就是"意图论点"。其中的收集论据以及组织论证的方法,被称为"意图解释方法"。意图解释有很多别称,包括法意解释、立法解释、沿革解释、历史解释等。

意图论点与其他论点按照导致其成立的论据与论证方法不同进行区别:

第一,语义论点不考察立法者隐含的立法意图,如果考察了该意图、并根据该意图构建的关于解释对象的"意义"的论点就归属意图论点。

第二,系统论点以维护法律的协调完整假设为出发点,考虑一批规范乃至整个文本的意义,从中推导出解释结论。可以说,系统论点是根据正式法律文本的整体意义推导立法意图,而意图论点考虑非正式的信息来源发现隐含意图。

第三,意图论点与目的论点相比,两者发现的立法者的意思范围首先不同,意图论点要发现的是立法目的以外的意图,而目的论点的推理论据必须依靠立法目的,考察的是广义的立法意图中的"目的"的内容;其次如前文所述,两者构建论点的逻辑方法不同,前者讨论同一关系,后者考虑因果关系。

关于意图论点与类比论点和效应论点的区别,在后面章节中说明。

意图论点与其他论点同时有效时,相互之间可能的联系有三种:互相印证、互相独立或者互相矛盾。

意图论点与语义论点互相印证时,说明立法者在所有场合一贯保持对于特定语言要素的使用习惯。意图论点与语义论点互相矛盾时,语言字面的含义与表达者真实的含义恰恰相反,这说明法律规范的写作者在使用语词上出现严重过失。意图论点与语义论点互相独立时,法律规范的字面含义是一种,真实含义是特定的另外一种,说明立法者意图将某一表达式赋予特定含义,这种特定含义可能扩张字面含义,也可能限缩字面含义,或者两者完全不同。出现矛盾或者独立关系时,应该选择意图论点还是语义论点,要看哪一个论点获得其他论点的最大支持。

意图论点与系统论点互相印证时,说明立法者通过其他渠道表达的信息,也在于正式的法律文本的协调完整性。意图论点与系统论点互相矛盾时,说明法律文本出现严重漏洞,立法者的隐含意图力求补充该漏洞,因此不赞成根据"已有文本是协调完备的"这个假设推导的解释结论。意图论点与系统论点互相独立时,说明法律文本的协调性可以接受,但是完备性不足,在文本的整体意义之外,立法者有没有表达出来的和文本意思可以同时成立的意图。出现矛盾或者独立关系时,因为系统论点的成立前提是过于保守并且理想化的公设,除非系统论点获得其他论点的最大化支持,否则意图论点的优先性超过系统论点。

意图论点与目的论点互相印证时,说明立法者的整体隐含意图非常连贯。隐含意图表达的措施能够实现立法目的。这标明隐含意图与立法目的之间的关系,通过了解释者的检验。意图论点与目的论点互相矛盾时,说明这种检验失败了,立法者试图采取的措施,将会阻碍实现其目的。意图论点与论点互相独立时,说明立法者的整体隐含意图是不连贯的,其所采取的措施不能实现其所确定的目的,而是将产生另外的效果。出现矛盾或者独立关系时,应该选择意图论点还是目的论点,要看哪一个论点获得其他论点的最大化支持。

第十一章 类比论点的构建

一、类比论点构建概述

类比论点是一种独特论点。它的构建过程运用的是类比推理的论证方法。其运用的论据根据类比的对象分成三种：第一种是最相类似的裁判先例，即本院或上级法院裁判的先例，甚至是同级其他法院判决的先例。这种解释方法一般称为判例法方法。第二种类比对象是最相类似的条文，包括本国法律体系中的特定条文或对本国有效的国际法中的特定条文，称为类推解释方法。第三种类比对象是最相类似的境外的制度设计方案。解释者考察境外法的规范与有关法制状况，从其他国家与地区对焦点法律问题的处置方案，推论本国对该问题的解决方案。这种方法称为比较法解释方法。下面逐一予以说明。

二、判例法方法

判例法方法指在既决案件中引用先例来判断后来案件的法律效果，构建解释论点，澄清模糊或者补充漏洞的过程。判例法方法所得到的解释论点，为类比论点中的"判例论点"。

一般的，关于一个案件都有一个相似的先例群体。这些先例的处置方式构成了待裁决案件的先前经验，同时也给待裁决案件的处置构建了约束条件。因此，为了尊重同行、前辈甚至本院的实践经验，为了证明司法行为的一致性，一个国家的司法体系无论是否实行判例法制度，都应该注重本裁决与先例的关系，都可以引用先例发现适当的裁决方案，都必须引用先例说明或论证本裁决的合理性。

判例论点的构建过程,需要将待决案件的事实要素与先例的事实要素相比较,按照最相似的先例的裁决方案进行裁决。其过程的一般化表述为:

(1) 有案件 A 与先例 X_1、X_2、X_3、X_4、X_5 与 X_n;

(2) 案件 A 的事实与先例 X_n 的事实最相似;

(3) 先例 X_n 的事实得到法律效果 R;

因此,

(4) 案件 A 得到法律效果 R。

判断"相似性"是一个关键工作,因此要将案件事实细节与先例的事实细节进行分解。根据类比推理的逻辑规律,待决案件与先例进行类比推理的逻辑过程为:

(1) 案件 A 的事实有元素 $(a*b*c*d*e*g*f*j)$ [每个元素表示事实的一个构成细节, * 表示并列关系];

(2) 先例 X_n 的事实有元素 $(a*b*c*d*e*g*h)$;

(3) 先例的裁决标明:$(a*b*c*d*e*g*h) \rightarrow R$ [先例的事实构成得到法律效果 R];

(4) 先例 X_n 与案件 A 具有不同的事实元素 g、h 与 f、j;

(5) 元素 g、h 在先例 X_n 中不是得出效果 R 的必要或重要条件;

因此,

(6) 案件 A 的事实也得出效果 R。①

类比中对事实的细节构成进行分解并比较,对差异的关注是焦

---

① 如果经过分析认为,元素 g、h 在先例 X_n 中是得出效果 R 的必要或重要条件,而本案虽然与先例有很多相同点,却不具备与 g、h 相同的两个元素,因此本案就不能判决赋予法律效果 R。这种分析实际上对先例的适用范围进行了一次反面界定,并必然需要创造一个新的先例,从而更新了"先例群体"。从法治发展的角度看,判例法就是不断地被后来的法律人,在事实细节的"重要性"上判断"是与否"中被维持与更新的。

点。如何判断元素 g、h 在先例 X_n 中不是得出效果 R 的必要或重要条件？纯粹的类比推理方法是根据直觉。如果解释者的直觉有分歧，就需要考虑法的目的、裁判者的意图等因素予以澄清。①

例如：关于行政主体不作为侵害民众权利的典型案件，在我国有"卢氏县110赔偿案"②

原告：尹琛琰，女，24岁，卢氏县百纺公司下岗职工，住河南省卢氏县城关镇。

被告：卢氏县公安局，住所地：河南省卢氏县城新建路。

法定代表人：刘永章，该局局长。

概要：原告尹琛琰开办的"工艺礼花渔具门市部"发生盗窃时，卢氏县公安局"110指挥中心"接到报警后没有受理。尹琛琰认为，卢氏县公安局的失职造成其财产损失，遂提起行政赔偿诉讼。

2002年6月27日凌晨3时许，原告尹琛琰位于卢氏县县城东门外的"工艺礼花渔具门市部"（以下简称门市部）发生盗窃，作案人的撬门声惊动了在街道对面"劳动就业培训中心招待所"住宿的旅客吴古栾、程发新，他们又叫醒了该招待所负责人任春风，当他们确认有人行窃时，即打电话110向警方报案，前后两次打通了被告卢氏县公安局"110指挥中心"并报告了案情，但卢氏县公安局始终没有派人出警。二十多分钟后，作案人将盗窃物品装上1辆摩托车后驶离了现场。尹琛琰被盗的物品为渔具、化妆品等货物，价值总计24546.50元人民币。案发后，尹琛琰向卢氏县公安局提交了申诉材料，要求卢氏县公安局惩处有关责任人，尽快破案，并赔偿其损失。卢氏县公安局一直没有作出答复。

卢氏县人民法院认为：

《中华人民共和国人民警察法》第二条规定："人民警察的任务

---

① 根据目的判断重要性，参见〔美〕史蒂文·伯顿：《法律与法律推理导论》，张志铭、解兴权译，中国政法大学出版社1998年版，第117页。

② 案例来源：《中华人民共和国最高人民法院公报》2003年第2期（总第82期）。

是维护国家安全，维护社会治安秩序，保护公民的人身安全、人身自由和合法财产，保护公共财产，预防、制止和惩治违法犯罪活动。"第二十一条规定："人民警察遇到公民人身、财产安全受到侵犯或者处于其他危难情形，应当立即救助；对公民提出解决纠纷的要求，应当给予帮助；对公民的报警案件，应当及时查处。"

《中华人民共和国国家赔偿法》（以下简称《国家赔偿法》）第二条规定："国家机关和国家机关工作人员违法行使职权侵犯公民、法人和其他组织的合法权益造成损害的，受害人有依照本法取得国家赔偿的权利。"

依法及时查处危害社会治安的各种违法犯罪活动，保护公民的合法财产，是公安机关的法律职责。被告卢氏县公安局在本案中，两次接到群众报警后，都没有按规定立即派出人员到现场对正在发生的盗窃犯罪进行查处，不履行应该履行的法律职责，其不作为的行为是违法的，该不作为行为相对原告尹琛琰的财产安全来说，是具体的行政行为，且与门市部的货物因盗窃犯罪而损失在法律上存在因果关系。因此，尹琛琰有权向卢氏县公安局主张赔偿。

《国家赔偿法》第十三条规定："赔偿义务机关应当自收到申请之日起两个月内依照本法第四章的规定给予赔偿；逾期不予赔偿或者赔偿请求人对赔偿数额有异议的，赔偿请求人可以自期间届满之日起三个月内向人民法院提起诉讼。"

原告尹琛琰在门市部被盗窃案发后，向被告卢氏县公安局提交了书面申诉材料，要求给予赔偿，符合法律规定的申请国家赔偿程序。卢氏县公安局在《国家赔偿法》规定的两个月的期间内没有任何意见答复尹琛琰，尹琛琰以卢氏县公安局逾期不受理为由提起行政诉讼，符合行政诉讼的受理程序。

原告尹琛琰主张的损失数额，有合法的依据，被告卢氏县公安局虽然对具体数额表示怀疑，但由于没有提供相关的具体证据予以否认，因此，对尹琛琰主张的财产损失数额应予以认定。尹琛琰门市部的财产损失,是有人进行盗窃犯罪活动直接造成的,卢氏县公安局没有及时依法履行查处犯罪活动的职责,使尹琛琰有可能避免的财产损失没能得以避免,故应对盗窃犯罪造成的财产损失承担相应的赔偿责任。尹琛琰的门市部发生盗窃犯罪时,尹琛琰没有派人值班或照看,对财产由于无人照看而被盗所造成的损失,也应承担相应的责任。

综上,卢氏县人民法院根据《中华人民共和国行政诉讼法》第六十七条第一款、第二款,第六十八条之规定,于2002年12月12日判决如下:

卢氏县公安局赔偿尹琛琰25001.5元损失的50%,即12500.75元,在判决生效后10日内给付。

这一案件判决之后就构成一个先例。如果在环境保护领域出现这样一案:甲企业故意停止使用污染物净化设备,直接将有毒污水排放到农业用水的水源中。农民发现后交涉无效,紧急向当地环境保护局报案,请求环保局立即制止甲企业的侵害行为,但是环保局以开会很忙,没有时间为由,迟迟没有采取措施。两天后大片农作物受损。不久该企业破产。农民在破产清算中,只获得总损失10%的赔偿。因此,又向法院起诉要求环保局赔偿剩下的损失。能否予以支持?

将本案与先例比较,发现两者高度相似,在受害权益内容、制止侵权的紧迫性、对行政主体保护的依赖性、行政不作为的主观状态、因果关系、对直接侵权者维权的不可能等诸多细节上与先例相同。但是在侵权的具体方式、行政主体的职责内容两个细节上有差异。需要研究的是:这两个细节是否是重要的?直觉上,不能认为它们是重要的。再考察先例中裁判者的说理内容,发现并没有将其作为重点。因此,可以根据先例判定,本案中的环保局应该赔偿农民剩下的损失。

如果上述案例发生变化,该企业没有破产,农民还没有对其诉求赔偿,那么能不能判决环保局赔偿?经过比较认为,先例中不可能对直接侵权者要求赔偿是一个重要细节,待裁决案件没有该细节,因此不能类比先例处置。受害方应该首先要求直接侵权者赔偿损失。①

对于任何国家,判例法方法都是普遍适用的解释方法。有学者认为:我国属于大陆法系,判例法解释方法在大陆法系是非法的,或是不科学的,因此判例法方法不是我国大陆地区正当的解释方法。该观点值得商榷。如果说引用先例是非法的,我国并没有禁止法官引用先例作为判决的理由。如果说引用先例是不科学的,那就更有问题。类比推理方法是一种科学的推理方法,在科学方法论上是成立的。今天大陆法系的部分国家虽然没有明确承认并建立判例制度,但判例已普遍作为重要的法律渊源对待,判例法方法也是被普遍接受的方法。因此,我国也应注重先例与判决之间的关系,应当引用先例作为本次裁决的论据,这对增加本次裁决的合理性是非常重要的。

另一方面,引用先例可以大大提高判决和先例之间的一致性,对于说服当事人、约束法官的不正当自由裁量权、塑造整个法院行动一致性都是非常关键的。凡是有经验的法官和律师都知道,很多时候引用先例的说服力、可接受性比其他解释方法都高:在其他解释方法无效时,法官找到一个先例,并展示有先例就是这样裁决的,当事人一般很快就能接受。因此,判例法是科学的解释方法,我国虽然没有建立判例法制度,仍然应当广泛使用判例法解释方法。

三、类推解释

类推解释指的是,在裁判解释工作中,将案件事实和法律体系中特定条文所陈述的事实相类比,引用最相类似条文判断案件,澄

---

① 根据英美法系的实践经验,类比先例时,解释者可以构造假想的先例用来说明特定问题。但这时应该注意,解释者对于假想的先例的处置方案,不能引起明显分歧。

清模糊或补充漏洞的过程。虽然前述的判例法方法,也运用类比推理,但是在习惯上将类比条文的工作称为"类推解释"。我们可以将此时所构建的解释论点,称为"条文类比论点"。

判例论点类比的对象是案件事实,类推解释方法中,类比对象变成了一个法律条文所阐述的事实。案件中的事实更加细致复杂,条文陈述的事实要简单些。在法律解释实践中,往往一个法律问题陈述的某一个事实在法律上没有直接的规定。但是经过广泛观察,发现法律体系中部分规范,规定了与其他相似的状况以及处置方案。这时,就可比较这些条文,选择最相似的条文进行类比推理,对于待决事实判定相应的法律效果。

需要说明的是,虽然大多数国家的刑法都采取"罪刑法定"原则,我国1979年《刑法》虽规定了受程序控制的类推制度,但在1997年修订的《刑法》接受该原则后,也明确废除了类推制度,但是,不可以误解为在刑法领域,禁止使用类推解释。"法律明文规定为犯罪行为的,依照法律定罪处刑;法律没有明文规定为犯罪行为的,不得定罪处刑。"[1]从法律解释的角度看,该规范所表达的罪刑法定原则的含义,是要求裁判者不得补充法律漏洞中的明显漏洞。因为"法律没有明文规定为犯罪行为的"行为,是不属于现行刑法中的任何概念的行为,如果这种行为必须运用刑法予以处置(例如前面章节所述邮寄虚假的炭疽杆菌制造恐慌的行为),那么该现象就是明显漏洞。明显漏洞应该由立法者通过补充立法进行补充。因为刑法是政府所有公共管理行为中最严厉的行为,所有公共行为都有异化可能,政府这种权力一旦错用就会产生严重后果,所以1997年修订的《刑法》规定了"罪刑法定"原则。根据上述分析,不允许运用类推解释在刑法中补充明显漏洞,当然,运用其他方法补充也不允许。

但是,该法律规范没有禁止其他的刑法解释行为。对于隐含漏

---

[1] 《中华人民共和国刑法》第3条。

洞、冲突型漏洞与违反立法宗旨型漏洞,对其的补充不仅没有扩张公共机关的最高强制权力,从而危及公众的安全感,反而是裁判者在纠正立法机关运用最高强制权力的偏差,增加公众的安全感并维护实质正义的过程,因此,罪行法定原则,不能理解为禁止一切漏洞补充工作甚至裁判解释工作。另外,刑法领域的法律模糊可以使用所有方法予以澄清,包括类推条文的方法。在刑法学领域,对此有很多事例。当然,在刑法以外的其他法律领域——宪政、民事、商事、行政法甚至国际法,可以运用类推解释进行所有的澄清模糊与补充漏洞工作[①]。

另外,在进行立法解释或者修正立法,需要补充刑法的明显漏洞时,仍然可能运用类推解释的方法来补充漏洞:把一个现行刑法没有明确规定、但是和刑法中某一行为相似的行为规定为犯罪行为,其合理性也能通过类推解释方法加以论证。

条文类比论点的构建过程,需要将待决案件的事实要素与众多条文的事实要素相比较,最后按照最相似的法律条文进行裁决。其过程的一般化表述为:

(1) 有案件 A 与法律条文 X_1、X_2、X_3、X_4、X_5 与 X_n;

(2) 案件 A 的事实与法律条文 X_n 的构成要件部分描述的事实最相似;

(3) 条文 X_n 的构成要件得到法律效果 R;

因此,

(4) 案件 A 得到法律效果 R。

例如,1979《刑法》规定了制作淫书淫画罪,后来有人制作并贩卖淫秽电影。淫秽电影和淫书淫画虽然有不同之处,但它们有最相

[①] 行政法等其他公法领域是否可以使用类推解释方法或者其他方法补充明显漏洞?对此有争议。如果坚持严格的控制公权力的原则,那么在这些领域的补充明显漏洞造成权力扩大是不允许的。但是根据目前的实践,这种理念应该修正,权力机关不可以自行扩大权力,但是如果有司法审查的背景,这种扩大是否是可以接受的?

类似之处,即它们的内容和表达信息的高度相似性,因此法院就按该罪名定罪量刑。这就是一种类比推理的过程。

在判断"相似性"关键工作中,要分解案件事实细节,也要分解条文的构成要件所描述的细节,"尽量详细"的将两者的共有细节与差异细节列出。然后,将它们进行比较。与判例法方法相似,待决案件与条文进行类比推理的逻辑过程为:

(1) 案件 A 的特定事实有元素($a*b*c*j$)[每个元素表示事实的一个构成细节,$*$ 表示并列关系];

(2) 条文 X_n 的事实构成要件有元素($a*b*c*h$);

(3) 条文 X_n 标明:($a*b*c*h$)→R[条文的事实构成得到法律效果 R];

(4) 条文 X_n 与案件 A 具有不同的事实元素 h 与 j;

(5) 元素 h 在条文 X_n 中不是得出效果 R 的最重要条件;

因此,

(6) 案件 A 的特定事实也得出效果 R。

在分析差异的过程中,如何判断元素 h 在条文 X_n 中不是得出效果 R 的最重要条件?虽然纯粹的类比推理方法是根据直觉,但是还有一个可行的"分析化"的思维过程。就是:假设条文的事实构成要素保留与案件事实的共同部分,即($a*b*c$),而细节"j"被其他一个细节替代。判断一下:立法者会不会就对其取消法律效果 R?根据常识和直觉判断的结果为"否",那么在($a*b*c*h$)中,h 就不是最重要因素。如果解释者的直觉还有分歧,就继续考虑其他的法的目的、立法意图等因素予以澄清。

四、比较法解释方法

比较法解释方法是引用境外法的相关规定(包括港、澳、台法律)对本国法进行解释,从而解决案件的焦点问题,澄清模糊和补充漏洞的过程。此时所得到的解释结论,为比较法论点。因为比较法方法归根到底使用的是类比发现与类比论证的方法(下面会说明),所以将其归入类比解释方法。

但是,如果一种法律意见的说理过程只陈述外国事实而并不引用外国的相关规定,则不构成比较法的解释方法。例如,云南烟草大王褚时健因贪污被起诉,其律师在辩护中有一个重要理由:褚时健是经济能人,他使云南烟草业发展很好,作出了很大贡献,为国家创下了高额利税。而作为国有企业干部,他自己的收益很少。而美国洛克菲洛财团的经理收益非常高,与这些经理相比,褚时健的收益太少了。

这是律师想打动法官的巧妙意见。其中引用外国相关事实与本国事实相比:同样是经理,别人拿的多我们拿的少,现在多拿一些不足为怪。初看这种比较有合理性。但是,律师没有引用外国相关的法律规定。如果查阅美国的企业法以及刑法,一个经理在其正常收益之外获取不当收益的,同样要受到法律制裁。因此,上述法律意见没有使用法律解释方法,更没有使用比较法解释方法。

比较法解释方法引用的是外国法律相关规定和事实,作为发展中国家,英、美、德、日、法等发达国家都是我们可以借鉴的对象。当然,即使是发达地区,制度建设上也经常相互学习。因为我国与亚洲四小龙等国家和地区有高度相似的传统文化背景,又因为与社会主义阵营其他国家有高度相似的改革背景与目标,所以这些地区的制度是我国裁判解释时的重要类比对象。对于同一个法律问题,有时主要国家与地区的处置方案基本一致。但许多时候存在较多差异。应该学习哪一个?从制度的生成背景看,应该学习与我国的相关背景因素最相似的地区。这种比较与选择的一般化过程可以这样表示:

(1) 有案件 A 与境外共同体 X_1、X_2、X_3、X_4、X_5 与 X_n;

(2) 我国关于案件 A 的背景法制状况与 X_n 的状况最相似;

因此,

(3) 案件 A 按照共同体 X_n 的法律裁决。

关于案件 A 的法制状况与背景信息的比较,是其中的关键工作。这时需要对相似的背景细节加以展开。展开后进行类比推理的逻辑过程如下:

(1) 我国关于案件 A 的法制状况有元素($a*b*c*d*e*g*f*j$);

(2) 共同体 X_n 关于案件 A 的法制状况有元素($a*b*c*d*e*g*h$);

(3) 两个地区的法制状况具有不同的事实元素 g、h 与 f、j;

(4) 共同体 X_n 的法律对于事实 A 设定效果 R;

(5) 元素 g 与 h 不是得出效果 R 的必要或者最重要条件;

因此,

(6) 案件 A 的事实也得出效果 R。

为什么要了解其相关法制要素?因为有效的社会组织和治理方法是一套而非一个。我们只有寻求与其配套措施最相似的方法。如果只把其中一个方法引用过来,而我国内地的配套措施和重要背景因素与其又不一样,该方法对内地就不适用。

比较法解释必须考虑境外法制状况与内地的相似性,这没有引起足够重视。我们在法制发展中引用了很多国家的法律规范,有些规范现在运行效果不佳,就是因为当初没有对其背景知识、惯例、配套措施等进行广泛深入的研究。有时我们的比较法解释如此操作:一个法律问题,发现德国这样规定、美国这样规定、法国这样规定等,只有少数国家或地区如日本等另行规定,我们就采用少数服从多数的原则,引用多数国家的共同规定。学习多数国家的共同经验是应该的。但是,如果我国的法制状况和少数国家和地区如日本最相似呢?一种制度安排必须和法律其他元素相协调,因此,不能忽视比较相关背景元素。

在比较法解释中,还应当将外国法研究范围扩张到外国判例、学说和交易惯例。不应只看到其规范本身。因为一个国家法律规范背后可能有学说、判例、交易惯例的相关知识。只有这样,我们比较法解释的操作基础才会做好。所发现的被引用对象的法治要素与本国法治要素相似性越多,所得出比较法解释论点的可信度就越大。而不至于发生像"邯郸学步"、"橘生淮南为橘,淮北为枳"的结果。这也说明,比较法解释对知识面的要求比较大。

比较法解释和比较法研究之间的关系如何? 比较法解释是用法制状况与我国内地最相类似的地区的法律来得出本国法律问题的结论。比较法的研究,将各个国家对某一个方面的法律规范与制度加以比较,研究各地区对某一个问题是怎样规定的,规定的原因是什么? 比较法研究是比较法解释的基础,没有比较法研究就没有比较法解释,但是不能把两者等同。因为比较法研究和解释的目的可能不同。比较法研究要寻求制度的异同及其原因,一般不针对本国某个法律问题提供答案。比较法解释则进一步分析,我国对该问题应当采取什么办法? 它比前者有更深层的工作。

五、类比论点构建的可能结果

面临案件的焦点问题时,应用类比方法构建解释论点,有三种可能结果:

第一,可以判断案件的特定事实与一个类比对象的事实最相似,从而能够得出优胜的解释结论。此时得出的是单一类比论点。类比方法完全有效。

第二,案件事实与多个类比对象比较,难以判断与哪个最相似,得出的是多个类比论点。因为案件之间可能存在交叉相似性:甲案件与乙案件在某几个方面相似,又和丙案件在另外几个方面相似,丙案件与丁案件在几个方面相似,又与乙案件在另外几个方面相似。这种交叉相似,被维特根斯坦称为"家族相似性"。比如家族成员相貌的交叉相似。这种交叉相似,可能使待裁决案件找不到最相似的先例。类比解释方法此时可能不能得出最优胜的结论。类比论点部分有效。

第三,找不到可类比的对象,没有类比论点。经过文献检索,发现一个案件事实,既没有可以类比的先例、也没有可以类比的国内法条文与境外法制度,这时就无法构建类比论点。如果是简单案件,法官可以通过语义解释裁决。如果是疑难案件,法官就要依靠其他解释方法进行创造性的工作。此时法律人需要迎接挑战,处理前辈没有遇到的新型案件。

六、类比论点的存在理由

为什么类比解释方法是科学的?为什么类比论点能够被接受?类比解释方法的存在有坚实的理性基础:

首先,类比论点符合人类的惯性思维,同类事件同类处理的方法具有直觉合理性。世界上没有完全相同的两片树叶,也没有两个完全相同的行为。几乎没有相同的事务,只有最相似的事务。于是,人类往往都是按最相似原理处理事务。我们已经养成了遵循先例的惯性思维,就是相信按照最相似原则来做是合理的。在集体事务中,管理者对一个事务这样处置,而对另一高度相似事务却另外处置,就会被指责为任性;相反,如果他同类事务同样处置,他的同事与下属就认为是合理的。因此,在裁判解释中,使用类比方法,类比本国的先例、条文与境外的制度,符合人类的直觉合理性。

另外,在科学发现规律中,将某一事实与以前的有关事实相互比较,按照最相似的事实进行推理,往往能得出正确结论。因此,类推推理虽然不是绝对可以发现真理的过程,但它很多时候是科学有效的推理过程,具有直觉的逻辑合理性。

其次,法治原则要求同等情况同等处理。虽然法治要求遵循法律,从而塑造法律至上。但因为法律模糊与法律漏洞的普遍存在,使得遵循法律的要求发生转化——裁判者必须保持裁判行为的一致性。这种一致性就要求遵循先例。从最高的实现人类法治要求的角度,也要尊重他国最相类似的经验。只有这样,才能将立法者的话语转化为现实的秩序。类比解释方法提供了相似性原理这个"筛选器",在显得凌乱的众多条文与案例中,整理出可观的秩序蓝图。由此可知,从建设法治的角度看,每一案件的裁决,如果有先例存在,都应该说明它与先例之间的关系,以表明裁判者没有违背同等情况同等处置的法治要求。

最后,引用前人的经验才能建立合理性。人类所有的知识,都是在积累前人经验的基础上往前发展。如果盲目排除前人经验,往往就是闭门造车,会犯前人已犯的错误。因此,引用先例、引用先前条文和引用境外制度,就是在学习前人的经验,建立本次裁判合理性的方法。

七、类比论点与其他论点的区别

类比论点容易与其他论点区别。在裁判解释中,凡是通过上述三种途径之一得出的解释结论就是类比论点。

类比论点和语义论点的区别明显:类比论点不会考察法律语词和结构的通常意义,而语义解释方法必须考察该意义。类比论点和语义论点有一点近似,即语义论点在进行归纳性描述时,会考察与所裁决案件中某一事实同类的事实,但其目的是为了找到包含这些事实的概念的一般内涵。除此以外通过类比得到的论点,都是类比论点。

系统论点以假设现行法律文本或者法律体系的协调性和完整性为出发点,类比论点没有这个前提,它只考虑与先例、条文以及境外法制因素的相似性。两者的成立依据截然不同。

意图论点以发现隐含意图为构建论点的根据,而类比论点的三种论据都在隐含意图之外。因此两者的成立基础不同。除了客观意图的推导中可能使用类比论证方法,一般在构建意图论点时不使用该方法。

目的论点与类比论点差异也很明显。目的论点不会使用类比的发现与论证方法,类比论点一般也不考察立法目的。类比解释方法尊重直觉判断的高度相似性,根据类比对象来判断焦点问题的解决方案。

类比论点与目的论点、意图论点有时存在近似性。在类比方法中需要判断特定细节的重要性,这种重要性的判断依据,许多时候是解释者的直觉和经验。但有时需要分析类比对象的目的与意图,如果类比对象是法律体系中的条文,就要分析条文的目的与意图。而根据法律条文的目的或者立法者隐含意图构建的论点,分别属于目的论点与意图论点。应该承认,两种论点此处存在交叉。但是为了逻辑上分类的清晰起见,仍然可以将它们区分开来。在此,根据采用的论证方法,和整体解释过程的差异,凡是在类比解释过程中引用目的和意图得到的论点,仍然归属于类比论点。

关于类比论点和效应论点的区别,在后面章节中说明。

第十二章　效应论点的构建

一、效应论点构建概述

　　法是人类对于事务的一种规范性安排。不同的安排产生不同的效应。这些效应可以区分其好坏并比较其大小。裁判解释的论点，本质上也是针对案件所反映的事务作出规范性安排。这种安排也以实现社会事务积极的最大化效应作为目标。因此，在面临焦点问题的多种解决方案时，裁判者应该分析比较不同方案产生的不同效应，并选择能够产生最大积极效应的方案。解决焦点法律问题的过程就是法律解释的过程，所以上述过程同时也是法律解释的效应论点的构建过程。

　　通常所说的下列解释方法都归属效应解释方法：社会学解释方法、经济学分析方法、考虑交易需要和事物属性的方法、利益衡量的方法、考虑实体理由的方法。这些在不同时代或者不同国家被提出的解释方法，都是以考察解释方案所产生的经济、社会等效应为根据，构建解释论点的过程。

　　所谓效应，是解释方案对社会事务所可能产生的各种影响的统称，包括成本、代价、各种收益与弊端等。效应可分一般效应与个案效应。一般效应是假设与所裁决案件同类的案件批量出现，并且都按照该解释方案处置，从而对社会所产生的宏观效应。个案效应是所裁决案件按照解释方案处置后，对案件当事人所产生的独特的微观效应。一般效应根据其内容可以分为经济效应、法治效应与其他社会效应三个方面。法治效应本是社会效应的一方面，在一个追求法治的社会里，各种行为尤其是公共机构的行为对于法治纲领的实现意义重大。法律人是法治建设的主导团体,他们特别关注自身和他人的行为对法治的影响。因此法律解释的法治效应应该从社会效应中单列出来重点考察。如果将个案效应与上述效应并列,解释方案的效应就有四个方面。下面依次说明这些效应的分析过程与结果。

二、分析经济效应

经济学不仅是一门学科,而且是一种方法。经济学的对象,在最基本的层面上,不是金钱或者经济,而是理性选择,经济学是判断法律规则之效果的关键工具之一。① 在假设人类事务应该追求效益的前提下,裁判解释中分析经济效应的过程,就是根据经济学中有关原理,运用财务分析包括概率统计等方法,估算每一种解释方案可能产生的经济效益的大小,最后选择效益最优的解释方案。

在早期,通过分析经济效应进行法律解释的著名事件是汉德公式(The Hand Formula)的发明与应用。该公式由美国联邦上诉法院第二巡回庭著名法官勒·汉德在1947年美利坚合众国诉卡洛尔拖船公司(以下简称卡洛尔案)一案中正式提出,因此有时也被称作卡洛尔学说或卡洛尔公式(The Carroll Towing Doctrine or Carroll Towing Formula)。卡洛尔案所涉及的是某驳船因拴系不牢,在脱锚后碰撞、损坏码头中其他船只的情形。该案的核心问题是如何确定该船船主有无"过失"。

"过失"是重要法学概念。它指特定主体因为疏忽违反适当注意义务、没有避免自己危害他人结果发生的主观意识。所谓"适当注意义务"指"当事人应该知道自己的特定行为会造成危害他人法益的结果"。如何判断一个事项是"应该知道"的?这是一个重大法律模糊,需要通过法律解释予以澄清。汉德法官就此提出了以下见

---

① 〔美〕大卫·弗里德曼:《经济学语境下的法律规则》,杨欣欣译,法律出版社2004年版,第1页。

解：判决船主是否应当承担赔偿责任，不在于表面的"过错"、"公平"等词汇的运用。由于任何船只都有脱锚可能，并在脱锚后对附近船只构成威胁，一位船主防止此类事件发生的义务应由三个变量来决定：

(1) 该船脱锚的可能性(probability，简称 P)；

(2) 该船脱锚后将给其他船只造成的损害(loss 或 injury，简称 L)；

(3) 对此采取足够预防措施将给该船主带来的负担(burden，简称 B)。

如果采取足够预防措施将给当事人带来的负担(B)大于造成有关损害的概率(P)与有关损害(L)的乘积，当事人便不必采取预防措施，因为由法律要求当事人这样做，就是花费较多的费用，以杜绝较少的概率损失(即 P 与 L 的乘积)，如用 1000 美元的代价来防止 900 美元的概率损失，这从经济上讲是不合理、无效率的，因此不能要求当事人承担作出无效率行为的义务。但是，倘若 B 小于或等于 P 与 L 的乘积，如可用 900 美元的代价来防止 1000 美元的概率损失，而当事人却未采取足够的预防措施，该当事人将被认定存在过失。

这是当时运用经济分析方法巧妙解决法律问题的典型案例，后来被经常引用。汉德法官所提出的上述公式(因其所涉及的 B、P、L 变量，又称 BPL 公式)随后成为美国各级法院在侵权案件中经常使用的判定过失有无的标准[①]。

汉德公式的实质，是计算不同制度框架下的相关当事人的行为成本与收益，并汇总各方当事人行为成本与收益，比较不同制度导致的社会总成本与总收益，然后选择产出效益最大的制度安排。虽然在实际应用时，该公式可能遇到变量无法真正量化的问题。但是

---

① 见百度百科，词条"汉德公式"，贡献者：黄明殊，2008 年 3 月访问。

许多时候，虽然不能准确计算变量的数值，仍然可以运用有限的数据和信息进行估算，然后根据估算结果选择最可能有效率的方案。因此，这种分析思路逐渐从侵权法领域拓展开来，广泛应用到合同、环保、甚至行政法与刑法等许多领域。

经济学上有很多原理可用做法律分析。上述的成本收益分析是第一种。第二种是交易成本分析。交易成本包括了交易的信息费用、缔约费用、风险费用、执行费用与知识费用等除在交易中支付对价之外的其他成本。交易成本也是成本的一种，是制度经济学关注的对象。此处"交易"可以理解为广义的"经济合作"。根据科斯定理，在交易成本为零时，任何制度安排都是有效率的。但这是不能达到的理想状态，因此所有调整财产关系的法律都要努力降低交易成本，从而维护经济合作的高效率。面临案件焦点法律问题时，解释者需要分析不同的解释方案对于交易成本的影响，并选择能够最大程度降低交易成本的解释方案。

第三种是对风险管理的分析。在保险学上，能够分散风险，或者能进行适当管理从而降低风险的方法是科学的、效益最大的方法；如果导致风险集中，则是低效益的方法。任何经济事务都有风险，不同的解释方案会导致风险的变化。根据解释方案对风险管理的效应，可以比较其效益高低。例如，在判断是否应该给予知假买假者双倍赔偿权的案件中，若给予双倍赔偿权，就会激励知假买假者搜寻假货并求偿并获益，普通消费者受到假货损害的风险就转移给打假职业人士，并得到有效管理。由此可知该方案是有效益的解释方案。

第四种是对局部效益与集体效益、短期效应与长期效益进行比较分析。如果不同的解释方案对事务的局部效益与集体效益、短期效应与长期效益产生不同的影响，我们就选择对集体效益和长期效益产生最大化效应的方案。

第五种也是最重要的一种是应用博弈论进行分析。即运用其关于"策略行为"的分析理论,来分析不同的解释方案对多方当事人行为决策的影响,并考察博弈结果对信息均衡以及经济效益的影响,从而比较不同的解释方案的效益高低。

"策略行为"出现在两个或多个个体相互作用的场合,这时每个个体的决策取决于他对其他个体行动的预测。效应分析中必须运用博弈分析,现代博弈理论为人们理解法律规则如何影响人的行为提供了非常深刻的洞察力。① 因为法律就是一种分散决策机制②,它假设人们在它的框架下通过互动获得良好的效应。

有这样一案:甲有个古碗,但是不知道其真实价值,出价200元欲卖给乙,乙知其价值远远不止200元,喜而买之。后来,甲得知古碗价值起码为2万元,就以交易不公平为由向法院提出撤销合同之诉。对该案有两种意见,一种是赞同撤销,一种不赞同撤销。我国《合同法》第54条有显失公平可以撤销或者变更合同的规范,根据对"显失公平"的日常语义解释,会得出赞同撤销的论点。但是还要通过效应解释方法进一步检测该论点。

从经济学角度看,如果不赞同撤销交易,实际上提出了严格的信息知晓义务:一方当事人不需要告诉对方当事人对其利益非常重要的信息,不了解信息的一方承担所有不利后果。信息合理均衡是市场经济追求的方向。对称的信息才能使双方在交易中确定正确的供给与需求方案,通过谈判形成的均衡点就可以产生最大效率。虽然信息不对称是交易中的经常状态,但是充分竞争市场是追求信息对称的。在本案中,如果判决合同不可变更或撤销,就是在鼓励和保护交易主体尽量利用信息优势赚取高额利润。这和整体效益最大化的要求相违背。相反,如果判决交易需要变更,实际上批判了一方违背"双赢"法则,维护了市场经济对于信息对称的追求。

---

① 〔美〕道格拉·G.斯拜尔、罗伯特·H.格特纳、兰德尔·C.皮克:《法律的博弈分析》,严旭阳译,法律出版社1999年版,第1页。

② 同上注,序言;丁利:《作为博弈规则的法律与关于法律的博弈》,第4页。

但这样做在博弈上产生另外一个效果：一个人在交易过程中，可以不了解相关信息，一旦发现对自己不利，就可以申请撤销或变更合同。这否认了在市场经济中，任何参与的主体都应充分了解信息的义务。保护信息利用上的懒汉也是在损害整体效率。解释者处于两难境地，需要寻求一种平衡方案。对此，合理的方案应是判决撤销或者更改合同，但是原告应当承担诉讼费。原告承担的费用作为对甲不充分了解市场信息的惩罚，其申请变更价格后所得到的净价值不会是原本的价值。这样既反对利用信息严重不对称谋取暴利，又能促使交易主体充分了解与利用市场信息。通过效应分析得到的论点对于"显失公平"的语义进行了精确化处理，从而弥补了语义论点的不足，又没有违反语义论点。这是效应论点与语义论点结合运用的一个事例。

对法律问题进行经济分析非常重要。法经济学或者制度经济学对法学意义重大。近五十年来法学的发展，经济分析的运用发挥了很大作用，特别是民商法学、经济法学的发展以及制度的进步，都是经济分析在背后起支撑作用。但我国实践中对经济效应分析方法曾有一种误用：1992 年小平同志南巡之后，提出"三个有利于"标准，以"有利于发展社会主义生产力，有利于增强综合国力，有利于提高人民的生活水平"作为衡量一切工作是非得失的判断标准。在办理针对企业主管人员的贪污、贿赂等职务犯罪的案件中，有些地方的管理者提出：人才难得。如果对经营成效突出的企业主管处以监禁，对企业发展非常不利，经济效益、政府税收与地方发展都会受到损害。因此，能人犯罪应该将功抵过或戴罪立功。以此为由一些案件中对该起诉的不起诉，该判刑的不判刑，该监内执行的监外执行。刑法的统一性被撕开大口。这种法外开恩是否真的有利于提高经济效益？其实，所有贪污、贿赂、挪用等行为都是在损公肥私——都是减少集体效益以增加个体效益的现象，或者以追求局部短期效益损害整体长期效益的现象。特别在我国目前对贪污、贿赂发现还不是很及时的情况下,允许对已发现的犯罪法外开恩,对犯罪无疑起了很大纵容作用,更将严重损害有效的产权秩序的运行,导致整体效益减少。纵容破坏产权规则的极端后果,是经济运行变成无规则的游戏。实践中可能有各种以特定政治纲领为借口,加上一些扭曲的经济分析,试图扩张个人利益与局部利益的做法,对其应当注意识别与纠正。

三、分析社会效应

我们通常将社会效应与经济效应分开,称社会效应与经济效应并重。除了财产利益变化以外的关于生理、感情、思想、人际关系等方面的变化称为社会效应。① 法律正义价值目标可以分解为安全、秩序、平等、自由与效率五个方面,分析经济效应,只关注了效率一个方面,其他五个方面,都可以归属于社会效应。因此,在裁判解释过程中,解释者除了分析经济效应,还要分析社会效应。此时,应根据社会学和其他学科的有关原理,运用社会调查与统计分析的相关方法,考查每一种可能的解释方案所产生的积极与消极社会效应,最后选择最优化的社会效应作出法律解释结论。

当然,除非在对"解题"思路过分限制的概念法学时代,法律人很早就自然的运用社会效应分析方法寻找焦点问题的答案。通过分析社会效应构建法律解释论点有许多的经典事例,其中之一是"布兰代斯与女工的胜利":

1908年,一位从爱尔兰移民美国的女工,与美国俄勒冈州一家洗衣店的老板穆勒签订了一份雇佣合同。合同约定:女工每日工作时间为14小时,否则老板有权拒付工资。

---

① 在我国司法实践中,强调"两个效果的统一",即法律效果与社会效果的统一。其中的法律效果就是后文所说的法治效应,社会效果包括了经济效应、个案效应和社会效应,并非仅仅指社会效应。这种司法公共政策的提出,本身就为法律解释中效应解释方法的运用,提供了政治支持。

由于工时过长,这名女工身心憔悴,健康每况愈下。在实在无法忍受的情况下,女工终于向老板穆勒提出减少工时的要求。但是穆勒断然拒绝了女工的要求。女工无奈,只好去找俄勒冈州法院要求法官主持公道。女工起诉的一个重要理由是俄勒冈州政府已经颁布了一项法律,其中规定了女工最高劳动时间,而她与老板穆勒签订的合同明显违反了这项法律。然而穆勒认为,俄勒冈州的法律违反了美国联邦最高法院以往一系列有关契约自由的判决,因此,反而认为这项法律违宪无效。

该案经过州法院及联邦下级法院两审,女工与穆勒各有胜负。判决穆勒胜诉的理由是:以前也出现过有关女工劳动时间的类似案件,联邦最高法院都以契约绝对自由为由,判决女工必须遵守合同。

官司最后到了联邦最高法院的手里。代表女工的律师是美国著名大律师布兰代斯(后任最高法院法官)。此案焦点问题为,限制女性劳动时间的法律是否侵害联邦宪法所保障的契约自由?过去先例对俄勒冈州不利。布兰代斯在向最高法院提出的"辩论概要"中,仅以2页篇幅援引先例,而其余一百多页的篇幅乃是基于"生活事实"展开议论,论证保护女性立法之必要性,以维护州法之合宪性:

1. 因妇女特殊身体构造,长时间劳动对女性有危害。体格和机能,男女不同,除表现与解剖学、生理学上的不同外,医生一致认为,女性的耐久力、神经力、不断的注意与适应能力,均比男性弱。因此,过度劳动对女性的健康更为有害。

2. 因女性体格之故,由于近代产业所产生的越来越大的紧张感,女性比男性受到更大的影响。如机械运转越来越快,每个劳动者操作机械的台数越来越多,多数操作同时进行,工艺越来越复杂,这些变化对劳动者造成极大的紧张感。

3. 长时间劳动造成的疲劳,慢性地使健康完全恶化。由于并不是立即发病,劳动者往往无视疲劳,逐渐造成身体贫血和衰弱,并发生其他疾病。多数产业要求劳动者长时间站立操作,据医生的意见,这将造成女性骨盆机能不全。

4. 不论在结婚之前或之后,因从事过度劳动,将给生育造成严重影响,其后果尤其悲惨。

5. 劳动妇女的事故,因一日劳动时间的延长而更为频繁。显然,灾难与长时间的疲劳相符。

6. 与对健康的损害密切相联系的,是过度劳动对道德的影响。由于劳动时间过长,剥夺了最低限度的余暇和家庭生活时间。为了求得从劳动造成的紧张中放松,往往造成滥用酒精饮料等。

7. 根据以制造业为主的其他国家的经验,过度劳动将对全民福利以恶劣影响。国民绝大多数疲惫不堪,造成全社会肉体、精神、道德低下。女性健康因长时间劳动而受损害,不禁损及劳动生产率,而且导致幼儿死亡率上升,及婚后劳动妇女的子女残疾。未来母亲的过度劳动,将直接损害国民的福利。

8. 短时间的劳动,对社会、个人均有好处。劳动妇女无论已婚未婚,在劳动时间之外,都能享受优雅的生活。家庭生活的改善,可以提高社会风气。规定相对短的劳动时间,经过相当时间之后,后代的体格、道德均将得到显著改善。

最高法院最后按照布氏"辩论概要"判决俄勒冈州法合宪。就确认限制女性劳动时间的立法合宪而言,该判决具有重大意义,极为引人注目。不仅如此,该案判决之划时代意义还不在于判决内容,而在于最高法院公开认可布氏所采用的社会学解释方法。[①]

从上述案例可以看出,虽然分析社会效应的方法曾经被称为"社会学解释方法",但不能认为分析社会效应只运用社会学原理。其中还可能应用教育学、心理学、公关学、管理学、卫生科学、环境科学甚至自然科学的有关原理。这些原理用来分析不同的解释方案

---

① 刘星:《西窗法雨》,法律出版社2003年版,第23页;梁慧星:《民法解释学》,中国政法大学出版社1994年版,第87页。

能够规律性的导致怎样的社会效应,并对该效应对人的生理与心理的影响作出评判。人类的一切法律都是规律认识与价值选择共同作用的结果。分析社会效应的过程,关键工作就是考虑解释方案是否符合一切经验科学所确定的规律,以及是否符合公认的价值标准,最后确定相对合理的解释方案。

与分析经济效应一样,分析社会效应需要通过实证经验材料甚至统计材料作为支撑。强有力的社会学论点,需要详细的实证材料与周密的统计分析为依据,并根据需要应用概率论与数理统计上的相关分析、回归分析描述事物之间的规律。可惜的是,目前这些精致的方法我国很少应用。如果有发达而周全的社会统计工作,并且法律人自觉主动运用该方法,不仅可以提高法律工作的科学性,而且会大大改善法律工作的社会效果。

在良好社会效应的诸多因素中,"和谐"是中华民族所钟爱的一个重要方面。它与前述法律诸多价值中的安全、平等、秩序与自由都有关联。和谐的内容博大精深,它的至高境界是世界大同、天人合一。在当代的简明理论中,分为人与自身的和谐,人与他人(社会)的和谐,以及人与自然的和谐。如果社会科学界能够对社会和谐的细节构成进行描述,并形成基本共识,然后用统计的方法,确定整体和局部地区的和谐指数,那么在裁判解释中,就可以重点衡量不同解释方案对和谐指数的可能影响,从而选择最优的促进和谐的裁判方案。

四、分析法治效应

前文已经说明,法律解释的法治效应应该从社会效应中单列出来重点考察。解释者需要考虑可能的解释方案,对该社会所认可的宏观法治原则或法治理念实现的影响,最后选择能够最大程度促进法治实现的方案。

这些法治原则或法治理念包括:法律至上、良法之治、平等守法、民主立法、司法独立、服从程序、规范权力和保护权利、充分实现人权等若干方面。这些表述在法律科学中就是基本的"法理"——以高度抽象的命题存在的、部门法的基本原理和所有法律共同承认的原理。在美国的法律解释学说中,引用法学基本原理裁判被称为根据"实体理由"判断案件。

法治是由点滴构成的。任何一个案件中对于焦点问题的处置方案,都是在直接或者间接对民众权利与公共权力的关系进行点滴的处置。法治社会必须要依靠规则实现"民众权利与公共权力"的平衡态,它要求"两个有效":掌握权力的主体能够有效地组织安排民众权利与义务,保障权利实现,促进福利发展,抑制非常因素;掌握权利的主体(民众)能够有效监督权力,防止权力的异化。一个解释方案是有利于维护与改善这种平衡,还是损害或阻碍实现这种平衡?它是在激化现实中的矛盾,还是在促进矛盾的化解?裁判中必须作出考量。在涉及公共机构与民众关系的案件中,尤其如此。从公共管理的角度看,分析解释方案的法治效应,就是在分析裁判的政治效应。

在法治效应分析方法中,包含被我们称为"习惯解释"的方法。所谓习惯解释,指在解释过程中,引用习惯规范[①]作为论据给法律问题提供答案。在发生法律模糊与法律漏洞时,引用习惯规范作为裁决标准往往被法律共同体和社会实践接受。如果进一步思考,引用习惯规范作为裁决标准的合理性在哪里?那么就会发现,引用习惯能得到良好的法治效果。习惯规范是一种实际存在的规范,它由特定的群体(例如一个居民群体或者商业团体)在实践中自发的形成,具有在一定范围内已经被普遍接受的客观效应。现实中民众已经熟悉、认可并尊重习惯规范,长期将其作为他们合作的准则。而一个来源于群体外部的"新规范"并没有这个优势。习惯规范已经为

---

① 道德规范也是一种被习惯接受的规范,因此本处的习惯规范包括道德。

认可它的主体带来实际的便利与秩序。裁判解释者引用它,不仅没有打破已有的便利和秩序,还将强化这种便利和秩序。"便利"是一种被认可的公正状态。而公正和秩序都是法治社会所崇尚的效应。法治的理想状态,希望所有规范来源于一线的实践者,并被实践者内化为"习惯"。如果有多种解释方案,而其中一种解释方案符合习惯规范,可以判定该方案具有法学上的科学性,是一种相对优胜的法治效应论点。正因为这点,习惯解释可以归入效应解释方法。①

五、分析个案中的具体效应

上述实质利弊分析方法是对裁判的社会整体利弊的分析,它建立在对象案例会批量产生和判决会产生示范效应这两个前提之上。裁判解释首先影响的是案件的当事人,然后才影响案件所在的环境。对裁判解释一般效应的分析,是关于案件对所在环境影响的分析。但是,对当事人的效应与对环境的效应仍然有一定的区别。"个案中的具体效应"这个概念,指的是裁判解释所发生的效应中,无法变成一般化的示范效应的那部分。

既然每一个案中的具体效应都是个别化的,就很难进行一般化的描述。大概说来,个案效应的构成,主要指的是不同的裁判解释方案对当事人理性程度与福利的影响。其中可能包括下列几个方面:

首先,对当事人解决纠纷能力与合作能力的影响。此处的纠纷指的是与该案件同类型的纠纷。一个商家与消费者发生纠纷,消费者起诉商家。假设法理上,导致纠纷的责任在于商家,如果一种裁判解释方案能够使商家明白,自己对该事务的处理错在何处,完善

---

① 在解释过程中,还有可能引用社团规范和行政机关的政策(公共政策,在我国包括在实际中运行的政党政策),作为解释的论据。因为这些规范和习惯规范一样,都在一定范围内被实际接受与执行,都具有塑造现有秩序与"被认可的公正"的客观效应,因此这些方法都可以归属于法治效应解释方法。

解决与消费者纠纷的方案,那么这种解释方案就是优胜的解释方案。每个主体解决纠纷的能力可能都不一样,解释者所设计的方案应该有针对性。如果解释方案能够进一步促进当事人合作能力提升,从而知道应该如何吸取教训,预防同类纠纷的发生,该方案则是更加优秀的方案。

其次,对当事人家庭、工作以及人际关系和谐的影响。此处并非是对于一般环境的效应分析,而是对于个别环境的分析。不同的当事人处在不同的家庭、工作以及人际关系环境中。要考虑不同的裁判解释方案对于当事人处理家庭事务、工作以及处理其他人际关系的影响。裁判应该给当事人在上述方面带来便利,而不是困难。正如电影《秋菊打官司》所阐明的道理,执法者赋予秋菊维权的法律效果给秋菊处理人际关系也带来很大障碍,这样的解决方案也不是秋菊所想要的。

最后,对当事人身心健康以及需要满足程度的影响。不同的当事人的身心健康处在不同的情况,不同的当事人处在不同的发展阶段。优秀的裁判应该有益于当事人身心健康,有利于当时人获得正当需要满足的机会,有利于当事人的正常发展。[①] 当然判断当事人的人生境遇与发展方向,可能给裁判者带来相当大的困难。裁判者丰富的阅历与精深的人生体验,可以为此提供支持。不同的处置方案可能对当事人各有利弊,裁判者必须针对个案的实际处置效果进行利弊衡量,从而找到最优化的个别处置方案。

上述个别化的效应在裁判中的调解阶段必须考虑,但令人担忧的是,在裁判时是否也应该考虑?如果考虑是否给裁判带来极度的困难?或者给裁判的高度任意制造借口?一般的,裁判时考虑当事人个别化的效应,只可能导致裁判方案的"微调",不一定导致裁判

---

① 发生在广东的老年当事人在法官判决后自杀的案件,也从反面说明了法官针对当事人周详考虑的重要。该案案情见:广东省高级人民法院关于审理莫兆军涉嫌玩忽职守案刑事裁定书,(2004)粤高法刑二终字第24号。

方案的根本改变。它不会使裁判丧失基本同一的标准,也不会导致裁判丧失示范效应。如同医生开出的处方一样,毕竟每一个裁判都是针对独特当事人的具体处置方案,而一类具体的裁判才可以归纳出对一类问题的处置标准。

六、综合性的效应评判

既然裁判从整体到个体有多方面的效应,应该对这些效应进行综合衡量,并且根据公认的价值标准,在众多利弊中权衡取舍,进行价值评价与选择,才能最终确定最优的裁判解释方案。综合权衡的过程,需要先确定案件的相关利益主体,然后分析每一种解释方案对所有利益主体的影响,即一案件涉及哪几方利益,不同的解释方案将导致这些利益发生怎样的变化,哪方利益重、哪方利益轻,权衡利弊,最后选择最优的利益影响方案。这种"利益衡量"的过程,必须建立在效应分析的基础之上,没有前面的工作,此处的综合分析与价值判断容易流于简单化。

下面举两个案例予以说明。一个是日本法学家提出的姘居妻精神损害赔偿案。在日本,一个人有正妻,还有一个姘居妻,其人在交通事故中丧生,正妻和姘居妻均对车主和司机提起赔偿之诉。究竟应不应该对姘居妻予以精神赔偿?法庭和学界有争议。日本有学者认为,姘居妻和正妻都因丈夫丧生遭受精神上的伤害,虽然法律上否认一夫二妻,姘居妻并不是合法的妻子,但其精神上的伤害是客观的,因此应当加以赔偿。我国有学者经过进一步分析,认为日本学者的利益衡量存在片面化的问题。重新进行利益衡量后,得出完全不同的方案。他把姘居妻、正妻、司机、车主及婚姻制度的稳定性、社会整体利益的影响几个方面都考虑到。如果赔偿,会增加姘居妻的利益,但对正妻利益则可能减少、也可能不减少。法律上增加赔偿的整体数额,要不减少正妻的利益给姘居妻,要不就加重司机和车主的损失给姘居妻。给姘居妻赔偿对婚姻制度的稳定显然是一种打击,那么对社会整体利益也是一种打击,因为社会整体利益和婚姻制度的稳定是密切相关的。如果不赔偿,虽然会减少姘居妻的利益,她的精神痛苦无法得到弥补,但是增加了正妻群体的利益,正妻群体不会因为自己丈夫在外有姘居妻而受到利益伤害,甚至会在额外的赔偿中减少利益;对于司机和车主,减轻其赔偿姘居妻的负担,也即增加其利益。不赔偿也增加了婚姻制度的稳定性,这种姘居现象不仅在法律上不合法,而且在赔偿上不予支持,就打击了姘居行为,一定意义上增加了婚姻制度的稳定性。而婚姻制度的稳定性和社会整体利益是密切相关的。由此得出不赔偿的结论。[①]

图示　姘居妻精神赔偿案的综合效应衡量

	姘居妻	正妻	司机与车主	婚姻制度的稳定性	社会整体利益
赔偿	增加	减少	减少	减少	减少
不赔偿	减少	增加	增加	增加	增加

还有一案,建筑商在某居民小区附近建起了一栋建筑,这个建筑大量使用玻璃幕墙,建好后出现了怪异的效果——玻璃幕墙将对面居民楼的生活情景完全反映在玻璃幕墙上,让路上行人都能看到。于是,居民强烈要求建筑商撤掉玻璃幕墙。应当如何来处置这个问题?先确定相关的利益主体。(1) 居民方;(2) 建筑方;(3) 施工方;(4) 普通民众;(5) 社会整体利益。有三种解决方案:第一种判决完全赔偿;第二种判决改造;第三种判决不赔偿。我们依次加以分析:

第一种,判决赔偿,则增加居民利益,减少建筑方和施工方的利益,普通民众在今后不会因为玻璃幕墙受到损害,可能预期的利益也会增加;社会整体利益相应也会增加,因为居民的群体人数相对

[①] 参见梁上上:《利益的层次结构与利益衡量的展开——兼评加藤一郎的利益衡量论》,载《法学研究》2002 年第 1 期,作者对该案有详细的列表分析。

多于建筑方主体。

第二种方案,判决不赔偿,肯定给施工方和建筑方带来利益。但是,建筑物建好后,不知道将来的建筑是否会妨碍本建筑采光或者发生其他影响,不知道其价值是增大还是减少,这样居民的利益肯定减少,社会整体利益肯定也随之减少。因而,不赔偿只增加了施工方和建筑方的利益,其他主体利益均减少。

第三种方案,判决改造,则施工方和建筑方的利益会减少更多;对居民而言,第一种方案要求居民承担忍耐义务,白天经常需要拉上窗帘,家里的采光就大大减少,而采光对人体健康则有很大影响。采用本方案,居民的不便与焦虑就大大减少,其利益显然比第一种方案增加更多。对社会整体利益而言,它发出这样的信号,建筑过程中要考虑对周围群体已有建筑物的影响,这样可以大大减少一个建筑对其他建筑的不当影响,相对第一种方案而言,社会整体利益会增加更多些。第三种方案才是最优化的方案。

图示　玻璃幕墙案的综合效应衡量

	相关居民	建筑方	施工方	普通民众	社会整体利益
赔偿	增加	减少	减少	增加	增加
改造	增加多	减少多	减少多	增加多	增加多
不赔偿	减少	增加	增加	减少	减少

由此我们对司法中的正义标准有了更深的体会:什么是司法中的正义?只有一个案件的解决既能够产生最优的一般效应,又能够产生最优的个案效应,该解决方法才是正义的。

七、效应论点构建的可能结果

因为在规律认识、价值判断等环节的不同工作成果,效应论点的构建有下列几种可能结果:

第一,可以明显地发现某一种解释方案符合特定学科的规律,符合公认的价值,该方案自然胜出。此时获得单一的效应论点。将该论点与其他解释论点结合,就可以判断焦点问题的最终答案。

第二,在规律分析和价值选择上,多个解释方案不相上下,难以判断哪个方案能够产生最佳效应。此时获得多个效应论点。如果其中一个论点获得其他解释论点的支持,就选择该论点作为焦点问题的答案。以上两种为效应解释方法有效的情形。

第三,不能判断解释方案会规律性的导致什么样的结果,人类目前对有关规律与效应的认识不足,或者在多个矛盾的效应中,难以进行价值判断与选择。此时效应解释方法无效,没有效应论点。这种情形发生的可能性较小,但还是有个案发生。例如相邻的两个果园,甲园主为了保护产量,对果树喷洒农药,乙园主是环保主义者,不用农药,结果乙果园的害虫增多,也损害了甲果园的产量。甲园主起诉乙园主,要求承担损害赔偿责任。据学者分析,此案要在经济发展与环保之间进行效应衡量与价值选择,确实非常困难。[①]可算为效应解释方法几乎无效的一个事例。

八、效应论点的存在理由与价值

效应论点的存在理由在于:解释者可以按照立法者的思维规律解决法律问题,效应论点构建者的思维就是立法者的思维。法律是立法者在现实认识、规律认识和价值选择后作出的规范安排。如果一个事项的发生与否都规律性的导致正面价值,该事项将被允许自由作出。这是设定权利的法理原因。如果一个事项的发生规律性的导致正面价值,不发生就规律性导致负面价值,该事项将被要求必须作出。这是设定积极义务的法理原因。如果一个事项的发生规律性的导致负面价值,不发生就规律性导致正面价值,该事项将被禁止作出。这是设定消极义务的法理原因。由此可见,现实认识、规律认识和价值选择是立法者设定权利与义务必须具备的三种

---

① 此案来源于梁慧星教授在湖北省高级法官培训班中的讲演。

思维活动。而裁判解释的分析效应的过程,就是认识案件的环境现实、考察不同解释方案的可能效应,并对该效应的价值加以综合评判的过程。

立法者的思维方式不是立法者的专利,它其实就是人类处理事务时的规范性思维。任何一个人要想在总结现实经验的基础上,规划未来的某个事务,都要经历现实认识、规律认识和价值选择的思维过程。裁判解释者按照立法者的思维构建解释论点并裁判案件,并不表明他们在行使立法权——他们是在针对一个具体的案件"立法",其法定效力只针对该案件的当事人。如果扩张考虑裁判解释行为对于正式立法的意义,那么他们所进行的是立法试验,检验现有法律规范的实践效果,并探索未来的法律规范。如果禁止这种实验,正式立法就没有司法的实践经验可以总结,纠纷也无法得到正当有效的解决。根据前文所述裁判解释的一般原理,在法治的高级阶段,效应解释方法的有效运用,将导致司法机关不再是一个严格意义的"执法者",而是法治未来空间的开拓者。

九、效应论点与其他论点的区别

综上所述,解释者通过各种操作,描述不同的解释方案所产生的社会效应与个案效应,然后权衡各种方案所产生的效应的优劣,再选择能产生最优效应的解释方案,这一过程所使用的解释方法,就称为"效应分析方法",所得到的解释结论就是"效应论点"。关于效应论点与其他论点的区别,关键在于使用的论据。

效应论点和语义论点的区别在于:除了反对违背大众的语言习惯,语义论点不会考察解释的社会效应、经济效应和法治效应,考察这些效应后得到的论点归属效应论点。

效应论点和系统论点的区别在于系统论点不会考察客观的经济、社会和实践的法治效应。而效应论点以实际效应分析为根基。虽然效应论点的构建过程追求良好的法治效果,但是它并不假设现行法律体系是协调完整的。相反,它经常论证现行法律体系存在不足,而追求通过个案中的创造性工作对法律进行完善,从而实际地保障民众权利得到最大程度的实现。

效应论点和意图论点构建时考察的因素也不同。效应论点不考虑立法者实际上或者很可能有怎样的隐含意图。它只考虑立法者从理性的角度考虑,应该如何解决焦点法律问题。并且,该种考虑获得了现实中科学知识最大程度的支持。而意图论点必须唯过去立法者的马首是瞻。无论是主观意图论点还是客观意图论点,都是从历史信息中,而不是从现实的经验科学中寻找立法意图。

效应论点和目的论点的区别在于:效应论点所考察的效应,与客观立法目的有相似之处。但是效应论点不考虑文件制定时的立法目的。虽然效应论点对所分析的种种效应,会进行价值评价,这种评价是站在立法者的角度进行的评价,但是,解释者不需要论证,这种评价是文件制定时的立法者(过去的立法者)会同意的评价。他需要说明的是,这是现在以及将来的立法者应该同意的评价。是否还原并服从过去的立法目的,这是目的论点与效应论点的关键区别。

效应论点和类比论点的区别也很明显:先例、条文和境外法都是前人的制度建设成果,类比论点信任对其所依据的前人成果的理性基础。它不对这一基础进行批判性的分析或者改造。但是效应论点试图更新制度的理性基础,它试图收集最新的经验科学的成果来分析不同的解释方案的理性基础,然后再选择最有价值的方案。这种操作虽然不一定能够成功,但是它和类比解释方法的角度显然不同。

下篇

实验操作
——裁判解释实验体系

在法学家眼中,往往没有法律只有法理;而在许多执法者手中,没有法理只有法律。法律教育的使命,就在于使法律人将法律与法理融为一体[①]。通过裁判解释的实验教学过程,可以促进学习者将法律与法理融会贯通。本篇设计了12项实验项目,构成裁判解释的实验体系。学习者组成实验小组,参照上篇所阐述的原理,将实验项目说明作为指南,合作进行裁判解释实验,不仅可以点点滴滴地验证诸多法律及其理论的正确性与有效性,还会发现法治领域的新问题以及解决的新思路,并且可以进一步通过实验探索性地验证该思路。通过不断努力,逐步达到法律与法理融汇贯通的境界。

---

① 该思想来源于学者邱兴隆的格言:"在法学家眼中没有法律只有法理,在执法者手中没有法理只有法律,法学家的使命就在于将法律的理性变成理性的法律交到执法者手中。"

裁判解释实验设计总说明

法律解释学是关于解决法律问题的一般原理和方法的学科。作为课程,其整体教学目的是培养学生的法律思维,即培养学生判断实际案件的能力。这种能力的培养需要进行理论学习,但主要应该依靠实验教学来进行,因此实验教学是法律解释课程的主要构成部分。

通过组织学生参与多项展示、设计与综合性实验,训练其自主研究法律问题的能力,巩固所学理论知识,加深关于裁判解释与法治的基本原理的理解;使学习者能运用相关理论处理实际问题,掌握判断案件的基本技能。同时,通过实验教学活动,拓宽学生的思维空间,使其具备法律人的合作意识与团队工作能力,并深刻领会法律人的精深修养与崇高使命。

实验教学分成三个层次依次递进:第一层为展示性实验,教师展示典型案例的解决过程,学生参与并体会其中的原理和技术。第二层为综合与设计性实验,学生分组合作,共同寻找并挑选现实中有价值的案例,发现案例所适用的法律规范、确定案件的焦点问题、针对焦点问题收集论据并提出解释方案。第三层为设计性的情景模拟实验,学生组成对抗式模拟法庭,"背靠背"地进行开庭,并按照专门设计的程序得到判决,从而综合性培养面对案件的思维能力和人文素养。

通过完成本书所设计十二个项目组成的系统实验,可以达到三个层次的目标:首先,使实验者了解现实中案件的复杂变化,了解部门法学学习和实践应用的关系,了解法律体系的结构和检索线路。其次,使实验者理解法律解释的真正内涵,理解法律解释对于法治的重大影响,理解法律人素质的构成要素。再次,使实验者掌握针对案件发现法律规范的技术;掌握确定证明结构的技术;掌握确定案件焦点问题的技术;掌握各种法律解释方法的操作技术;掌握针对法律问题的证明和反驳艺术;掌握针对法律问题的沟通艺术。

实验项目之一：典型裁判解释的展示与审议

实验目的

1. 让实验者验证现实中案件的复杂性，了解法律体系的结构和检索线路。

2. 验证裁判解释的必要性及其内涵；理解裁判解释和其他解释类型的关系；验证裁判解释对于法律适用的重要性；理解解决案件过程中"思路"的魅力。

3. 掌握对于案件的直觉判断艺术；掌握直觉判断与经验判断相互关系的处理技术；培养面向他人表达法律意见的胆识。

本实验对于担任审议角色的成员为基础性实验，初步接触判解研究和裁判解释的人士应该进行本实验，并担任审议角色；对于判解研究和裁判解释有一定研究，需要锻炼法律解释意见的展示与说服能力的人士，可以担任本实验的展示角色，本实验对于该角色为综合创新型实验。

实验设备

能够容纳50人以上的会议室或者教室，配备多媒体投影设备和音响设备。获得使用权的 Blackboard 网络教学平台。

实验素材

本实验的展示者可以根据自己的法学专业兴趣，或者根据所在部门法领域确定给特定对象展示的典型判解研究，也可以选择本实验附件作为素材进行实验。

实验操作

环节一：组织准备与初步判断

1. 对一个案件有了系统思考，对焦点问题已经进行梳理，并且作出自信为妥当解释和判决的人士，或者是已经熟悉本实验素材所提供的典型判解研究的人士，担任本实验的展示角色。如果多人参与实验，可以分工确定角色，选择几位人士分别研究本实验提供的素材，并担任展示角色，组织多轮展示和审议。

2. 展示对象是所展示判解研究的审议者。展示者确定展示对象后，对其发布案件，布置阅读所演示案件的事实情节，审议者应初步了解相关部门法学著作对该类型问题的学说，并对该案件进行初步思考。

如果实验者能利用 Blackboard 网络平台，可以通过登录平台，发布、阅读案情和交换信息。该网络平台的使用方法如下：

组织单位获得使用许可权以后，实验成员联系平台管理员进行注册，取得用户名和密码。中南财经政法大学 Blackboard 网络平台初始页面如下：

输入登录用户名和密码后的页面:

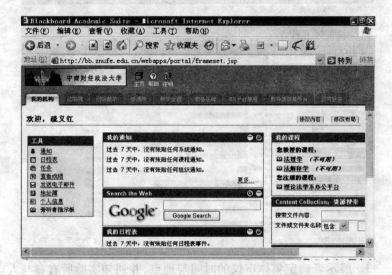

选择"法解释学"课堂后的页面:

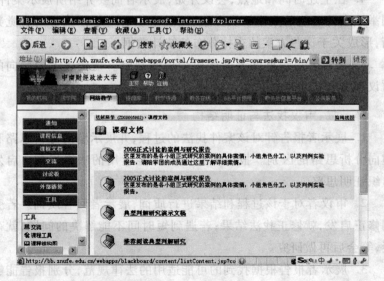

选择讨论版后的页面:

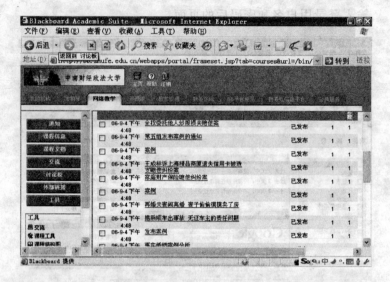

3. 展示者确定集体审议的时间与地点,并通知实验所有参与人。

4. 在上述时间和地点,会议开始,展示者简要介绍所展示案件。列举该案件可能的集中解决方案,调查审议者对于该案件的直觉判断,形成关于这些方案的支持分布的统计数据。

5. 展示者组织审议者进行初步理性判断。请代表不同倾向的审议者发表初步理由并发言。

环节二:审议找法与证明结构

1. 展示者报告针对该案件找法的过程,并展示顺向分析思路和逆向分析思路的区别。报告所找到的可能适用的法律规范。启发组织证明思路。

2. 审议者对于该过程和结果进行质询,展示者回答质询。若受到修正启发,就修正找法结果;若遇到短时间不能解决的问题,就存疑,等会后再做研究。

3. 展示者报告根据找到的可能适用的法律规范,分别报告能够使该案件诉讼双方的请求权成立的可能的证明结构。

4. 审议者对该过程和结果进行质询,展示者回答质询。质询结果的处理同前。

环节三:审议法律模糊、漏洞以及焦点问题

1. 展示者报告根据该证明结构所发现的法律模糊与法律漏洞,清晰并规范地表达每一个法律模糊与法律漏洞,并对该法律模糊与法律漏洞在法理上的类型进行判断,陈述该模糊与漏洞产生的原因。

2. 审议者对于该过程和结果进行质询,展示者回答质询。质询结果的处理同前。

3. 展示者报告所有法律模糊与法律漏洞之间的关联性,分析对于法律模糊与漏洞的化简方案,然后报告化简后所出现的焦点法律问题。

4. 审议者对于该过程和结果进行质询,展示者回答质询。质询结果的处理同前。

环节四:审议法律解释

1. 展示者对第一个焦点问题运用语义解释方法进行操作,寻找解释论据,构建语义论点,如果发现语义解释方法对于该问题的解决无效,说明无效的理由,如果有效,说明语义论点的效力高低。

2. 审议者对于该过程和结果进行质询,展示者回答质询。质询结果的处理同前。

3. 展示者对第一个焦点问题运用系统解释方法进行操作,寻找解释论据,构建系统论点,如果发现系统解释方法对于该问题的解决无效,说明无效的理由,如果有效,说明系统论点的效力高低。

4. 审议者对于该过程和结果进行质询,展示者回答质询。质询结果的处理同前。

5. 展示者对第一个焦点问题运用目的解释方法进行操作,寻找解释论据,构建目的论点,如果发现目的解释方法对于该问题的解决无效,说明无效的理由,如果有效,说明目的论点的效力高低。

6. 审议者对该过程和结果进行质询,展示者回答质询。质询结果的处理同前。

7. 展示者对第一个焦点问题运用意图解释方法进行操作,寻找解释论据,构建意图论点,如果发现意图解释方法对于该问题的解决无效,说明无效的理由,如果有效,说明意图论点的效力高低。

8. 审议者对于该过程和结果进行质询,展示者回答质询。质询结果的处理同前。

9. 展示者对第一个焦点问题运用类比解释方法进行操作,寻找解释论据,构建类比论点,如果发现类比解释方法对于该问题的解决无效,说明无效的理由,如果有效,说明类比论点的效力高低。

10. 审议者对于该过程和结果进行质询,展示者回答质询。质询结果的处理同前。

11. 展示者对第一个焦点问题运用效应解释方法进行操作,寻找解释论据,构建效应论点,如果发现效应解释方法对于该问题的解决无效,说明无效的理由,如果有效,说明效应论点的效力高低。

12. 审议者对于该过程和结果进行质询,展示者回答质询。质询结果的处理同前。

13. 展示者对第一个焦点问题运用多种解释方法进行操作的结果进行汇总,如果发现论点之间存在矛盾,确定矛盾的解决方案。

14. 审议者对该过程和结果进行质询,展示者回答质询。质询结果的处理同前。

15. 继续展示对其他焦点问题的解释,以供审议,直到所有问题审议完毕。

16. 展示者回顾总体分析问题和解决问题的过程,根据解释结果拟定一个清晰证明结构,宣布该案件的最佳解决方案,并作出判决。

17. 审议者对于该过程和结果进行质询,展示者回答质询。质询结果的处理同前。

环节五:比较与总结

1. 展示者分析理性判决与实验开始环节的初步判断的暗合与差异,并请审议者比较最初直觉判断与现判决的差异,请几位代表分析原因。

2. 展示者回避,委托一位审议者做主持,按照举手表决的方式,调查审议者对判决的接受程度,并进行统计。

3. 展示者报告从审议中得到的启发,审议者报告从展示中得到的启发。若时间充分,展示者与审议者自由交流心得感受,如果有网络支持,典型判解研究展示完成后,所有成员在 BB 平台上总结交流自己的观察感受。

实验提示

审议者虽然初步接触裁判解释与判解研究,在本实验中表面看起来像是"观众",但实质上,本实验是展示者与审议者相互寻求支持与启发的过程,因此审议者对于展示者的配合与尊重对于实验效果至关重要,因此审议者应积极参与互动,大胆发言,清晰并有条理地表达思想和感受。展示者也注意发现审议者的思想火花在自己的思维空间中点亮的领域。如此合作,才会产生"英雄所见略同"的效应。

如果是复杂案件,本实验所需要时间较长,展示者注意安排中间休息。

附件 本实验备用素材

乘客安全请求权的多种证明途径
——关于"保护乘客案"[①]的判解研究

一、案情介绍

原告:张保华,女,1970 年出生。

[①] 案例原型:阮保珠诉东莞市一通客运有限公司赔偿案。见《人民日报·华南新闻》(2000 年 3 月 17 日第 4 版)报道:《首例乘客状告客运公司人身损害赔偿案作出判决》。本处补充事实关键细节,因此使用化名。

被告：广东顺通客运有限公司。

概要：

原告乘坐被告的客车，途中被小偷伤害，被告当时没有报警。原告认为被告违反法定义务，侵犯了自身权益，请求赔偿，被告认为自己不应当对此负责。

本次认定的详细案情

原告诉称：

原告于1999年10月25日向A市初审法院诉称：

1999年10月2日中午12时至13时之间，我由广东省东莞大朗镇豪华酒店门口乘坐被告开设的莞城至谢岗的专线公共汽车（车牌号粤S04*60），上车购票3元，目的地是黄江镇。

上车后，我坐在车后第二排。途中，有两名小偷用刀片划破我的裤袋欲偷窃，我发觉后即斥责小偷，他们反而辱骂我，叫道："你嚷什么，老实点，否则修理你！"并打了我一耳光，我与他们理论，并大声呼喊其他人抓住这两个小偷，而车内其他人均对此毫无行动。

情急中，我对司机和乘务员喊："你们也帮一下吧！"他们看着我被小偷欺侮，没有丝毫反应。在车经过大朗与黄江交界处时，我发现前方有一个报警亭，就喊他们在报警亭停车，但他们也没有停车。而两个小偷对我拳打脚踢。

当车至黄江镇江海城路段时，我跑到车门前要求司机停车，两名小偷又从车后冲上来殴打我，车停后，我即时下车，并于当日下午1时许到黄江镇黄江派出所报案。

我10月2日到黄江镇黄江医药公司江海城药店购买了一些药品和医药用具，花费102元；10月6日至16日到东莞市黄江医院门诊部就诊，共花费医药费546元。黄江医院于10月6日作出"全身多处软组织挫伤"的诊断，10月9日作出建议继续全休10天的病假证明书；我在来往黄江至莞城处理该事中一共花费交通费192元。

事件发生后，我曾多次找被告就赔偿问题进行协商，均无法达成协议。

我作为被告的消费者,根据我国《消费者权益保护法》的规定,被告应该保证我的安全,但被告不仅没有保证,在我受到不法侵害时,还违反合同法的规定,不履行任何救助义务,甚至拒绝报警,致使小偷逃逸,我身体受伤,精神上也受到巨大伤害。

因此要求法院判令被告:1. 赔偿原告医疗费,车费及误工费共1218元;2. 赔偿原告精神损失费6万元;3. 承担本案诉讼费。

被告辩称:

被告辩称:我方的公共汽车司机是女同志,乘务员是男同志,在原告要求司机报警时,两名罪犯恶狠狠地威胁我方司机:"你不要多事,否则你不得好下场!!"我方乘务员只说了一句:"你们别闹了。"就被罪犯打了一巴掌。我方也受到了罪犯的暴力威胁,所以没有停车。

行车至黄江车站,两名小偷自行下车离去。我方两名工作人员也不可能将他们抓住。司机将乘客运至谢岗站后,于当日2时许折返到黄江派出所报案,已经尽了义务。

原告的伤害是罪犯所致,与我方无关。请求法院驳回原告要求。

初审判决:

初审法院对双方陈述的事实查证属实,认为:原告乘坐被告的公共汽车,并交付了3元车票款,双方已形成了客运合同,对该合同双方应严格信守履行。

被告是一家从事客运服务的股份制有限责任公司,其在为客人提供服务时,有法定的义务救助有危难的乘客。在乘客的人身安全受到威胁时,应予采取积极的保护措施(如迅速报警或救助等)。

但原告在乘坐被告方的公共汽车时遭受两名小偷的殴打,而被告的司乘人员发现后未采取积极的保护措施,亦不履行救助义务,其行为违反我国合同法关于当事人履行义务应当尊重社会公德的规定和客运合同中乘运人的责任，使原告的身体受到伤害，被告对此应承担相应的责任。

因原告所受的人身损害是两名小偷殴打所致，两名小偷应承担赔偿责任；被告不积极履行法定的救助义务行为，客观上助长了两名小偷故意伤害原告。原告的受伤害与被告的违约责任亦有关联。鉴于被告在客运途中对发生的暴力事件是救助责任。故被告应依其过错程度赔偿原告直接经济损失的三成。

原告身体受到伤害造成的直接经济损失包括医疗费、交通费、误工费。由于原告未能提供其受伤前的工资情况证据，故误工费以A市月平均工资620元为依据，按原告受伤的实际情况及医院的诊断证明，原告治疗及休息时间共18日，误工费为378元；交通费有单据的为192元；有医院开出的收据的医疗费为546元，合计为1116元。

原告提供在药店自行购买的药品及用具的102元单据，由于无医院的证明及其他直接证据证明用于其疗伤，故法院不予认定。

原告认为其在接受被告方服务过程中，人身受到伤害，依据《广东省实施〈中华人民共和国消费者权益保护法〉办法》第31条的规定，被告方应赔偿其精神损失费6万元。

本院认为，原告身体受到伤害是两名小偷所致，并非被告方所为，被告未采取救助的行为，并未违反《广东省实施〈中华人民共和国消费者权益保护法〉办法》第31条："经营者以暴力或其他方法公然侮辱或捏造事实诽谤消费者，搜查消费者的身体及其携带物品，侵害消费者的人格尊严或者侵犯消费者人身自由的，应当停止侵害。恢复名誉，消除影响，赔礼道歉，并给予5万元以上的精神赔偿。"为此，原告的该项请求，缺乏事实和法律的依据，本院不予支持。

为了宏扬社会风尚，维护社会正义，依照《中华人民共和国合同法》第7条、第293条、第301条、第302条的规定，判决：

1. 限被告于判决发生法律效力之日起3日内赔偿原告医疗费、交通费、误工费1116元的30%，即335元。

2. 驳回原告的其他诉讼请求。本案诉讼费用50元，由被告负担。

双方上诉：

判决后，原告与被告皆不服诉讼，提起上诉。

原告认为：根据我国《消费者权益保护法》有关规定和《合同法》第302条，被告应该赔偿我全部损失，而不是部分损失。另外，在该条运输路线上已经不止一次发生盗窃事件。原告作为一个客运公司，根据《合同法》，对旅客有救助义务，应该采取相关措施增加对旅客的救助能力，被告方工作人员贪生怕死，拒绝履行法定义务，致使罪犯逃逸，对我方的损失有重大过错，因此应该赔偿全部物质损失，并适当赔偿精神损失。

被告认为：初审法院将小偷应该承当的责任让我方承担，这不仅没有法律根据，而且不公平。要求我方女性工作人员冒生命危险停车报警，这是不切实际的。我方工作人员也不可能和凶悍的罪犯作斗争，何况车上那么多人都不敢动。所以法院不能要求我方工作人员履行与罪犯作斗争的"见义勇为"的道德义务，否则就将道德法律化了。我方作为客运公司不可能去设计如何对付罪犯，否则就成了警察部门了。法院这样判决将给所有客运公司增加承重的负担和不公平的待遇。请判决撤销原判，判决我方不承担任何责任。

二、中心法律问题

被告是否应赔偿原告医疗费、误工费、车费及精神损失费以及本案诉讼费？

三、不同的处理意见

1. 不赔偿；

2. 全部赔偿；

3. 赔偿一部分，比如30%；

四、找法后发现的可能适用的法律规范

（一）《中华人民共和国民法通则》

1. 关于合同的相关内容被合同法具体化

2. 第106条　公民、法人违反合同或者不履行其他义务的，应当承担民事责任。

公民、法人由于过错侵害国家的、集体的财产，侵害他人财产、人身的，应当承担民事责任。

没有过错，但法律规定应当承担民事责任的，应当承担民事责任。

3. 第130条　二人以上共同侵权造成他人损害的，应当承担连带责任。

4. 第119条　侵害公民身体造成伤害的，应当赔偿医疗费、因误工减少的收入、残废者生活补助费等费用；造成死亡的，并应当支付丧葬费、死者生前扶养的人必要的生活费等费用。

5. 第123条　从事高空、高压、易燃、易爆、剧毒、放射性、高速运输工具等对周围环境有高度危险的作业造成他人损害的，应当承担民事责任；如果能够证明损害是由受害人故意造成的，不承担民事责任。

（二）《中华人民共和国合同法》

1. 第107条　当事人一方不履行合同义务或者履行合同义务不符合约定的，应当承担继续履行、采取补救措施或者赔偿损失等违约责任。

2. 第117条　因不可抗力不能履行合同的，根据不可抗力的影响，部分或者全部免除责任，但法律另有规定的除外。当事人迟延履行后发生不可抗力的，不能免除责任。

本法所称不可抗力，是指不能预见、不能避免并不能克服的客观情况。

3. 第121条　当事人一方因第三人的原因造成违约的，应当向

对方承担违约责任。当事人一方和第三人之间的纠纷,依照法律规定或者按照约定解决。

4. 第 290 条　承运人应当在约定期间或者合理期间内将旅客、货物安全运输到约定地点。

5. 第 301 条　承运人在运输过程中,应当尽力救助患有急病、分娩、遇险的旅客。

6. 第 302 条　承运人应当对运输过程中旅客的伤亡承担损害赔偿责任,但伤亡是旅客自身健康原因造成的或者承运人证明伤亡是旅客故意、重大过失造成的除外。

前款规定适用于按照规定免票、持优待票或者经承运人许可搭乘的无票旅客。

7. 第 303 条　在运输过程中旅客自带物品毁损、灭失,承运人有过错的,应当承担损害赔偿责任。

旅客托运的行李毁损、灭失的,适用货物运输的有关规定。

(三)《中华人民共和国消费者权益保护法》

第 7 条　消费者在购买、使用商品和接受服务时享有人身、财产安全不受损害的权利。

消费者有权要求经营者提供的商品和服务,符合保障人身、财产安全的要求。

(四)《广东省实施〈中华人民共和国消费者权益保护法〉办法》

第 31 条　经营者以暴力或其他方法公然侮辱或捏造事实诽谤消费者,搜查消费者的身体及其携带物品,侵害消费者的人格尊严或者侵犯消费者人身自由的,应当停止侵害,恢复名誉,消除影响,赔礼道歉,并给予 5 万元以上的精神赔偿。

五、原告请求权可能的证明结构

组合分析上述法律规范,原告物质损害请求权可能的证明途径有五种选择:

1. 承运人直接赔偿责任:根据我国《合同法》第 302 条,请求权成立要求两个要件同时成立:(1)损失属于运输过程中旅客的伤亡;(2)旅客对伤亡发生没有故意与重大过失。

2. 承运人违约责任:根据我国《合同法》第107条、第209条、第301条,请求权成立要求三个要件同时成立:(1)合同一方有特定义务;(2)没有履行该义务;(3)造成另一方损失。

3. 第三人导致承运人违约责任:根据我国《合同法》第107条、第209条、第301条、第121条,请求权成立要求四个要件同时成立:(1)有特定义务;(2)没有履行;(3)造成损失;(4)第三人导致违约。

4. 侵权损害赔偿责任:根据我国《民法通则》第106条,请求权成立要求三个要件同时成立:(1)原告特定权益发生损失;(2)被告行为导致损失发生;(3)被告有过错。

5. 共同侵权损害赔偿责任:根据我国《民法通则》第106条、第130条,请求权成立要求三个要件同时成立:(1)原告特定权益发生损失;(2)被告与第三人有共同侵权行为导致损失发生;(3)被告有过错。

六、焦点问题

1. 原告的损失是否属于"运输过程中旅客的伤亡"?
2. 原告对自己受到伤害是否有"重大过失"?
3. 原告当时是否是"遇险的旅客"?
4. 承运人是否有充分救助和及时报警义务?
5. 承运人是否"违约"?
6. 承运人违约行为与损害结果之间是否有因果关系("造成损失")?
7. 承运人是否有保障旅客安全义务?
8. 承运人是否是"因为第三人行为导致违约"?

七、各种证明结构分析

(一)第一种证明结构分析

承运人直接赔偿责任:根据我国《合同法》第302条,其请求权基础包括两个要件:"损失属于运输过程中旅客的伤亡"并且"旅客没有故意与重大过失"。下面依次分析其是否成立。

1. 原告的损失是否属于"运输过程中旅客的伤亡"?

对"伤亡"作语义解释,考察该词的使用习惯,可知习惯中理解"伤亡"指"受伤或死亡",并非"受伤并且死亡"。因此原告的损失属于"运输过程中旅客的伤亡"。

2. 原告对自己受到伤害是否有故意或者重大过失?

不讨论"故意"。原告对自己受到伤害是否有"重大过失"? 这是法律上的较大模糊或白地型漏洞。对"重大过失"进行语义解释:习惯理解中,原告有"重大过失"吗? 要从普通居民的角度判断,在当时场景下,原告是否应当斥责小偷? 原告是否应当要求报警? 答案是肯定的,我们不能苛求原告此时不生气。因此原告没有"重大过失"。

3. 对被告抗辩的分析:承运人没有过错,也要承担赔偿责任?

为此需要对法律做系统解释。综合考察我国《消费者权益保护法》第7条,《合同法》第290、301、302和303条等法律规范,立法者给承运人规定了严格的安全运输义务。承运人不仅要创造条件将旅客安全运输到目的地,而且对于遭受外来危险的旅客都要尽力救助。对于旅客的人身与财产的损害,分别明确规定了赔偿条件,而财产损害的赔偿条件比人身损害的赔偿条件要严格得多。从我国《合同法》第301条、第302条上下文的整体含义来看,承运人对运输过程中旅客的伤亡,即使没有过错也应当赔偿,除非伤亡是旅客自身健康原因造成的,或者承运人证明伤亡是旅客故意、重大过失造成的。

(二) 第二种证明结构分析

承运人违约责任:根据我国《合同法》第107条、第209条、第301条,请求权基础要求三个要件同时成立:(1) 合同一方有特定义务;(2) 没有履行该义务;(3) 造成另一方损失。下面依次分析其是否成立。

1. 原告当时是否是"遇险的旅客"？

对"遇险"进行语义解释：根据现实中该概念的通常用法，就是"遇到危险"之意。原告人身与财产正受到两名小偷侵犯，显然是"遇到危险"。试图限缩"遇险"者，必须根据效应分析方法构建确实的理由，否则不能随意限缩立法者所使用概念的普通含义。

2. 承运人是否违反"尽力救助义务"从而违约？

根据我国《合同法》第301条，承运人有尽力救助义务。违约就是违反合同中的义务。承运人是否尽力救助？此地就包含充分救助和及时报警。充分救助并不意味着被告工作人员必须保护好原告，也不可以要求工作人员与罪犯进行殊死搏斗。此地需要对"尽力救助"进行习惯语义解释和社会学解释。需要考察的是，工作人员的行为是周全的吗？当时有没有其他更好的方法？仔细分析当时情形，按照普通人的标准，设想可行的救助与报警方案，可知被告工作人员可以用适当语言劝解、安抚、隔离与保护原告，可以用巧妙的语言尽量制止和稳住小偷，可以动员其他乘客暂时平息事态，也可以悄悄报警，或者让原告先下去报警，或者直接将汽车开到派出所旁。这些方法对工作人员没有很大风险，言行得当一定有效。可惜被告工作人员没有采取这些措施，只是采取简单的语言制止小偷行凶，没有取得应有效果。因此可以判定：被告工作人员当时处理危机的行为不当。其行为不属于"尽力救助"。被告以工作人员能力局限作为抗辩，而工作人员能力局限是承运人培训不足，甚至是工作安排不当，对于长途客运，不能安排女性承担司乘或驾驶任务。承运人没有完成"尽力救助义务"从而构成违约。

3. 承运人违约行为与损害结果之间是否有因果关系（即"造成损失"）？

分析因果关系需要对两个事物的相关性进行判定。运用语义解释方法，根据现实中大量案件的归纳性描述，并参考现有法学理论可知,高度相关就是有因果关系。而此处需要分析不作为的行为和作为的行为对一个结果的作用力。通常情况下,要求一个行为消除作为者的伤害作用,而这个行为没有发生,人们就会认为这个行为没发生也是该伤害出现的原因。因此小偷的作为是伤害发生的积极原因,而承运人的不作为是伤害发生的消极原因,违约行为与损害结果之间存在因果关系。

(三)第三种证明结构分析

第三人导致承运人违约责任:根据我国《合同法》第107条、第209条、第301条、第121条,请求权基础要求四个要件同时成立:(1)有特定义务;(2)没有履行;(3)造成损失;(4)第三人导致违约。下面依次分析其是否成立。

1. 承运人是否有保障旅客安全义务?

根据前文所引用我国《消费者权益保护法》第7条、《合同法》第290、第301条可知,承运人是否有保障旅客安全的义务。

2. 承运人是否是因为第三人行为导致违约?

承运人需要保障消费者安全,第三人行为的确侵害了消费者的安全权利,致使承运人义务没有实现。对"导致"概念进行语义解释,可知这确实是"第三人行为导致违约"的情形。第三人侵害债权的后果,法律有明确规定:

我国《合同法》第121条规定,当事人一方因第三人的原因造成违约的,应当向对方承担违约责任。当事人一方和第三人之间的纠纷,依照法律规定或者按照约定解决。

考察立法时的社会背景,可以对这种安排进行目的解释。立法者如此规定的目的,在于保护债权的充分实现,在旅客运输合同中,是强制要求承运人采取充分措施保护旅客安全。上述解释方案也正符合立法目的。

在类比实践中的同类型案件进行类比解释:一乘客乘车途中被飞来的砖头砸破车窗,并受到伤害,法院判决承运人首先承担赔偿责任。还可以参考其他类似案件。类比解释的结果也印证上述解释方案。

再进行经济效应分析：被告承担的实质是风险责任，被告自然可以向作为的侵权人追偿。承担风险可能出现两种结果：追偿成功或者不成功。承担风险后的不同结果不能说是不公平，否则风险没有承担主体，并不能进行有效管理。而被告承担的风险可以通过商业投保的方法进行分散管理。因此这种解决方案的经济效应最好。

再进一步进行社会效应分析：分析纠纷发生原因，可知该案发生的背景：客车容易受侵犯，发生令人发指的犯罪，又存在令人十分遗憾的观众冷漠，被害人受害极大，其感受和期望与现实差距太大。

如何预防此类纠纷？必须依靠群体力量和群体防卫。目前承运人行为与公众期望以及法律要求的反差很大，急需改善。为此承运人需要和警察进行充分合作，承运人应寻找周全的处理方案，组织旅客群体防卫和报警，从而最大程度保护旅客安全。

对被告抗辩的分析：被告以职工的能力局限作为抗辩理由，但应理解的是职工的行为代表承运人的行为，职工的过错代表承运人的过错，职工的能力局限因为承运人安排不当。其次，即使被告没有过错，根据前面的法律分析，承运人也要承担赔偿责任。

（四）第四种与第五种证明结构

实验者中的展示角色根据前面三种结构的示范，组织对第四与第五中结构的展开说明。如果实验时间限制，可以选择五种结构中若干种进行展开说明。

八、分析结论

综上所述，原告请求权成立有五种可能的证明途径，其中至少三种途径在本案中都成立，因此选择其中一种证明过程可以判定，原告的物质损害请求权成立。参照我国《民法通则》第119条：侵害公民身体造成伤害的，应当赔偿医疗费、因误工减少的收入、残废者生活补助费等费用。被告应该全额赔偿原告受到伤害后的医疗费与误工费。

关于精神损害赔偿的分析,赞同初审法院意见。

对初审法院处理的分析:

初审法院认为:"因原告所受的人身损害是两名小偷殴打所致,两名小偷应承担赔偿责任;被告不积极履行法定的救助义务行为,客观上助长了两名小偷故意伤害原告。原告的受伤害与被告的违约责任亦有关联。鉴于被告在客运途中对发生的暴力事件是救助责任,故被告应依其过错程度赔偿原告直接经济损失的三成。"该判决大大减轻了承运人责任,在法律适用上大幅度限缩了《合同法》302条的法律效果,并且没有进行说明与论证,这不符合依法审判的原则。

初审法院判决的证明结构不明,隐约在按照共同侵权的责任分摊规则进行推理,但又没有采用"共同侵权者互负连带责任"的规则,这在法律推理逻辑上,存在明显错误。初审法院实际上创造了一个大前提:"不救助第三人伤害乘客的承运人承担三成责任。"这个大前提在法律体系中不存在,而法庭又没有进行论证,也没有说明该前提与现有法律的关系。总体判决产生的是双方都让步的"和稀泥"效果。

九、总结与启发

上述分析可以带来几点启发:首先,裁判中不要忽略任何法律条文,并且要重视法律推理的逻辑。其次,法院无需顾忌社团的政治压力,若甘于消极应付,对法律的权威会产生严重危害。针对有实力的主体必须重申法律的规定,法律对现实中的较多不当行为的否定,只有依靠执法者的敬业来实现。

本案就体现了旅客群体对法院的信任,法院应依法明确承运人的适当义务,重申法律的目的与本意,消除承运人的顾虑,促进其积极遵守法律,改进工作,使本案判决产生诉讼双方和社会都满意的效应。司法是正义的最后保障,如果司法没有威望,法律肯定没有威望,正义也就没有保障。

实验项目之二：选择案件与确定案件事实

实验目的

1. 验证案件中事实问题和法律问题的关系原理；理解众多案件之间的区别与联系；掌握案例检索方案的设计方法；掌握运用专用网络软件检索案件的方法。

2. 掌握案例的比较方法与典型案例的选择方法。

3. 掌握案件事实的补充方法；掌握证据方案的设计与审查的初步方法。

4. 掌握法律人初步的沟通技术。

实验设备

电脑、blackboard 网络平台、已经获得登录许可的北大法意网、可供 12 人讨论的实验室一间。

实验素材

本实验素材由实验者确定。

实验操作

环节一：组织与收集案例

1. 本实验需要 10 名成员共同完成，请初始组织者挑选成员成立实验小组，确定实验计划，交换联系方式，并确定一名组长从事组织与联络工作。

2. 小组每个成员在实验计划确定的时间范围内，登陆北大法意

网,收集五个以上适合研究的案例;

获得使用许可权以后,登陆北大法意网的初始页面如下:

点击"法院案例"按钮后的页面:

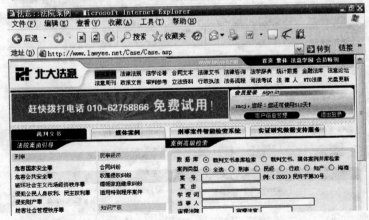

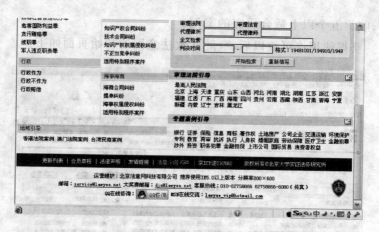

根据实验者的兴趣,确定搜索关键词。例如确定学理词="环境保护";案例类型选择"行政"、判决时间="20060101—20080101"、输入并回车后的页面:

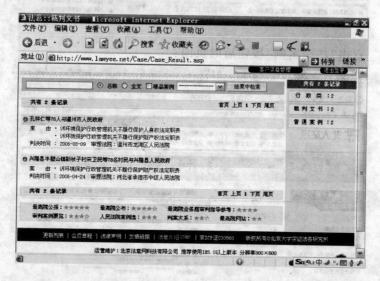

下载案例。点击页面中系统搜索到的案件目录,就可以浏览裁判文书全文,此时请对所看到的文书的研究价值作出判断。如果该案例适合于集体研究,所包含的法律问题需要进一步讨论,就将其作为备选案例之一。点击"文件"菜单中的"另存为"按钮,或者单击鼠标右键选择"复制"按钮,再将复制内容粘贴到 word 文档中,就可以下载该案件裁判文书全文。重复上述操作,每名实验成员至少应选择五个备选案例。

3. 挑选一个案例发布到网络平台。实验成员对五个备选案例进行比较,分别从对法律发展的意义、对普法的意义、时代性、新颖性、所代表的普遍问题、体现的法理要点等方面判别其可研究价值,从中选择一个研究价值最高的案例发布到 Blackboard 网络平台。发布方法如下:

登陆平台,选择讨论版后的页面:

点击论坛名称,打开论坛后,就可以发布所推荐的案例,或阅读其他成员推荐的案例。

如果没有网络平台或者替代网络条件的实验者,就需要每人将所推荐的案例材料提前分发给其他成员以供阅读。

4. 通知阅读与确定会议时间地点。组长通知每名成员在规定时间内登录网络平台,完成发布案例任务;并在规定时间内阅读其他成员推荐的案例,为审议会议做准备。组长确认所有成员完成准备后,确定审议会议时间与地点并通知成员。

环节二:选择典型案例

1. 小组第一次会议,组长作为主持人。

2. 实验成员对十个备选案例进行比较,分别从对法律发展的意义、对普法的意义、时代性、新颖性、所代表的普遍问题、体现的法理要点等方面判别其可研究价值,每个成员发表自己的选择意见和选择理由。

3. 充分讨论后,表决挑选案例;小组成员通过举手表决,按照少数服从多数的原则,挑选出一个准备重点研究的案例。

4. 确定本案例角色分工。通过自愿选择或者抽签决定的方式,所有小组成员选择担任的角色,分别组成原告(或检方)律师组(三人)、被告律师组(三人)、法官组(四人)。

5. 法官组提示双方审查所选择案件材料中的事实表述,准备提出需要补充的事实,并发布证据方案的要求。

证据方案就是通过证据证明特定事实的方案,内容包括证据种类、搜集方式、所反映信息、证明力说明等。

6. 确定第二次会议时间地点。

环节三:确定案件事实

1. 按约定时间地点,小组召开第二次会议。法官组中一人担任主持人,主持审议程序,维护审议规则,主持人不参与表决。

2. 原告律师组(或检方)提出案件材料中本方认为应该补充的事实,一一列出,并提交关于该事实的证据方案。

3. 审查证据方案,被告律师组(或辩方)提出关于该补充事实以及证据方案的答辩意见。

4. 法官组发表审议意见,并表决是否同意补充该事实。

5. 被告律师组(或辩方)提出本方认为应该补充的事实,一一列出,并提交关于该事实的证据方案。

6. 原告律师组(或检方)答辩。

7. 法官组发表审议意见,并表决是否同意补充该事实。

8. 在律师组补充事实程序进行完毕后,如果法官组成员认为需要补充特定事实,提出该事实及其证据方案,征询双方意见,然后表决确定该事实。

9. 法官组将所有补充事实与原案件事实进行汇总,精确表达更新后的案件事实,并获得双方的确认。

实验说明

对于处于司法实践中的法官,案件与案件事实没有自主选择的自由,但是可以运用本实验从所接触的大量案件中,挑选有利于提升自身裁判解释和判解研究水平的案件,组织同事或好友进行实验,并且为后面的系列实验做好充分的准备。另外,本实验中关于提交和审议证据方案的程序对于司法中解决事实问题,收集、交换和审查证据也有借鉴价值。

实验提示

比较案例是一件有趣的事情,它看似简单,却有很多讲究。初次接触案例的实验者只能凭直觉进行比较和挑选,所选择的案例相对简单,但同时也适应这时实验者的研究水平。随着比较次数增多,实验者经验越来越丰富,所挑选案例的研究难度会不断增大,实验者也会乐于迎接挑战,同时也会发现真实的案件之间复杂的区别和联系,对于法、对于法治将有全新的感悟。这种收益,是单纯阅读和记诵教科书所不能得到的吧!

实验项目之三：发现适用的法律规范与证明结构

实验目的

1. 验证解决法律问题的逻辑结构原理；掌握解决法律问题的历史方法与要件方法。

2. 验证法律部门划分原理；熟悉《中国法律法规大全》的检索结构；掌握法律法规的检索方法；掌握法律规范与案件事实相关性的判断方法；掌握法律推理和裁判中证明结构的构建技术。

3. 进一步培养法律人的沟通与寻求共识的技术。

实验设备

电脑、网络、已经获得登录许可的北大法意网、可供12人讨论的实验室一间。

实验素材

完成前面实验项目的小组可以直接选择所确定的案件作为实验素材进行本实验。单独进行本实验的小组可以根据附件所提供的案件与分析资料进行实验。

实验操作

环节一：组织与准备

完成前面实验项目的小组可以直接按照原角色分工进行本实验。如果单独进行本实验，需要组织十名有法律知识的人士参与，其中原告律师组三人、被告律师组三人、法官组四人。请初始组织者挑选成员成立实验小组,确定实验计划,交换联系方式,并确定一名组长从事组织与联络工作。

环节二:按时间顺序检索

原告(或检方)律师组、被告律师组、法官组分别按照下列程序,独立的查阅法规汇编和相关资料,确定判断本案所需要的法律规范:

1. 确定检索关键词与检索方案。根据案件中事实发生的顺序,针对描述事实的词汇,思考在法律中可能使用的概念,将这些概念顺序编制检索成关键词,确定关键词之间的关系,形成检索方案。

2. 登录北大法意网,点击"法律法规"页面,出现如下页面:

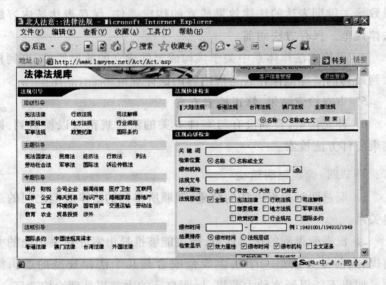

3. 按照检索方案,依次输入关键词检索。

4. 判断相关性与保存法律规范。对于检索到的法律规范,判断其中蕴含的法律效果是否对本案当事人所主张的法律效果产生支持、否定或者限制作用,如果能够产生上述三种作用中的任何一种,该法律规范就是本案可能适用的法律规范,保存该规范以及所属法律文件的名称、制定主体和时间。

5. 审查检索结果,修正检索方案。

6. 补充检索。检索方法与保存方法同前。直到没有与案件有关的法律规范可以检索到,即结束历史方法检索。

环节三:按构成要件检索

1. 确定检索关键词与检索方案。对于原告或检方的诉求进行分析,确定一系列关于该诉求所指法律效果的关键词,确定关键词之间的关系,形成检索方案。

2. 登陆北大法意网,点击"法律法规"页面,出现页面同前。

3. 按照检索方案检索。依次输入关键词,检索法律体系中能够导致该关键词表达的法律效果成立的构成要件,保存表达该内容的法律规范。保存方法同前。

4. 再检索法律体系中关于该构成要件成立的前提要件,直到检索到最初的要件。保存表达该内容的法律规范。

5. 审查检索结果,修正检索方案

6. 补充检索,直到没有与案件有关的法律规范可以检索到,即结束要件方法检索。

环节四:确定证明结构

1. 汇总两种检索方法的结果,理顺所得到的法律规范之间的逻辑关系。

2. 根据所得到的法律规范,确定能够推导出案件判决结论的大前提,大前提必须是一个法律规范或者是几个法律规范的逻辑组合。如果不能得到这种大前提,标明自己的大前提是理论构造。

3. 根据所得到的法律规范和大前提,确定法律推理的小前提,小前提必须是关于案件事实和大前提的构成要件之间关系的判断,可以是简单判断,也可以是复合判断。

4. 如果得到的大前提是理论构造的结果,确定法律体系中,哪些法律规范可以支撑该大前提。

5. 如果案件有多种证明途径,就有多种证明结构,列出每种证明结构。

环节五:形成内部共识与交换报告
1. 原告律师组、被告律师组与法官组分别召集内部会议。
2. 成员分别报告找法结果,审议找法结果,对于不相关的法律规范予以剔除,必要时可以通过表决,确定本方认定的可能适用的法律规范。
3. 成员分别报告证明结构,审议与确定本方认定的证明结构。
4. 各角色组分别写作总结报告,报告本方确定可以适用的法律规范以及裁判的证明结构,实验报告根据交换的人数复印若干份。
5. 原告律师组、被告律师组与法官组分别交换报告。
6. 分别阅读报告后,组长可以召集会议交流心得体会。

实验说明

发现法律规范与证明结构需要实验者对于法律有一定的了解,这些了解构成实验者对于案件与法律体系意义的"前理解",该信息内容对于实验者设计检索方案有较大影响。而找法对于司法判断的后续工作的意义是关键的,在实践中,遗漏或者找错法律规范,必然作出错误的裁判解释,得出错误的裁判结论。

实验提示

并非初学法律的人士需要做本实验,就是对于法律某一部门有着精深研究的专家,在面临一个案件时,也需要进行找法活动,并在此基础上确定法律推理的证明结构。因为一个案件所涉及的法律规范可能时跨越法律部门、甚至跨越国际法和国内法律体系,因为法律体系的内容非常庞大,并且处于动态更新过程中。因此,法律人对于案件、对于法律体系始终保持一种敬畏的精神。

附件　本实验备用素材

赠送轿车案[①]

原告:张先福,39 岁

被告:赵长钢,55 岁

案情简介:

被告声言只要原告叫其干爹并磕头,就送他一辆轿车。原告当众作出该行为,被告拒绝给付轿车。原告起诉要求被告给付或承担违约责任,被告认为合同不成立。

案件事实:

1. 原告是 A 镇到 B 镇公路边一家饮食店的店主。被告从事工程承包业务。2000 年 6 月,被告承包了 A 镇到 B 镇路面的硬化工程。经 A 镇政府同意,被告将工程用的河沙堆放在公路边。河沙被放在原告店面的侧前方。

2. 原告认为被告在其门前堆放河沙,影响饮食店的生意,曾经找被告说理,但没有找到。被告得知消息后,于 6 月 26 日下午 4 时许,开着自己的"红旗"轿车,来到原告处问:"谁在找我?有什么事?"

3. 原告说:"我找你,你把河沙堆在我饮食店门前,影响我营业,给我造成了损失,你要把河沙移开。"

4. 被告回答:"我在此堆放河沙是镇政府同意了的,你不就是想要钱嘛。"

5. 原告说:"你有个红旗车好不得了嘛。"

6. 被告接过原告的话说:"我有红旗车又怎样?你只要叫我几

[①] 案例原型来源:北大法意网:法院案例:杨先福与李常刚案。本处补充事实细节,人物使用化名。

声干爹,给我磕头,祭拜我,我把红旗车送给你。"

7. 原告听后,当即跪在地上给被告磕头,叫了几声干爹,并当着许多围观的群众,说:"我得了红旗车,明天我请大家喝酒。"然后要求被告立即交车。

8. 被告听后当场拒绝交车给原告,并叫上原告一同到镇政府解决纠纷。后经镇政府调解未果。

9. 原告诉称:被告有要约,原告有承诺,并履行了承诺,合同就成立并有效。认干爹属于民间风俗习惯,受到道德习惯的约束。该合同属于合同法规定的不可撤销的道义性合同。按照风俗习惯,既然被告当了干爹,作为长辈,应该给小辈有所表示,被告表示赠送轿车,就不得反悔,必须履行合同。如果被告违约,就应赔偿自己的精神损失1.5万元。

10. 被告辩称:送轿车不是自己的真实意思,所以该合同不成立。即使成立,按照法律自己也有权撤销。汽车的买卖或赠与都要办理车辆过户手续,被告既没有交付轿车,也没有办理手续,所以赠与不成立。请求法院判决驳回原告起诉。

实验项目之四：发现法律模糊与法律漏洞

实验目的

1. 验证法律模糊和法律漏洞存在的广泛性。验证关于法律模糊、法律漏洞与中心法律问题以及分支法律问题的关系的原理。

2. 理解法律模糊与法律漏洞与案件的证明结构之间的关系；理解发现法律模糊与法律漏洞对于法律解释的意义。

3. 掌握通过分析法律规范与案件事实的关系发现法律模糊与法律漏洞的技术；掌握区分法律模糊与法律漏洞类型的技术。

实验设备

电脑、网络、可供12人讨论的实验室三间。

实验素材

完成前面实验项目的小组可以直接运用所得到的实验成果作为实验素材进行本实验。单独进行本实验的小组可以根据附件所提供的案件与分析资料进行实验。

实验操作

环节一：组织与准备

1. 完成前面实验项目的小组可以直接按照原角色分工进行本实验。如果单独进行本实验，需要组织十名有法律知识的人士参与，其中原告律师组三人组成、被告律师组三人、法官组四人。请初始组织者挑选成员成立实验小组，确定实验计划，交换联系方式，并确定一名组长从事组织与联络工作。

2. 各成员按照法律模糊与法律漏洞的原理,分析所研究的案件事实与所发现的可能适用的法律规范,并结合所设想的本方的证明结构,寻找可能存在的法律模糊与法律漏洞,为讨论做准备,各角色组确定集体讨论的时间与地点。

环节二:发现法律模糊

原告律师组、被告律师组与法官组分别召集内部会议,按照下列议题顺序完成集体发现法律模糊的工作。成员分别报告发现法律模糊的结果,共同审议该结果,必要时可以通过表决,确定本方认定的通过本案发现的法律模糊。

1. 首先根据可能适用的法律规范,对于中心法律问题按照一定逻辑顺序分解成众多分支法律问题,讨论确定分支法律问题的准确表述。

2. 结合证明结构的大前提与分支法律问题,判别结构型模糊的存在,若存在,准确表达该结构型模糊。并简要分析讨论该模糊存在的原因。若有多个结构型模糊存在,分别分析讨论之。后述其他亦同。

3. 结合证明结构的大、小前提与分支法律问题,判别多义型法律模糊的存在,若存在,准确表达该多义型模糊。并简要分析讨论该模糊存在的原因。

4. 结合证明结构的小前提与分支法律问题,判别外延型法律模糊的存在,若存在,准确表达该外延型模糊。并简要分析讨论外延型模糊存在的原因。

环节三:发现法律漏洞

原告律师组、被告律师组与法官组继续内部会议,按照下列议题顺序完成集体发现法律漏洞的工作。成员分别报告发现法律漏洞的结果,共同审议该结果,必要时可以通过表决,确定本方认定的通过本案发现的法律漏洞。

1. 结合证明结构的大前提与分支法律问题,判别明显漏洞的存在,若存在,准确表达该法律漏洞。并简要分析讨论该明显漏洞存在的原因。

2. 判别隐含漏洞的存在,若存在,准确表达该法律漏洞。并简要分析讨论该隐含漏洞存在的原因。

3. 判别冲突型漏洞的存在,若存在,准确表达该法律漏洞。并简要分析讨论该冲突型漏洞存在的原因。

4. 判别违反立法宗旨型漏洞的存在,若存在,准确表达该法律漏洞。并简要分析讨论该违反立法宗旨型漏洞存在的原因。

环节四:形成内部共识与交换报告

1. 各角色组继续会议,根据讨论结果,在会议中形成书面报告,审议并修正报告措辞,按照少数服从多数原则达成共识,确定本方认定的通过本案发现的法律模糊与法律漏洞。

2. 各角色组确定专人整理打印总结报告,根据需交换的人数将报告复印若干份。

3. 原告律师组、被告律师组与法官组分别交换报告。

4. 分别阅读报告后,组长可以召集会议交流心得体会。

实验说明

明显法律漏洞与隐含漏洞存在的最终确定,必须等待补充漏洞的论证工作结束才能确定,因此这里所发现的明显与隐含法律漏洞,是可能存在的漏洞,并非必然存在。如果补充漏洞的所有方案都被证明不可接受,那么该处的法律漏洞就不存在。此外,有些法律漏洞的存在还以特定法律模糊的澄清为前提,因此关于该种法律漏洞的准确表述,需要包含关于法律模糊的前提条件。

实验提示

对于 S 是否是法律概念 A? 这样的问题,都对应了法律模糊的存在。为了效率起见,应该忽略简单的"一看就知答案"的法律模糊。本地的法律模糊应该是典型的法律模糊。如何排除"一看就知"的问题,不仅依靠实验者的经验,可以运用民意测验的方式辅助确定。对于外延型、多义型与结构型法律模糊都适用。方法是将对应该类型的法律模糊的法律问题,按照下列格式随机询问几位人士,根据得到的答案,可以考虑该问题是否对于公众是"一看就知"的问题,而不是一个典型的法律模糊。例如:

1. "电动自行车属于机动车吗?"请直接回答是否。
2. 如果有人的答案与您相反,您是否认为不可理解?
3. "电动自行车属于机动车吗?"这个问题的答案是否一看就知?

附件 本实验备用素材

许　霆　案[①]

公诉机关:广州市人民检察院。

被告人:许霆,1982年出生,系广东省高级人民法院保安。

概要:

被告人在ATM机上取钱时,利用机器错误取走17.5万元人民币,潜逃后被公安机关抓获。公诉机关指控其盗窃金融机构,且情节严重,应予严惩。被告人认为自己没有占有故意,过错在于银行系统。

案情:

1. 2006年4月21日晚21时许,被告人许霆到广州市天河区黄埔大道西平云路163号的广州市商业银行自动柜员机(ATM)取款,

---

① 详细证据表述见:广东省广州市中级人民法院刑事判决书(2008)穗中法刑二重字第2号。

同行的郭安山(已判刑)在附近等候。许霆持自己不具备透支功能、余额为176.97元的银行卡准备取款100元。当晚21时56分,许霆在自动柜员机上无意中输入取款1000元的指令,柜员机随即出钞1000元。

2. 许霆经查询,发现其银行卡中仍有170余元,意识到银行自动柜员机出现异常,能够超出账户余额取款且不能如实扣账。许霆于是在21时57分至22时19分、23时13分至19分、次日零时26分至1时06分三个时间段内,持银行卡在该自动柜员机指令取款170次,共计取款17.4万元。

3. 许霆告知郭安山该台自动柜员机出现异常后,郭安山亦采用同样手段取款1.9万元。同月24日下午,许霆携款逃匿。

4. 广州市商业银行发现被告人许霆账交易异常后,经多方联系许霆及其亲属,要求退还款项未果,于2006年4月30日向公安机关报案。公安机关立案后,将许霆列为犯罪嫌疑人上网追逃。2007年5月22日,许霆在陕西省宝鸡市被抓获归案。

5. 案发后,许霆及其亲属曾多次与银行及公安机关联系,表示愿意退赔银行损失,但同时要求不追究许霆的刑事责任。许霆至今未退还赃款。

6. 另查明,2006年4月21日17时许,运营商广州某公司对涉案的自动柜员机进行系统升级。4月22日、23日是双休日。4月24日(星期一)上午,广州市商业银行对全行离行式自动柜机进行例行检查时,发现该机出现异常,即通知运营商一起到现场开机查验。经核查,发现该自动柜员机在系统升级后出现异常,1000元以下(不含1000元)取款交易正常;1000元以上的取款交易,每取款1000元按1元形成交易报文向银行主机报送,即持卡人输入取款1000元的指令,自动柜员机出钞1000元,但持卡人账户实际扣款1元。

实验项目之五：确定案件的焦点法律问题

实验目的

1. 验证焦点法律问题的存在。验证焦点问题与中心法律问题以及其他分支法律问题的关系原理。

2. 理解焦点问题与案件的证明结构之间的关系；理解确定焦点问题对于开庭程序的意义。

3. 掌握通过沟通确定案件焦点问题的技术。

实验设备

电脑、网络、可供 12 人会议的实验室两间。

实验素材

完成前面实验项目四的小组可以直接运用所得到的实验成果作为实验素材进行本实验。单独进行本实验的小组可以根据附件所提供的案件与分析资料进行实验。

实验操作

环节一：组织与准备

1. 完成前面实验项目的小组可以直接按照原角色分工进行本实验。如果单独进行本实验，需要组织十名有法律知识的人士参与，其中原告律师组三人组成、被告律师组三人，法官组四人，一人为主持法官，三人为判案法官。请初始组织者挑选成员成立实验小组，确定实验计划，交换联系方式，并确定一名组长从事组织与联络工作。

2. 确定一名法官为程序主持人,确定审议会议的时间与地点,通知所有成员。

3. 组长联系和引进一名逻辑知识专家,可以由指导教师担任,组长将三方的证明结构的报告递交给专家,通知专家审议会议的时间与地点,为听证程序做准备。

环节二:审查证明结构的逻辑性

1. 按照约定的时间地点开始焦点问题审议会议。主持法官主持程序。

2. 听取专家意见,审查三方逻辑结构的逻辑正确性,正确的予以通过。

3. 错误的证明结构,由法官组和证明结构提出方进行修正和补充相应前提,直到证明结构被专家判定完全符合形式逻辑。

环节三:审议原告律师组(或检方)的证明结构

1. 依次征询被告律师组对于原告律师组的证明结构的大前提的支撑前提的意见,赞成还是反对,赞成就通过该大前提,反对就构成一个备选焦点问题。有多个支撑前提,依次审议之。

2. 如果被征询者意见不一,暂停主程序,请被征询者在另一间实验室做内部简短讨论,统一意见后再反馈给法官组。被征询者可以根据多数意见,也可以尊重少数意见确定所争议问题是否为备选焦点问题。下列程序中类似问题处理程序相同。

3. 法官组的判案法官表决其是否为焦点法律问题。

4. 依次征询被告律师组对于原告律师组的证明结构的大前提的意见,赞成还是反对,赞成就通过该大前提,反对的就构成一个备选焦点问题。

5. 法官组的判案法官表决其是否为焦点法律问题。

6. 依次征询被告律师组对于原告律师组的证明结构的小前提的意见,赞成还是反对,赞成就通过该小前提,反对就构成一个备选焦点问题。有多个小前提,依次审议之。

7. 法官组的判案法官表决其是否为焦点法律问题。

环节四:审议被告律师组(或辩方)的证明结构

1. 依次征询原告律师组对于被告律师组所提供证明结构的大前提的支撑前提的意见,赞成还是反对,赞成就通过该支撑前提,反对就构成一个备选焦点问题。有多个支撑前提,依次审议之。

2. 如果被征询者意见不一,暂停主程序,请被征询者内部简短讨论,统一意见后再反馈给法官组。被征询者可以根据多数意见,也可以尊重少数意见确定所争议问题是否为备选焦点问题。下列程序中类似问题处理程序相同。

3. 法官组的判案法官表决其是否为焦点法律问题。

4. 依次征询原告律师组对于被告律师组的证明结构的大前提的意见,赞成还是反对,赞成就通过该大前提,反对就构成一个备选焦点问题。

5. 法官组的判案法官表决其是否为焦点法律问题。

6. 依次征询原告律师组对于被告律师组的证明结构的小前提的意见,赞成还是反对,赞成就通过该前提,反对就构成一个备选焦点问题。有多个小前提,依次审议之。

7. 法官组的判案法官表决其是否为焦点法律问题。

环节五:比对法律模糊与法律漏洞

1. 法官组比对双方所提交的法律模糊和法律漏洞列表,如果有列表中所列出的模糊与漏洞没有纳入焦点问题,征询双方意见。

2. 法官组的判案法官表决是否将该模糊或漏洞纳入焦点法律问题列表。

环节六:确定焦点问题的解决顺序

1. 法官组与律师组共同审议焦点问题之间的逻辑关系与解决顺序,法官组提出关系与顺序初步方案。

2. 律师组发表意见,讨论该顺序方案。

3. 法官组的判案法官与律师组共同表决,任何成员可以提出修正案,按照少数服从多数原则,决定焦点问题的解决方案。

环节七:制作报告与交流心得

1. 法官组制作关于确定焦点问题的报告,包括实验过程概述、焦点问题列表、确定焦点问题的理由、焦点之间的逻辑关系、焦点问题的解决顺序图示。

2. 所有实验成员阅读报告后,交流心得体会。

实验说明

焦点问题的确定决定了正式庭审的审议内容和组织顺序,因此焦点问题的确定至关重要。确定焦点问题的过程中,关键是识别双方争议、被法律共同体关注同时也会对公众有启发的分支法律问题。但是若双方没有充分找法从而构建健全的证明结构,就不会发现对于解决案件有决定性作用的分支问题,因此本实验需要三方做充分的准备,又需要引进专家意见,保证证明结构的逻辑性。

实验提示

律师组在考虑是赞成还是反对对方的一个前提时,应该考虑本方在将来的正式开庭中,能否有力地证明反对意见。如果不能,而只是将给对制造尽量多的反对作为一种"步步为营"的诉讼策略,那么就要考虑本方的准备成本,和可能在庭审中的被动地位。一般的,需要识别对方证明结构中关键的判断,这些判断属于典型的法律模糊与法律漏洞,本方有信心与对方一决高下,就可以反对该判断,从而构造令陪审团各公众关注的焦点法律问题。

法官组在表决确定焦点法律问题时,对不赞成列为焦点问题的,说明理由,并提示律师组确定该焦点对将来庭审的影响。律师组坚持反对意见的,注意充分尊重律师的选择。

附件 本实验备用素材

白酒警示标签案[①]

原告:刘因,女,40岁,职员,住河南省 W 市。
被告:河南省 W 市"富春"酒业有限公司。
法定代表人:吴飞,该公司经理。
概要:
原告的丈夫大量饮用被告生产的白酒后死亡,原告认为被告产品标签没有充分披露信息与警示,误导消费者,导致其丈夫受害,要求被告赔偿。被告认为受害人自己没有节制导致事故。
案情:
刘因的丈夫张越是自己投资的私营企业的经理,喜好喝白酒,已经成瘾。

1997年4月2日,因工作关系,陪客人在 W 市天天大酒店喝酒,三人先后一共喝了两斤半被告生产的"富春"白酒(酒精度为53度)。当晚回家发生呕吐和剧烈腹痛,被送到医院后抢救无效死亡。年仅41岁。经鉴定,死亡原因为饮酒过量引发的急出血坏死性胰腺炎。

刘因1998年3月16日向 W 市中级人民法院诉称:香烟能使人上瘾、致病,烟盒上就标有"吸烟有害健康",白酒也能让人上瘾,并能喝死人。根据消费者权益保护法和产品质量法,厂商有保障消费者安全、标明成分和警示危险的义务。被告应该在白酒包装上加上警示标志,并且告诉哪些人不应该饮用以及饮用的合理数量。

另外,白酒的包装上只标明了酒精度和配料:高粱、水。没有标

[①] 本案例原型是"王英诉河南舞阳富平春酒厂赔偿案",见河南省高级人民法院(1999)豫法民终字第39号判决书。因为实验需要,案例的细节有改动,因此当事人姓名为化名。

明酿造后的成分。其实际成分不仅包括酒精和水,还有很多对人体有害的元素,因此联合国将白酒列为成瘾性的物品之一。从法律、医学、道义等多方面看,白酒应加警示标志。但被告没有履行这些法定义务,其误导消费者大量饮用,造成严重后果。因此请求法院判令被告:(1)标贴警示、写明成分;(2)赔偿因标示不明、误导消费者导致原告丈夫死亡造成的经济、精神损失共计60万元。

被告辩称:本公司白酒包装是根据国家关于酒类的包装标准执行的。所有白酒企业都是这样标明的,该标准上并没有关于成分、警示等要求。原告的要求其实不是针对本公司,而是针对该标准和所有白酒企业的。喝酒过多有害健康,这是普通人都知道的常识,并且应该自己谨慎使用,就像使用菜刀等产品应该谨慎一样。张越本人饮酒没有节制,导致死亡后果,应当自负其责。这个损失如果由被告承担,是荒唐的。原告的要求没有法律根据,请求法院驳回原告要求。

1998年11月16日,W市中级人民法院作出一审判决,认为:原告诉讼中的一些请求没有法律上的依据,法院不予审理。驳回刘因的诉讼请求,并由其承担1万余元的诉讼费。

刘因不服,向河南省高级人民法院提起上诉,上诉状共205页,近8万字。1999年4月20日,河南省高级人民法院作出终审判决:"驳回上诉,维持原判。"还是不服的刘因又来到北京,向最高人民法院提出了再审申请。

实验项目之六:针对焦点的语义解释操作

实验目的

1. 验证语义解释方法的内涵、必要性与重要性;理解语义解释的主观性和客观性;验证语义解释的论点、论据和论证方法之间的关系;理解法律解释的目的;(理解各种解释方法之间的复杂关系);理解法律文本的语义解释和文学解释的区别。初步验证法律解释的无限性。

2. 掌握语义解释方法的操作技术;包含论据的收集技术、论证组织技术、论点有效性的判断技术;(掌握法律解释方法的综合运用技术)。

3. 培养面对法律问题的深度思维和集体思维能力;培养面对事物的理性思维习惯;培养法律人的崇高理性。

实验设备

电脑、网络、《现代汉语词典》、《辞海》、《中国大百科全书》电子版、已经获得登录许可的北大法意网、可供12人讨论的实验室三间。

实验素材

完成前面实验项目的小组可以直接根据所得到实验成果作为实验素材进行本实验。单独进行本实验的小组可以根据附件中所提供的案件与分析资料进行实验。

实验操作

环节一:组织与准备

1. 完成前面实验项目的小组可以直接按照原角色分工进行本

实验。如果单独进行本实验,需要组织十名有法律知识的人士参与,其中原告律师组三人、被告律师组三人、法官组四人。请初始组织者挑选成员成立实验小组,确定实验计划,交换联系方式,并确定一名组长从事组织与联络工作。

2. 分工:原告律师组、被告律师组和法官组内部对于收集论据进行语义解释的任务进行分工,确定每个成员承担的焦点问题的解释任务,同一焦点同时分派给两人独立分别完成,每个成员可以承担多个焦点的解释任务。

3. 分工完毕后,确定审议会议的时间与地点,所有成员必须在审议会议召开前,按照环节二到环节四的指引完成收集论据与设计解释方案的操作。

环节二:检索权威文献而收集论据

1. 登陆《北大法意网》,检索法律数据库,收集解释对象所在的所有条文,通过其出现的环境分析其意义。

例如,打开北大法意网,点击菜单中"法律法规"按钮,出现法律法规页面后输入检索词(以"交付"一词为例),并选择宪法法律类、有效等选项后的页面如下:

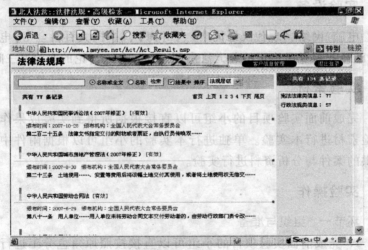

通过所列的中选条文,可以分析解释对象的使用环境。点击法律文件标题,可以打开该文件进一步检索与分析。

2. 检索词典,《现代汉语词典》、《辞海》或者其他词典,收集对解释对象的解释。

3. 如果解释对象为专业概念,检索中国大百科全书电子版、或者其他专业词典,收集对解释对象的解释。

《中国大百科全书》电子版检索方法如下:

插入检索光盘,输入检索关键词(以"地下水污染"为例)出现下列页面:

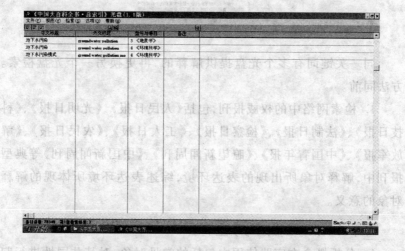

根据页面中所指示的专业卷目录(光盘3—地质学和光盘4—环境科学),这表示检索词可以分别在两个光盘中找到检索内容。插入3号光盘,出现初始页面后,点击"卷目"菜单的"地质学",然后输入检索词"地下水污染",即可看到检索项目。页面如下:

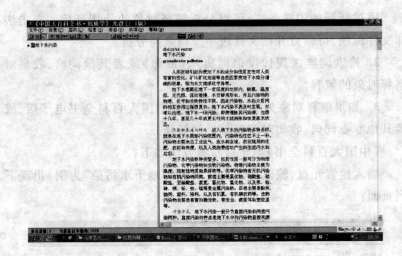

同一关键词有多个光盘提供解释的,再更换另一个光盘检索。方法同前。

4. 检索网络中的权威报刊,包括《人民日报》、《光明日报》、《科技日报》、《法制日报》、《检察日报》、《工人日报》、《农民日报》、《解放军报》、《中国青年报》、《瞭望新闻周刊》、《中国新闻周刊》等典型报刊中,解释对象所出现的表达环境,综述表达环境所体现的解释对象的意义。

环节三:归纳性描述与小型调查

1. 分析概念在实践使用中包括的常见对象,对其共同性进行归纳性描述。概括出常见对象所具有的一般特征,根据这些特征,判断焦点问题的答案。

2. 设计小型的问卷,随机调查若干人,推断大众对于解释对象的理解习惯。

环节四:(选择性环节):确定立法对象和语法结构

1. 如果需要在专业含义与普通含义之间进行选择,检索立法资料,确定立法者当时确定的立法对象和立法意图所解决问题的类别,从而决定选择专业含义还是普通含义。

2. 如果需要澄清结构性模糊,就检索语法资料,或者听取语法专家对于语法结构的意见分析,以及如何划定解释对象的语法结构,如何确定其中标点符号的逻辑意义。

环节五:审议会议

原告律师组、被告律师组与法官组内部分别召开审议会议,按照下列程序,交流解释结果,确定针对每个焦点问题的语义解释方案和语义解释结论。

1. 承担同一任务的两个成员对第 N 个焦点问题分别做主题发言,重点报告能够证明普通语义的论据,以及普通语义的具体内容;

2. 集体审议并判定解释方案的有效性,重点分析构建普通语义的论据是否有效,论证是否成立;

3. 主持人对于解释方案与解释结论提出表决方案、集体表决;

4. 提出修正案、再表决,直到形成关于解释对象的普通语义的共识;

5. 继续审议下一个焦点问题的解释方案,直到所有焦点问题的语义解释任务结束。

环节六:报告与审阅

1. 原告律师组、被告律师组与法官组内部约定分工合作,写作实验报告,报告实验过程与共识,重点报告语义解释的方案与结论。

2. 原告律师组、被告律师组将报告的副本四份递交给法官组成员审阅,原告律师组、被告律师组的报告相互保密。

3. 法官组内部召开会议,讨论审阅意见,交流启发、识别共识与差异。

4. 如果独立进行本实验,组长召集一次全组总结会议,法官组反馈对于双方实验报告的启发与评价,并全体交流心得体会。如果计划继续进行后面的实验项目,省略本操作。

实验说明

现代语言哲学认为,语言的意义在于其使用环境。通过分析使用环境来分析一个表达式的意义是一件艰苦的工作,其检索的范围太广,需要检索的信息量太大,但是有用的信息可能很少,往往出现大海捞针的局面。为了取得尽量多的信息,本实验设计了多种信息的检索途径。其中检索法律数据库、检索词典与归纳性描述,都是必须做的检索操作,其他检索途径是备用与增强操作,实验者可以自主选择。如果常规操作得不到有效的信息,备用操作就必须完成。此外语义解释是针对法律模糊的操作,如果要解决的焦点问题是法律漏洞,就不使用语义解释方法。

实验提示

经过多方面检索和收集论据的工作,语义解释的结果可能得到一个确定的论点,也可能得到多个论点。得到多个论点并非标明语义解释方法无效,如果不出现法律漏洞,这多个备选的论点就确定了以后解释的选择范围。此时实验者在报告中列出多个论点,并分别说明其支持论据及成立理由,也是有价值的工作。

附件 本实验备用素材

集体肖像权案[①]

一、案情介绍

原告:宋玲玲

---

① 本案例与分析意见由中南财经政法大学法律解释学第十四实验小组提供。成员:卞振磊、程汐、王凡、黄绮君、崔超、程晶、娄薇、杨舒、杨响、丁楠、刘燕兰、郑恩平,组长刘燕兰。选用本素材进行实验,其中的法律分析意见作为参考,实验者应该进行改进分析。案例来源:法制网报道:《用集体照做广告也侵权,沈阳一女士获一万元精神赔偿》,载 http://www.legaldaily.com.cn/bm/2007-09/04/content-693507.htm. 对案例事实有补充,因此人物为化名。

被告：宣扬广告公司

概要：

被告运用包含了原告肖像的集体照片做广告。原告认为侵权，被告认为使用行为获得了大多数人同意，不构成侵权。

详细案情：

2004年10月的一天，家住沈阳市的宋玲玲突然发现自己的肖像上了房地产广告宣传单并被到处散发。该4寸照片清晰可见，宋玲玲经仔细辨别，此照片是在参观一处商品房时的留影。这是一张有八个人的集体照。

广告公司之前就使用他们集体照这一事已征求了他们的意见。八个人中有三个人是广告公司员工，都同意无偿使用。另外五个人中有三人同意使用并接受报酬1000元，但包括宋玲玲在内的另外两人不同意。其中一人公开表示1000元太低，宋玲玲则表示不愿意将自己的照片刊登在广告单上。

宋玲玲认为，在没有取得本人同意的情况下，自己的照片就被广告公司使用，制作成商品房广告宣传单到处散发，自己的肖像权已被侵犯。

2005年1月，宋玲玲向该广告公司提出收回广告单并公开赔礼道歉的要求，双方经多次协商无果。2006年5月，宋玲玲起诉到×××人民法院，要求广告公司赔礼道歉，消除影响，并赔偿5万元精神损失费。

现查明，该广告公司的注册资本为50万元。印有宋玲玲照片的广告单被该广告公司印发了2万份并在2004年9月到2005年2月期间全部散发完毕。在该广告单中，并未对该照片进行说明，但在广告词中有"该楼盘受到广大市民的普遍青睐"等类似语句和意思表示。

二、焦点问题

1. 该宣传单上宋玲玲的照片是否构成法律上的肖像？

2. 本案中广告公司行为是否构成侵权,侵害了宋玲玲的肖像权?

3. 在未造成精神损害严重后果的情况下,广告公司是否该为使用宋玲玲的肖像支付精神抚慰金?

三、确定焦点的理由

本案涉及的法律问题属于我国法律的一个法律模糊。具体的说,我国《民法通则》仅规定了侵犯个人照片的肖像权情况,而没有涉及集体照片中的个人的肖像权的处理。由于集体照片肖像权的特殊性,我们必须要界定侵犯集体照片肖像权的标准,当然在这里我们首先要作出判断:集体照中的个人的形象是否有能力作为一个法律意义上的肖像?由此原被告双方产生较大争议,故我们确定了第一个焦点问题:"该宣传单上宋玲玲的照片是否构成法律上的肖像"。

如果宣传单上的照片被认定为"肖像",我们需要进一步讨论广告公司的行为是否符合侵权行为的构成要件,故确定第二个焦点问题为"广告公司行为是否侵害了宋玲玲的肖像权"。

如果在我们认定了侵权行为成立之后,那么个人是否有权利去诉求这种侵权下的赔偿,支付精神抚慰金的请求能否得到支持成为了第三个焦点问题。

实验项目之七:针对焦点的系统解释操作

实验目的

1. 验证系统解释方法的内涵、必要性与重要性;理解系统解释的主观性和客观性;验证系统解释的论点、论据和论证方法之间的关系;理解法律解释的目的;理解法律文本的系统解释和文学解释的近似性。初步验证系统法律解释的可能出现的循环性。

2. 掌握系统解释方法的操作技术;包含论据的收集技术、论证组织技术、论点有效性的判断技术。

3. 进一步培养面对法律问题的深度思维和集体思维能力;进一步培养面对事物的理性思维习惯;进一步培养法律人的崇高理性。

实验设备

电脑、网络、法律专业书库、已经获得登录许可的北大法意网、可供12人讨论的实验室三间。

实验素材

完成前面实验项目的小组可以直接根据所得到实验成果作为实验素材进行本实验。单独进行本实验的小组可以根据附件所提供的案件与分析资料进行实验。

实验操作

环节一:组织与准备

1. 完成前面实验项目的小组可以直接按照原角色分工进行本

实验。如果单独进行本实验,需要组织十名有法律知识的人士参与,其中原告律师组三人、被告律师组三人、法官组四人。请初始组织者挑选成员成立实验小组,确定实验计划,交换联系方式,并确定一名组长从事组织与联络工作。

2. 分工:原告律师组、被告律师组和法官组内部对于收集论据进行系统解释的任务进行分工,确定每个成员承担的焦点问题的解释任务,同一焦点同时分派给两人独立分别完成,每个成员可以承担多个焦点的解释任务。

3. 分工完毕后,确定审议会议的时间与地点,所有成员必须在审议会议召开前,按照环节二到环节五的指引完成收集论据与设计解释方案的操作。

环节二:通过检索关联权利或义务的法律规范收集论据

1. 确定解释对象所属权利或者义务的逻辑上同属于一对矛盾的对立义务或者权利,检索法律体系中,规定该矛盾面的所有法律条文,从中推定解释对象的意义。

2. 确定解释对象所在的构成要件与关联法律效果,检索法律体系中,规定该构成要件与关联法律效果的所有法律条文,构建关于该构成要件与法律效果的并列、选择、充分、必要与充要逻辑关系式,从中推定解释对象的意义或该焦点问题的答案。

环节三:通过检索同一法律部门中关联法律规范收集论据

1. 检索解释对象所在条文的上位总则表达式、篇章目录表达式,从中推定解释对象的意义。

2. 检索解释对象所在规则的上位原则表达式、从原则的意义推定解释对象的意义或该焦点问题的答案。

3. 检索解释对象所在文件中的上下位条文、从该部分表达的总体意义中推定解释对象的意义。

环节四:通过检索法律体系中关联部门法收集论据

检索解释对象所在部门法的关联国际法规范、关联实体法或程序法规范、关联特别法或一般法规范,从它们的总体意义中推定解释对象的意义。

环节五:反对解释和协调冲突(选择性环节)

1. 如果要解决的问题是明显漏洞,假想法律体系的完整性,根据逻辑规律对解释对象所在的逻辑表达式进行反对解释。

2. 如果要解决的问题是冲突型漏洞,以维护和促进法律体系的完整性与谐调性为目标,选择国际法优先、上位法优先、实体法优先、特别法优先、后法优先、并行不悖等原则,设计解决冲突的方案。

环节六:审议会议

原告律师组、被告律师组与法官组内部分别召开审议会议,按照下列程序,交流解释结果,确定针对每个焦点问题的系统解释方案和系统解释结论。

1. 承担同一任务的两个成员对第 N 个焦点问题分别做主题发言。重点分析在系统良性属性假设下,法律规范群体所能够得到的整体意义。如果是进行反对解释,要说明特定构成要件和法律效果在法律体系中的检索结果。如果是协调冲突,必须说明法律文件的渊源和效力范围。

2. 集体审议并判定解释方案的有效性,针对每一种系统论点的前提和论据进行分析。

3. 主持成员对于解释方案与解释结论提出表决方案、集体表决。

4. 提出修正案、再表决,直到形成关于解释对象的系统解释的共识。

5. 继续审议下一个焦点问题的解释方案,直到所有焦点问题的系统解释任务结束。

环节七：报告与审阅

1. 原告律师组、被告律师组与法官组内部约定分工合作，写作实验报告，报告实验过程与共识，重点报告系统解释的方案与结论。

2. 原告律师组、被告律师组将报告的副本四份递交给法官组成员审阅，原告律师组、被告律师组的报告相互保密。

3. 法官组内部召开会议，讨论审阅意见，交流启发、识别共识与差异。

4. 如果独立进行本实验，组长召集一次全组总结会议，法官组反馈对于双方实验报告的启发与评价，并全体交流心得体会。如果计划继续进行后面的实验项目，省略本操作。

实验说明

系统解释操作对于法律模糊与法律漏洞都适用，但是如果所解决的焦点问题是法律模糊，环节五就不需要操作；如果所解决的焦点问题是法律漏洞，环节二第一步骤就不需要操作。

实验提示

系统解释操作的检索面最为广泛，但是系统解释方法在所有解释方法中，有效率最低，实验者必须有这个心理准备，但是不能因此就忽视该解释方法。如果一个焦点问题运用系统解释方法不能得到有效的解释方案，在报告中也应简要说明检索的资料和解释的结果。

附件 本实验备用素材

出租车司机抢劫案①

公诉机关:重庆市渝中区人民检察院。

被告人:朱某,男,27岁,重庆市人,出租车驾驶员,住重庆市长寿区,2005年10月12日被逮捕。

被告人:雷某,男,32岁,四川省人,出租车驾驶员,住重庆市渝中区,2005年10月12日被逮捕。

概要:

被告人在驾驶出租车服务途中,两次强行取走乘客现金。后自首。公诉人指控构成抢劫罪,辩护人认为构成强迫交易罪。

详细案情:

重庆市渝中区人民检察院以被告人朱某、雷某犯抢劫罪,向重庆市渝中区人民法院提起公诉。

起诉书指控:被告人朱某在驾驶出租车送客途中,采用语言威胁、搜身等手段,抢走乘客皮某的100元;朱某还伙同被告人雷某,采用语言威胁、搜身等手段,抢走乘客杨某的500元。朱某、雷某的行为已触犯《中华人民共和国刑法》(以下简称《刑法》)第263条之规定,构成抢劫罪,请依法判处。

公诉机关向法庭出示以下证据:

1. 被害人皮某的报案陈述。主要内容是:2005年9月8日晚,我下了火车,在菜园坝附近上了车牌号为渝BT07××的一辆出租车。上车时我问过到汽车北站多少钱,驾驶员说10元,我没说什么,便将密码箱放在汽车后备箱里,然后坐在副驾驶位置。途中,驾驶员问我要不要住旅馆,还说旅馆里都是坏人,你肯定有钱,去住宾馆

---

① 案例来源:北大法意网:法院案例。

吧,我拒绝了。过了嘉陵江大桥,驾驶员又说,现在治安不好,他的几个朋友都是坏人,他过去也是坏人,让我把钱拿出来,如果我不拿,他会和他的朋友把我整死,扔到阴沟里,等等。他边开车边搜我的包,搜走100元钱。到了汽车北站,驾驶员把密码箱给我,开车就跑了。

2. 被害人杨某的报案陈述。主要内容是:2005年9月9日零点20分,我从重庆江北机场准备去菜园坝,上了车牌号为渝BT07××的一辆出租车,坐在车后座。上车没走多远,在路口遇到另一辆出租车。另一辆出租车的驾驶员对我们这辆车上的驾驶员说,他车上有一名乘客要到江北,叫我们这辆车给捎上。那名乘客就过来,坐到副驾驶位置。那辆车上还下来一个男子,和我们这辆车的驾驶员认识,也上了我们这辆车,坐在我旁边。到了江北,搭车的那名乘客下车后,坐在我旁边的男子问我,从机场到菜园坝的车费是多少?我说白天50元,晚上最多80元。这时,我们这辆车的驾驶员就猛拍方向盘,骂道:"你他妈的,怎么可能是50、80元,老子深更半夜这么辛苦,给480元,一分也不能少。"坐在旁边的男子也开始摸我的包,我不准他摸,他就恶狠狠地说:"把手拿开,再不听话,老子拿刀捅你。"就这样,他从我裤包里搜走650元。到了菜园坝,我说:"兄弟,我还要回广安,还给我点路费。"在我的要求下,他们还给我150元。

3. 证人左某的证言。主要内容是:渝BT07××出租车归我所有,交给朱某驾驶。2005年9月9日凌晨,我和雷某驾驶渝BT20××出租车从广安返回重庆,在重庆江北机场路口处遇见朱某。当时朱某的车上有一名乘客,坐在后排。我叫朱某顺便把我车上的一名乘客送到江北蚂蟥梁,代收40元车费。我车上的那名乘客到朱某车上后,雷某也上了朱某的车。分手时我给朱某、雷某打招呼,叫他们不要乱收费。凌晨1时,我打电话给朱某,问他车在哪里,顺便问他收了那名到渝中区菜园坝的乘客多少钱,朱某说收了人家500元。

我说你们是乱收费,出了问题我不负责。事后,朱某交给我 300 元,除 160 元是朱某应交给我的营运收入,40 元是朱某代我收回的车费外,另分给我 100 元。

被告人朱某、雷某对起诉书指控的事实无异议,但均辩称没有抢劫犯罪的动机,其行为不构成抢劫罪。

二被告人的辩护人提出:抢劫罪的犯罪动机是贪图钱财,犯罪目的是非法占有公私财物。如果被告人有抢劫的犯罪动机和目的,就不会只要被害人的部分钱物而不是全部钱财;如果被告人有抢劫的动机和目的,就不可能将密码箱交还给第一个被害人,给第二个被害人退还 150 元返家路费;如果被告人有抢劫的犯罪动机和目的,就不应该驾驶挂有真实牌照的车辆去抢劫,也不应该在得手后还将乘客送到目的地,因为这样很容易暴露自己的真实身份,风险太大。因此,被告人的行为不符合抢劫罪构成要件,而是符合强迫交易罪构成要件。此外,被告人系初犯,有自首情节,认罪态度较好,积极退赃,未给被害人造成损失,建议从轻处罚。

重庆市渝中区人民法院经审理查明:

2005 年 9 月 8 日晚 21 时许,被告人朱某驾驶渝 BT0735 号出租车,在菜园坝火车站附近搭载乘客皮某去重庆汽车北站。途中,朱某先是劝皮某人住宾馆,遭拒绝后又采用语言威胁等手段,强行从皮某上衣口袋内搜走 100 元,将皮某送达目的地。次日凌晨 1 时许,朱某在江北机场搭载乘客杨某去菜园坝,途中搭载欲一同返回重庆市渝中区的被告人雷某。在前往菜园坝途中,朱某、雷某要求杨某支付 480 元出租车费,杨某不从,朱某、雷某即以语言威胁杨某,雷某还对杨某强行搜身,搜出 650 元。将杨某送至目的地后,应杨某的请求,朱某、雷某退还杨某 150 元,强行收取了剩余的 500 元。同月 13 日、16 日,朱某、雷某先后到公安机关投案,如实供述了作案经过,并退出赃款 600 元。

上述事实,有被害人皮某和杨某的报案陈述、杨某书写的领条、证人左光英的证言、机动车行驶证、营运证、扣押发还物品清单、辨认笔录、被告人供述等证据证实。

本案应解决的争议焦点是：朱某、雷某的行为构成抢劫罪还是强迫交易罪？

实验项目之八：针对焦点的目的解释操作

实验目的

1. 验证目的解释方法的内涵、必要性以及目的解释方法在法律解释中的重要地位；理解目的解释的主观性和客观性；验证目的解释的论点、论据和论证方法之间的关系；理解法律解释的目的；理解目的解释方法与其他方法之间的关系；理解法律目的的主观目的与客观目的的区别。

2. 掌握目的解释方法的操作技术；包含论据的收集技术、论证组织技术、论点有效性的判断技术。

3. 培养面对法律问题的深度思维和集体思维能力；培养面对事物的理性思维习惯；培养法律人的崇高理性。

实验设备

电脑、网络、法律专业书库、已经获得登录许可的北大法意网、已经获得登录许可的报刊资料网、可供12人讨论的实验室三间。

实验素材

完成前面实验项目的小组可以直接根据所得到实验成果作为实验素材进行本实验。单独进行本实验的小组可以根据附件所提供的案件与分析资料进行实验。

实验操作

环节一：组织与准备

1. 完成前面实验项目的小组可以直接按照原角色分工进行本实验。如果单独进行本实验，需要组织十名有法律知识的人士参与，其中原告律师组三人、被告律师组三人、法官组四人。请初始组织者挑选成员成立实验小组，确定实验计划，交换联系方式，并确定一名组长从事组织与联络工作。

2. 分工：原告律师组、被告律师组和法官组内部对于收集论据进行目的解释的任务进行分工，确定每个成员承担的焦点问题的解释任务，同一焦点同时分派给两人独立分别完成，每个成员可以承担多个焦点的解释任务。

3. 分工完毕后，确定审议会议的时间与地点，所有成员必须在审议会议召开前，按照环节二到环节三的指引完成收集论据与设计解释方案的操作。

环节二：检索权威文献确定立法目的

1. 检索法律文本的目的条款，确定该部门法的立法目的。

2. 检索该法律文本的立法材料，包括立法理由书、草案说明、论证报告、立法建议书、议案内容、起草者分析意见、讨论内容等，发现法的目的。

可以通过北大法意网检索部分立法材料。登录法意网后，点击"立法资料"菜单，出现页面后在检索框内输入检索词（以"合同法"为例），出现以下页面：

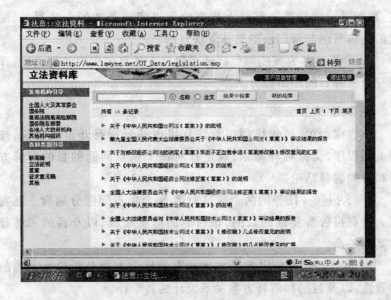

也可以通过互联网主要搜索引擎搜索立法材料,例如在百度搜索引擎中输入根据检索方案确定的关键词,从而获得有关立法材料。但是互联网中的信息有时被输入者擅自修改,需要注意识别。

实验者进一步通过法律专业图书馆检索立法材料。

3. 通过检索立法时的新闻报道与调查研究资料,考察立法时社会背景,分析立法者通过制度该法想解决的社会问题、想抑制的社会现象、想促进的社会现象。

可以通过检索图书馆的过期报刊获得当时的社会背景信息;也可以通过专业报刊网络数据库检索。

4. 确定该焦点问题所在的部门法,在法律图书馆中,检索该部门法学的专业教材与论著,发现法律专家所认同的该法的目的。

环节三:判断解释方案与立法目的的关系

1. 准确表达解释对象所属的法律条文的目的、该条文所在的法律制度的目的、该条文所在的部门法的目的。

2. 列出解释对象可能的解释方案,即焦点问题可能的集中答案,判断哪一种答案能够最大程度地促进实现条文的立法目的、制度的立法目的与部门法的整体立法目的。

3. 分析这些方案能够促进或者阻碍上述目的实现的理由,选择最符合三种目的的解释方案。

环节四:审议会议

原告律师组、被告律师组与法官组内部分别召开审议会议,按照下列程序,交流解释结果,确定针对每个焦点问题的目的解释方案和目的解释结论。

1. 承担同一任务的两个成员对第 N 个焦点问题分别做主题发言。重点报告所发现的目的,该目的的信息来源,以及目的和解释方案的关系。

2. 集体审议并判定解释方案的有效性。主要分析信息来源的有效性,以及目的和解释方案关系设计的科学性。

3. 主持成员对于解释方案与解释结论提出表决方案、集体表决。

4. 提出修正案、再表决,直到形成关于解释对象目的解释的共识。

5. 继续审议下一个焦点问题的解释方案,直到所有焦点问题的目的解释任务结束。

环节五:报告与审阅

1. 原告律师组、被告律师组与法官组内部约定分工合作,写作实验报告,报告实验过程与共识,重点报告目的解释的方案与结论。

2. 原告律师组、被告律师组将报告的副本四份递交给法官组成员审阅,原告律师组、被告律师组的报告相互保密。

3. 法官组内部召开会议,讨论审阅意见,交流启发、识别共识与差异。

4. 如果独立进行本实验,组长召集一次全组总结会议,法官组反馈对于双方实验报告的启发与评价,并全体交流心得体会。如果计划继续进行后面的实验项目,省略本操作。

实验说明

任何法律规范都是为了特定目的而存在,因此目的解释是所有解决焦点问题必须完成的操作。但这不表明目的解释对于所有焦点问题都有效,遇到确定立法目的的资料缺乏时,目的解释方法无效,此时,报告中应说明检索的资料范围与检索结果。

实验提示

实验中列出了通过检索各种资料确定立法目的的所有操作,这些操作并非每一个都必须完成,已经获得可信资料证明立法目的之后,其他途径可以省略。

在判断解释方案与立法目的之间的关系时,要考虑现实经验的支持,避免完全的想象,这时,也可能需要检索相应的信息或者学科知识,从而塑造或增强解释方案的科学性。

附件 本实验备用素材

楼梯没护栏引发的侵权案[①]

一、案情介绍

原告:徐华军(受害人丈夫)、周克龙和朱水花(受害人父母)

被告:廖日水,房屋出租人

概要:

---

① 本案例与焦点分析由中南财经政法大学法律解释学第十三实验小组提供,成员:刘刚、张敏、温凤娥、王爵、张昊嘉、郭远敏、张亚军、张维秀、刘犇、胡琛、程瑾,组长刘犇。案例来源:最高人民法院网报道。http://www.court.gov.cn/news/bulletin/region/200511010023.htm。本处对案例事实细节有补充。

被告出租房屋给原告徐华军的表妹,徐华军的妻子去借宿。楼梯没安装护栏,其妻从楼梯上摔下不治身亡。原告要求被告赔偿,被告认为自己没有责任。

认定的案件事实:

1. 被告廖日水将自有的位于重庆郊区楼房中的部分空间用于出租。该楼的楼梯均未安装防护栏,楼梯为长 80 公分的折叠式楼梯。

2. 2005 年 4 月,赵丽芳(原告徐华军的表妹,25 岁)向被告廖日水承租了四楼的一间房。廖日水自己住一楼,其余的房间均租给他人。

3. 此后原告徐华军和被害人周灵华(徐华军的妻子,30 岁)数次到过赵丽芳的承租房内,但均未在该房借宿。

4. 2005 年 7 月 29 日晚,被害人周灵华第一次在赵丽芳的承租房内借宿,且已告知被告廖日水,但被告廖日水和原告徐华军均未向受害人提醒注意楼梯。

5. 次日凌晨 5 时许被害人周灵华下楼时不慎从四楼的楼梯上摔到三楼楼梯,头部摔向地面,不治死亡。后经查证当时楼梯开了一个 25W 的灯。

6. 原告徐华军、原告周克龙和朱水花(受害人父母),以被告廖日水将安全设施不全的房屋出租给他人居住,而导致周灵华死亡为由向法院起诉,要求被告廖日水赔偿死亡赔偿金、丧葬费、精神抚慰费、误工费、交通费计人民币 75681.18 元。

7. 被告认为受害人因为自己过错而受害,自己没有责任,请求驳回原告起诉。

二、焦点问题

(1) 被告对受害人的死亡是否有过错?

(2) 如果有过错,被告的过错与受害人的死亡是否有因果关系?

（3）如果被告有过错且与受害人的死亡有因果关系，那么被告对受害人的死亡应承担多大比例的责任？

三、确定焦点的理由

本案是典型的人身损害赔偿案件，且只能以侵权之诉对待。要认定被告是否应当向原告支付赔偿金，应该支付多少，首先应确定被告对损害结果是否应承担责任。要弄清被告是否有责任，就要明确被告的行为是否存在过错并与损害结果间存在因果关系。如果以上成立，确有责任，则要从被告对受害人的死亡有多大比例的过错来确定被告责任的大小，以确定赔偿金额的多少。因此本案需确定以上三个焦点。

实验项目之九:针对焦点的意图解释操作

实验目的

1. 验证意图解释方法的内涵与必要性;验证意图解释的论点、论据和论证方法之间的关系;理解法律解释的目的;初步理解各种解释方法之间的复杂关系。

2. 掌握意图解释方法的操作技术;包含论据的收集技术、论证组织技术、论点有效性的判断技术;初步掌握法律解释方法的综合运用技术。

3. 进一步培养面对法律问题的深度思维和集体思维能力;进一步培养面对事物的理性思维习惯;进一步培养法律人的崇高理性。

实验设备

电脑、网络、法律专业书库、已经获得登录许可的北大法意网、可供12人讨论的实验室三间。

实验素材

完成前面实验项目的小组可以直接根据所得到实验成果作为实验素材进行本实验。单独进行本实验的小组可以根据附件所提供的案件与分析资料进行实验。

实验操作

环节一:组织与准备

1. 完成前面实验项目的小组可以直接按照原角色分工进行本

实验。如果单独进行本实验,需要组织十名有法律知识的人士参与,其中原告律师组三人、被告律师组三人、法官组四人。请初始组织者挑选成员成立实验小组,确定实验计划,交换联系方式,并确定一名组长从事组织与联络工作。

2. 分工:原告律师组、被告律师组和法官组内部对于收集论据进行意图解释的任务进行分工,确定每个成员承担的焦点问题的解释任务,同一焦点同时分派给两人独立分别完成,每个成员可以承担多个焦点的解释任务。

3. 分工完毕后,确定审议会议的时间与地点,所有成员必须在审议会议召开前,按照环节二到环节四的指引完成收集论据与设计解释方案的操作。

环节二:检索立法资料而收集隐含意图

通过登陆北大法意网的立法资料部分(登陆方法同实验项目之八,该数据可以收集部分立法资料);或者利用法律专业图书馆,检索下列立法资料,发现立法者的隐含意思表示:

1. 焦点问题所属法律文件的立法理由书及论证报告;
2. 焦点问题所属法律文件的立法会议的讨论记录;
3. 焦点问题所属法律文件的法律起草者的言论;
4. 焦点问题所属法律文件立法时按时间顺序有多个草案的,通过法律草案之间的变动;
5. 焦点问题所属法律文件的草案和所通过的正式法律之间的变动。

环节三:考察历史推断隐含意图

1. 检索过期报刊,考察立法当时的社会状况,从而推定立法者的隐含意图。
2. 检索法制史资料,考察解释对象的同类规定或法律概念在历史上的立法变动,从而推定立法者的隐含意图。

环节四:考察立法者行为

1. 通过立法者其他行使职权的行为,推断其隐含意思表示。

2. 如果是解释合同或者遗嘱,也需要考察案件中合同签订者或立遗嘱人的客观行为推断其隐含意图。

环节五:审议会议

原告律师组、被告律师组与法官组内部分别召开审议会议,按照下列程序,交流解释结果,确定针对每个焦点问题的意图解释方案和意图解释结论。

1. 承担同一任务的两个成员对第 N 个焦点问题分别做主题发言,重点报告发现了什么隐含意图,该意图的信息来源以及意图和解释方案的同一性;

2. 集体审议并判定解释方案的有效性,对信息来源的有效性和同一性认定的科学性进行重点讨论;

3. 主持成员对于解释方案与解释结论提出表决方案、集体表决;

4. 提出修正案、再表决,直到形成关于解释对象的意图解释的共识;

5. 继续审议下一个焦点问题的解释方案,直到所有焦点问题的意图解释任务结束。

环节六:报告与审阅

1. 原告律师组、被告律师组与法官组内部约定分工合作,写作实验报告,报告实验过程与共识,重点报告意图解释的方案与结论。

2. 原告律师组、被告律师组将报告的副本四份递交给法官组成员审阅,原告律师组、被告律师组的报告相互保密。

3. 法官组内部召开会议,讨论审阅意见,交流启发、识别共识与差异。

4. 如果独立进行本实验,组长召集一次全组总结会议,法官组反馈对于双方实验报告的启发与评价,并全体交流心得体会。如果计划继续进行后面的实验项目,省略本操作。

实验说明

意图解释操作所检索的资料范围与目的解释操作有交叉之处,如果实验小组计划这两个实验都完成,可以将两者共同的检索范围合并完成。检索立法资料时,既收集关于立法目的的信息,也收集立法者的其他隐含意思表示;检索过期报刊、考察立法当时的社会状况时,既从中分析立法目的,也从中推定立法者的隐含意图。

实验提示

根据实践中经验,搜集主观意图(立法者实际上有的意图)的解释操作的效率较低。通过其他途径,收集立法者在法律文本中没有表达的意思,毕竟是一项补缺补差的工作。不能推定立法者和起草者喜好在法律文本之外表达立法意图。但是不能放弃本解释操作,因为一旦发现了立法者通过其他途径所表达的关于所讨论的焦点问题的解决方案,该信息的权威性很高。意图解释方法的效应可谓"不鸣则已,一鸣惊人"。

附件 本实验备用素材

植物人离婚纠纷案[①]

一、案情介绍

原告:陈松,男,36岁,某厂工人。

[①] 本案例由中南财经政法大学法律解释学第十七实验小组提供并分析焦点。成员:陈晓雯(组长)、许小杰、陈伟、磨颖、马璐璐、武敬涛、黄盛、彭娟、郑灵芝,焦点分析写作人:陈晓雯。案例来源:由本组同学根据资料编写。资料见北大法意网:法院案例:江素清与聂文建案;田喜全与梁忠梅案。

被告：黄慧，女，34岁，原告妻子，患病前同为某厂工人。

法定代理人：黄父70岁，黄母65岁。

概要：原被告为夫妻。被告十年前因工伤成为植物人，原告已照顾被告十年，现诉求离婚，被告父母认为原告遗弃被告，不同意离婚。

本次认定的详细事实：

1. 原告陈松现年36岁，被告黄慧34岁，婚前系车间同事。陈松性格内向，作为班组长的黄慧在生活和工作上给予其很多帮助，并经常带其他同事去看望其患病的母亲，1995年陈母病逝，同年，二人在×市登记结婚，婚后夫妻感情融洽，邻里称赞有加。

2. 1996年，在黄慧的支持下，陈松参加夜大学习，为让其安心学习，黄慧承担所有家务。年底，黄慧不慎小产，陈松因此十分自责，夫妻感情却越来越好。

3. 1997年，黄慧在一次工伤事故中被380伏电流击中，导致重度昏迷。黄慧被确诊为植物人状态以后，其父母曾问陈松是否考虑要离婚，陈松表示不能在黄慧最需要自己的时候离开，因此陈松放弃了即将获得的电大文凭，更换工作岗位以便有更多时间照顾黄慧。自黄慧受伤后，治疗费用由单位全额支付。

4. 陈松一直悉心照顾妻子并多次公开表示，他愿意终身照顾妻子，亲戚朋友都为其精神感动，数年来对夫妻二人多有救济。

5. 在与妻子共患难期间，陈松事业发展一直停滞不前，黄慧的病情很稳定，但多年来毫无康复迹象。双方也没有生育子女。目前，陈松觉得生活孤寂，倍感压抑，希望能有个完整的家庭。

6. 2007年11月，陈松以夫妻感情不和向法院提起诉讼，要求和黄慧离婚并分割夫妻共有财产。

7. 黄父现年70岁，黄母65岁，退休前系某纺织厂工人。黄慧父母认为，陈松要和女儿离婚并不是因夫妻感情不好，而是陈松不愿再承担对妻子的扶养义务，加之被告并无兄弟姐妹，父母年迈无力照顾,要求法院驳回原告的诉讼请求。如果判决离婚,则要求法官判决原告继续承担对被告的全部或主要扶养义务。

二、所确定的焦点问题

1. 原告是不是在通过离婚来拒绝履行对被告的扶养义务?
2. 原被告夫妻感情是否已经破裂?
3. 如果是逃避扶养义务且夫妻感情破裂,是否应判决离婚?
4. 如果判决离婚,原告是否应继续承担对被告的全部或主要扶养义务?

三、焦点问题研究顺序

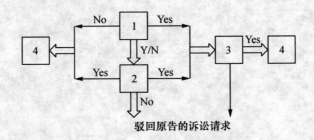

驳回原告的诉讼请求

四、确定焦点问题的理由

焦点1的确定:原告以夫妻感情不和向法院提起诉讼,被告代理人认为原告是因为不愿再承担对妻子的扶养义务故而提出离婚,并非其所称的"感情不和",属于法律上的遗弃。产生明显冲突,应作为焦点问题进行辩论。

焦点2的确定:"夫妻感情破裂"是我国婚姻法确定的离婚法定条件,本案中原告主张"感情不和",而被告法定代理人认为双方夫妻感情尚存,故需要对这个问题进行讨论。

焦点3、4的确定:焦点1、2的审理结果带来了以下问题:当双方感情没有破裂时,不应判决离婚;如双方感情破裂且原告不是通过离婚来拒绝履行对被告的扶养义务,则应判决离婚;如双方感情破裂且原告是通过离婚来拒绝履行对被告的扶养义务,则不能得出明显结论,需要双方进行法庭辩论。

焦点4的确定:针对被告代理人的答辩意见和被告的实际情况,判决离婚后原告的照料问题需要双方进行进一步的辩论和沟通。

实验项目之十:针对焦点的类比解释操作

实验目的

1. 验证类比解释方法的内涵、必要性与重要性;验证类比解释的论点、论据和论证方法之间的关系;理解法律解释的目的;理解类比解释方法与其他解释方法之间关系。

2. 掌握类比解释方法的操作技术;包含论据的收集技术、论证组织技术、论点有效性的判断技术;初步探索裁判解释方法的综合运用技术。

3. 进一步培养面对法律问题的深度思维和集体思维能力;进一步培养面对事物的理性思维习惯;进一步培养法律人的崇高理性。

实验设备

电脑、网络、法律专业图书馆、已经获得登录许可的北大法意网、已经获得登录许可"westlaw"法律专业数据库、可供12人讨论的实验室三间。

实验素材

完成前面实验项目的小组可以直接根据所得到实验成果作为实验素材进行本实验。单独进行本实验的小组可以根据附件所提供的案件与分析资料进行实验。

实验操作

环节一：组织与准备

1. 完成前面实验项目的小组可以直接按照原角色分工进行本实验。如果单独进行本实验，需要组织十名有法律知识的人士参与，其中原告律师组三人、被告律师组三人、法官组四人。请初始组织者挑选成员成立实验小组，确定实验计划，交换联系方式，并确定一名组长从事组织与联络工作。

2. 分工：原告律师组、被告律师组和法官组内部对于收集论据进行类比解释的任务进行分工，确定每个成员承担的焦点问题的解释任务，同一焦点同时分派给两人独立分别完成，每个成员可以承担多个焦点的解释任务。也可以先设计检索关键词，再按照检索面进行切块，不同方面的检索由不同成员完成。

3. 分工完毕后，确定审议会议的时间与地点，所有成员必须在审议会议召开前，按照环节二到环节四的指引完成收集论据与设计解释方案的操作。

环节二：检索可类比先例

1. 确定案例所在的类型，登录北大法意网，利用案例分类引导，检索该类型中的与本案相似的先例。

登录北大法意网后，点击菜单"法院案例"，再按照由大到小的类别目录，依次点击菜单。如点击"民事经济"—"合同纠纷"，出现案由分类引导页面如下：

实验项目之十:针对焦点的类比解释操作　263

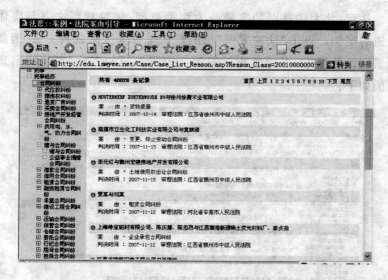

再点击所出现的更接近本案的分类关键词,打开带"+"的目录,或者在检索框中输入自己设计的关键词,就可以进一步检索更小的类别。例如点击"赠与合同纠纷"—"公益事业捐赠合同纠纷"后,页面如下:

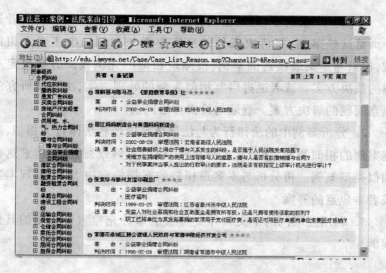

注意:北大法意网的案例分为两种类型:法院裁判文书与媒体报道的案例。点击"法院案例"后的默认菜单为法院裁判文书,因此检索完该数据库,再检索媒体案例。按照相同的方法与路径,出现页面如下:

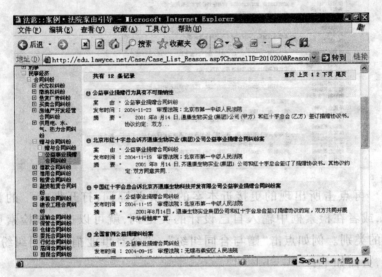

在同一类案例中,通过输入若干限定词,在结果中检索,或者逐一浏览这些案例,将待决案件的事实要素与先例的事实要素相比较,检索与本案最接近的案例,按照最相似的先例裁决方案决定本案的裁决方案。或者通过借鉴相似先例的处理方案,决定所研究的焦点问题的解决方案。登陆与检索方法同前。

2. 分析案例中的法律行为与法律体系中哪些法律行为相似,确定案例的相似类型,登录北大法意网,利用案例分类引导,检索这些相似类型案例。再分析与本案最相似的案例的解决方案,发现本案或者本焦点的答案。

3. 利用互联网的中文和外文搜索引擎补充检索可利用的其他案例。

环节三:检索本国法律体系中可类比条文

1. 确定焦点问题中包含的法律关系、法律行为或者其他法律事实的相似法律事实,并挑选最相似法律事实,然后在本国法律体系中检索这些最相似的法律事实的条文。利用北大法意网检索法律条文的方法同实验六。

2. 分析这些条文,将案件事实和条文所陈述事实的类比,引用最相类似条文的法律效果判断本案件,设计澄清模糊或补充漏洞的方案。

环节四:检索境外法律体系中可借鉴规范

1. 设计焦点问题所包含的关键词,登录北大法意网,点击"法律法规—香港法律",输入关键词,检索我国香港地区法关于该问题的法律规范。以"盗窃"为例,出现页面如下:

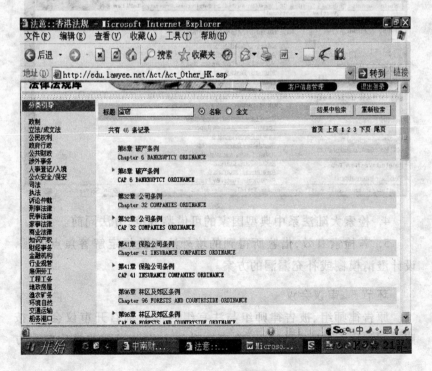

再点击法律文件标题,打开文件后搜索页面中的相关法律规范。

如果检索无效,利用互联网与法律专业图书馆进行补充检索。

2. 检索我国台湾地区法与澳门地区法的操作方法同前。

3. 利用互联网与法律专业图书馆,检索英美法系中典型国家的可借鉴规范。如果有法律专业英语检索能力,应用"Westlaw"或者 Lexis Nexis 等专业数据库检索,效果最好。

"Westlaw"专业数据库法律检索页面如下:

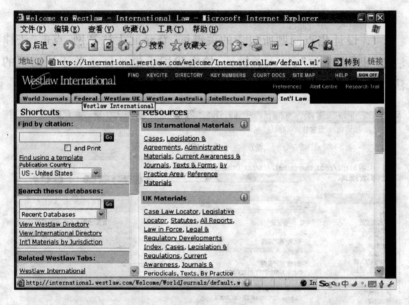

4. 检索大陆法系中典型国家的可借鉴规范,方法同前。

5. 若检索有效,借鉴所得到的境外法相关规定解答焦点问题,设计澄清模糊或补充漏洞的方案。

环节五:审议会议

原告律师组、被告律师组与法官组内部分别召开审议会议,按照下列程序,交流解释结果,确定针对每个焦点问题的类比解释方案和类比解释结论。

1. 承担同一任务的两个成员对第 N 个焦点问题分别做主题发言。重点报告可类比的先例、条文和境外法信息。

2. 集体审议并判定解释方案的有效性。对所发现的先例和条文的相似性以及类比的合理性进行判断,对境外法的背景因素进行考察。

3. 主持成员对于解释方案与解释结论提出表决方案、集体表决。

4. 提出修正案、再表决,直到形成关于解释对象的类比解释的共识。

5. 继续审议下一个焦点问题的解释方案,直到所有焦点问题的类比解释任务结束。

环节六:报告与审阅

1. 原告律师组、被告律师组与法官组内部约定分工合作,写作实验报告,报告实验过程与共识,重点报告类比解释的方案与结论。

2. 原告律师组、被告律师组将报告的副本四份递交给法官组成员审阅,原告律师组、被告律师组的报告相互保密。

3. 法官组内部召开会议,讨论审阅意见,交流启发、识别共识与差异。

4. 如果独立进行本实验,组长召集一次全组总结会议,法官组反馈对于双方实验报告的启发与评价,并全体交流心得体会。如果计划继续进行后面的实验项目,省略本操作。

实验说明

类比解释的检索面极大,包含三大方面,所得到的信息较多,有效性高。实验者应该做好分工,尽量扩大检索面,从而获得高质量的实验结果。

实验提示

刑事案件实行罪刑法定原则，在法律解释学上就是禁止在裁判中补充明显漏洞，但是类比解释操作对于澄清模糊以及解决冲突性漏洞和隐含漏洞都是必需的。因此不能遇到刑事案件，就放弃类比解释操作。

附件　本实验备用素材

惊吓孕妇案[①]

一、案情介绍

原告1：宋福，女，2003年5月9日出生

原告2：宋胜，男，2003年5月9日出生

原告3：宋某：宋福、宋胜之父，广州市居民

原告4：陈某：宋福、宋胜之母，广州市居民

被告1：广州某出租车公司

被告2：张某：出租小货车司机

概要：

原告陈某早产征兆，赶往医院途中，所乘坐被告1的出租车与被告2的货车相撞，原告受到震动与惊吓，提早生产原告宋福与宋胜。四位原告现要求被告赔偿，被告认为原告没有受到伤害，拒绝赔偿。

所认定的案件事实：

1. 宋某之妻陈某怀孕双胞胎，离正常产期还有五周，2003年5

[①] 本案例与焦点分析由中南财经政法大学法律解释学第十一实验小组提供，成员：蔡勇、郑卓、李芳香、田雪莹、孟楠、邹敏、冯雪、庞柱、陈铭、程虹、闫丽真（组长），案件与焦点部分写作人闫丽真。案例来源：北大法意网：媒体案例：《交通肇事导致胎儿受损 举证不能孕妇一审败诉》，本处对事实有补充与改动，人物为化名。

月8日,陈某到医院做检查,被诊为"胎膜早破,早产预兆",被要求入院观察,陈某未入院。

2. 第二天早上7点,陈某因腰疼不适,夫妇俩乘出租车又赶往该医院,夫妇俩均坐在后座上,15分钟后(从其家到医院有大约30分钟的车程),出租车行驶至一转弯处与一小货车相撞,陈某受到剧烈震动和撞击,惊吓,腹部受到挤压,于是转另一辆出租车疾驶至医院。

3. 7:30左右,陈某未上产床,在过道中产下第一胎女婴宋福,五分钟后,剖腹产下第二胎男婴宋胜,宋胜出生后严重窒息,因该医院条件所限,由该医院主张送往另一医院急救。

4. 一个月后,母子三人恢复正常,安然出院,并未留下后遗症。

5. 经交通管理部门查明,此次交通事故发生原因如下:小货车司机张某驾驶车辆右拐时未打转向灯,与超速5公里行驶的出租车(由李某驾驶)在转弯处相撞,小货车撞至出租车右后侧,双方对此交通事故负同等责任。

6. 三个半月后,交警在事故赔偿调解中,出具委托书,要求陈某进行早产是否由事故所致的法医鉴定,但陈某认为不应该自己花钱做鉴定,所以未去,双方调解未成功。

7. 2003年9月,宋某,陈某,宋福,宋胜,分四案向法院提起诉讼,要求出租车公司和小货车司机张某对因事故引致急产及婴儿窒息等损害而付出的医疗费和误工费4.5万元,精神损害赔偿费15.5万元承担连带赔偿责任(其中,在第一家医院花了1万元的医疗费,在另外一家医院花了3万元的医疗费,误工费为5000元)。

8. 另经查明,宋胜出生时身长45厘米,体重为2.4公斤。

9. 在案件审理过程中,经法院要求,陈某去做了法医鉴定,鉴定结果为,即使没有车祸的发生,陈某也极可能在5月9日当天早产。车祸很可能加速了早产的到来。

二、焦点问题

1. 婴儿出生后是否享有对胎儿时受损的索赔权？
2. 两个司机的行为与本案原告的损失是否有因果联系？
3. 如果需要赔偿，那么被告对原告医疗费、误工费赔偿的比例是30%还是70%？或者其他？
4. 被告方是否承担原告宋某、陈某、宋胜的精神损害赔偿？

三、确定焦点问题的理由

第一，原告宋福和宋胜是否享有诉权。交通事故是在他们尚为胎儿时发生的，他们出生后是否有索赔权引起很大的争议。根据大陆法系经典民法理论，胎儿不具备民事权利能力，所以出生后自然不享有对胎儿时受损的索赔权。我国法律对胎儿权利持绝对不保护态度，而且，保护胎儿的权利与我国的计划生育国策是相冲突的。然而不管是从很多国家的法律规定还是从学者的理论探讨都可以看出，对胎儿权益的保护已经日渐深入人心，得到更多的人的认可。在此案中，当然的涉及此民法的经典之争，这也是我国的一个法律漏洞，因此，设计此焦点问题，旨在再次引起大家对此问题的关注以及思考。

第二，对于因果联系的问题。此案件为人身损害赔偿案，当然涉及侵权的问题，而因果关系在本案中并不明确，而且，作为侵权行为的构成要件之一的因果联系，也是学理上长期争论的问题之一，因为它是确定是否构成侵权的关键。在本案中，纵然有法医的鉴定结果，也不能很清楚地确认因果关系[①]。这也是本案是否构成侵权的焦点所在，因此，大家经过充分讨论确定此焦点问题。

第三，对于赔偿的比例。一开始，大家并没有把比例确定得这样清楚，这完全不利于法官的自由裁量，但是讨论中，大家达成了一致意见，也就确定下来。

---

① 在作者主持的课堂小组讨论中，大家也对因果关系的确认与损害赔偿之间的关系认识颇深。

第四,关于精神损害赔偿问题。大部分的人身损害赔偿案件都要涉及精神损害赔偿的问题。而且,在此案发生时,我国法律并没有对道路交通事故中的精神损害赔偿的统一规定,只是个别地方法律法规有所涉及,而且,学理上对于此的讨论也不是很多,对于赔偿标准也没有提出明确的观点,也是个法律漏洞的问题。所以,我们应该探讨一下,或许会得到一些启发。

四个焦点问题一环扣一环,尽量避免了交叉现象,以便逐渐解决案件的中心问题,即是否需要赔偿,赔偿比例是多少。

实验项目十一:针对焦点的效应解释操作

实验目的

1. 验证效应解释方法的内涵、必要性与重要性;验证效应解释的论点、论据和论证方法之间的关系;理解效应解释方法与其他方法的关系;理解"正义"的深刻内涵。

2. 掌握效应解释方法的操作技术;包含论据的收集技术、论证组织技术、论点有效性的判断技术。进一步掌握裁判解释方法的综合运用技术。

3. 增强培养面对法律问题的深度思维和集体思维能力;进一步培养面对事物的理性思维习惯;进一步培养法律人的崇高理性。

实验设备

电脑、网络、已经获得使用权的中国知网、已经获得使用权的北大法意网、可供12人讨论的实验室三间。

实验素材

完成前面实验项目的小组可以直接根据所得到实验成果作为实验素材进行本实验。单独进行本实验的小组可以根据附件所提供的案件与分析资料进行实验。

实验操作

环节一:组织与准备

1. 完成前面实验项目的小组可以直接按照原角色分工进行本

实验。如果单独进行本实验,需要组织十名有法律知识的人士参与,其中原告律师组三人、被告律师组三人、法官组四人。请初始组织者挑选成员成立实验小组,确定实验计划,交换联系方式,并确定一名组长从事组织与联络工作。

2. 分工:原告律师组、被告律师组和法官组内部对于收集论据进行效应解释的任务进行分工,确定每个成员承担的焦点问题的解释任务,同一焦点同时分派给两人独立分别完成,每个成员可以承担多个焦点的解释任务。

3. 分工完毕后,确定审议会议的时间与地点,所有成员必须在审议会议召开前,按照环节二到环节四的指引完成收集论据与设计解释方案的操作。

环节二:考量经济效应

1. 列出不同的解释方案,将解释方案的关键词与"经济后果"、"效益"、"效率"、"风险"、"收益"、"成本"、"博弈"、"均衡"、"损失"、"效用"、"环境保护"、"可持续发展"、"长期效益"等关键词组合,设计考察不同解释方法的经济效应的检索方案。

2. 登录中国知网,分别选择或者同时选择期刊全文数据库、博士论文数据库、优秀硕士论文数据库、重要学术会议论文数据库,按照检索方案进行检索。同时选择初始页面:

按照初级检索,输入单一关键词,以"存包"为例,页面如下:

如果初级检索结果太多,运用高级检索,同时输入多个关键词,进行精确的检索,如"违约"的检索页面显示有过多结果,达到2233条记录:

实验项目十一：针对焦点的效应解释操作

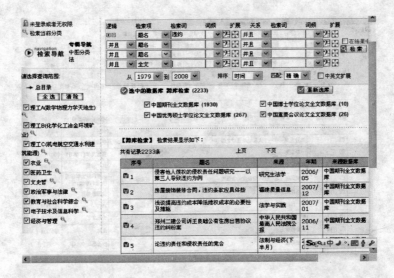

输入多个关键词后的页面显示范围缩小：

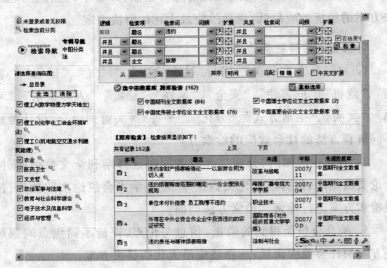

也可以首先利用期刊全文数据库，按照检索方案，进行高级检索，得到有用信息。

3. 综合分析所得到的数据、信息与论点,评价不同焦点问题解决方案的经济效应高低,选择效应最大化的解决方案。

环节三:考量社会效应

1. 将解释方案的关键词与"社会效应"、"风气"、"健康"、"和谐"、"危机"、"危害性"、"安全"、"家庭"、"稳定"、"人际关系"、"幸福"、"文明"、"生活方式"、"分化"、"平等"等关键词组合,设计考察不同解释方法的社会效应的检索方案。

2. 登陆中国知网,分别选择或者同时选择期刊全文数据库、博士论文数据库、优秀硕士论文数据库、重要学术会议论文数据库,按照检索方案进行检索。检索方法同前。

3. 综合分析所得到的数据、信息与论点,评价不同焦点问题解决方案的社会效应高低,选择效应最大化的解决方案。

环节四:考量法治效应

1. 将解释方案的关键词与"法治进步"、"对立法影响"、"对执法的影响"、"对守法的影响"、"保护权利"、"规范权力"、"法律至上"、"法的权威性"、"法的科学性"、"司法独立"、"人权"等关键词组合,设计考察不同解释方法的法治效应的检索方案。

2. 登录中国知网,分别选择或者同时选择期刊全文数据库、博士论文数据库、优秀硕士论文数据库、重要学术会议论文数据库,按照检索方案进行检索。检索方法同前。

3. 综合分析所得到的数据、信息与论点,评价不同焦点问题解决方案的社会效应高低,选择效应最大化的解决方案。

环节五:考量个案效应与整体权衡

1. 重新梳理案件事实尤其是有关细节的意义,分析该纠纷或危害行为的发生原因,考察案件当事人的解决和预防纠纷的素质,合作的能力,身心健康状况以及五个层次需要的满足状况。

2. 登录北大法意网,检索该案件的同类型案例,包括相同身份的主体发生的案例,收集数据与信息,分析该类纠纷或危害行为的发生原因,分析本案中的纠纷或危害行为的独特发生原因。

3. 综合分析所得到的数据、信息与论点,评价不同焦点问题解决方案,对于本案当事人预防纠纷素养的影响,合作能力的影响,身心健康的影响以及多层次需要满足的影响,选择个案效应最大化的解决方案。

4. 按照下列列表,估算考虑并填入相应项目,综合评价不同解决方案的经济效应、社会效应、法治效应以及个案效应,选择总体效应最佳的解释方案。

	经济效应	社会效应	法治效应	个案效应	综合评价
方案1					
权重评价					
方案2					
权重评价					
方案3					
权重评价					

环节六:审议会议

原告律师组、被告律师组与法官组内部分别召开审议会议,按照下列程序,交流解释结果,确定针对每个焦点问题的效应解释方案和效应解释结论。

1. 承担同一任务的两个成员对第 N 个焦点问题分别做主题发言,重点报告可以发现的经济效应、社会效应、法治效应和个案效应。

2. 集体审议并判定解释方案的有效性。主要审议上述效应成立的经验根据尤其是科学根据,并对效应之间的关系进行价值评价和综合衡量。

3. 主持成员对于解释方案与解释结论提出表决方案、集体表决。

4. 提出修正案、再表决,直到形成关于解释对象的效应解释的共识。

5. 继续审议下一个焦点问题的解释方案,直到所有焦点问题的效应解释任务结束。

环节七:报告与审阅

1. 原告律师组、被告律师组与法官组内部约定分工合作,写作实验报告,报告实验过程与共识,重点报告效应解释的方案与结论。

2. 原告律师组、被告律师组将报告的副本四份递交给法官组成员审阅,原告律师组、被告律师组的报告相互保密。

3. 法官组内部召开会议,讨论审阅意见,交流启发、识别共识与差异。

4. 如果独立进行本实验,组长召集一次全组总结会议,法官组反馈对于双方实验报告的启发与评价,并全体交流心得体会。如果计划继续进行后面的实验项目,省略本操作。

实验说明

为了全面的分析不同解释方案的效应,本实验将效应解释的操作分成四个方面来完成,这四个方面虽然各有侧重,但是也会存在数据与信息检索结果上的交叉,这种交叉并不影响实验结果,实验者通过巧妙的检索方案的设计,可以在保证分析的全面性的同时,提高实验效率。

实验提示

效应解释方法会使用社会学、经济学、心理学、教育科学、健康科学、环境科学甚至自然科学的原理与规律,因此实验者可以咨询相应的专家,或者添加听证程序,以获得准确的科学原理与信息,如此操作,可以大大增加效应分析的科学性与权威性。法律人以开放的姿态、谦虚的精神进行裁判解释工作,才会得到良好的司法效应。

附件 本实验备用素材

拆墙伤害案[①]

一、案情介绍

原告:汪在双,农民。

被告一:雷伯汉,仙桃市人,农民。

被告二:张四林,建筑承包人。

案件概况:

被告二找到原告等四人,为被告一拆房。工作中原告操作不当,发生人身损害。原告要求两被告赔偿损失,两被告都认为自己

---

① 本案例由中南财经政法大学李思鸣同学根据司法实践中的真实案情提供。

没有责任。

本次认定的详细事实：

2002年9月2日，雷伯汉与张四林签订一份房屋建筑工程承包合同，约定由张四林建筑彭场镇振兴路雷伯汉开发的六间商品房。商品房即将竣工时，雷又与张口头约定，按原合同约定的46元/平方米的价格，继续由张四林承建雷的一栋三层楼私人住宅。

雷伯汉与张四林口头协商："我还有一处私房要建，你一起给我盖了，每平米价格和原来一样。"

雷伯汉又把张四林带到准备建私房的那块地。张四林一看："怎么还有个门房，要清场。"

雷伯汉说："那你找几个人把它拆了。"

雷伯汉答应给张四林400元的拆除门房费用。

2002年10月15日上午，雷伯汉与张四林一同来到彭达纸箱包装厂工地，找人16日拆除该门房（门卫室）。到了包装厂后，张四林对工地工人说："你明天不愁活干了，雷伯汉那边有屋要拆，包括挖基角，工钱大约240元，你们人不要去太多，人多了不划算……"张四林叫了汪在双、许石香等人。雷伯汉在场，没有说什么。

10月16日上午，刘顺心、许石香以及汪在双来到雷伯汉拟建私房的场地开始拆房。

门房上有电线，雷伯汉要大家注意安全。雷伯汉觉得瓦摔了可惜，要自己的侄子帮忙传瓦。

中午1时许，汪在双不听雷的劝阻，违章操作拆墙，导致墙面倒塌，砸在大腿上致使其受伤，汪当即被送往医院住院治疗。经仙桃市人民法院法医鉴定，认定为九级伤残。

证人刘顺新的证词：雷伯汉在汪在双中午拆房之时，一家人在旁边刮砖……雷曾多次劝阻汪锤墙根的做法。

2003年6月26日，原告汪在双以雷伯汉、张四林为被告向仙桃市人民法院提起民事诉讼，要求二被告承担其人身损害赔偿责任。

原告汪在双认为：其与雷伯汉形成事实上的雇佣关系，并与张四林形成雇佣关系；雷伯汉与张四林形成承揽关系。所以，雷、张应赔偿汪在双的医疗费等经济损失。

被告雷伯汉认为：其与张四林形成建筑工程承揽关系；汪在双与张四林形成雇佣关系；所以张四林应当负赔偿责任。

被告张四林认为：汪在双与雷伯汉构成事实上的承揽关系；张四林仅起介绍作用，是居间人；所以汪在双应当为自己的过错承担责任。

二、焦点问题

1. 汪在双与雷伯汉形成事实上的承揽关系还是雇佣关系？
2. 汪在双与张四林之间是雇佣关系还是居间关系？
3. 雷伯汉与张四林间是承揽关系还是居间关系？

实验项目之十二:通过开庭进行的对抗式判解研究

实验目的:通过理性论辩形成法治共识

1. 通过组织多种角色的参与,从多种角度研究一个案件,并且由居中的权威裁决者在充分听取意见后确定案件的解决方案,从而充分沟通达成共识,完成对于一个案件中焦点法律问题的理性论辩,找到该案件的最佳解决方案,该方案不仅符合法律科学的选优标准,也是解决纠纷的最佳方案。

2. 锻炼法律人的集体沟通能力和素养。包括演讲能力、临机应变的能力、调节自己和沟通对象情绪的能力、尊重规则的意识、现场驾驭和利用程序的能力、尊重居中裁决的意识以及理顺分歧寻求共识的能力。

3. 培养法律人的理性论辩能力。掌握面向公众表达法律意见的基本技术和若干艺术、掌握倾听和评价法律解释意见的基本技术、掌握法律解释意见的证明和反驳技术、掌握说服他人接受自己论点的艺术。包括在有准备的基础上,当众进行口头法律论辩,证明一个观点,应对攻击该观点言辞的能力;还包括在有准备的基础上,当众进行口头法律论辩,证伪一个观点,现场抓住关于该观点证明学说的各种漏洞,予以揭示和反驳的能力;还包括居中的裁决者,在面临对立的两种观点和证明学说时选择最合适的观点和证明学说,并且说明选择理由,回应和说服反对意见的能力。培养书面表达法律解释意见的基本技术和素养。

4. 验证法律解释论点的发现与表达的区别;验证深度会谈的重要性。理解法律解释的程序对于法治的重大意义;验证法律解释共识的形成过程;理解法律解释的灵活性与开放性。

实验设备:法庭或替代设备

法庭装备。

在不具备法庭装备的地方,应该有组成临时法庭的设备,包括可移动的桌椅、法槌、扩音设备、计时器或秒表、程序控制软件、多媒体投影设备、录像设备。

实验素材

完成前面实验项目的小组可以直接选择所研究的案件作为实验素材进行本实验。单独进行本实验的小组可以根据附件3所提供的案件与分析资料进行实验。

实验操作

环节一:组织陪审团与准备庭审

1. 完成前面实验项目的小组可以直接按照角色分工进行本实验。如果单独进行本实验,需要组织十一名有法律知识的人士参与,其中原告律师组三人组成、被告律师组三人,法官组四人,书记员一人,法官组中一人担任程序主持人(可以轮流担任),三人作为判案法官。法官组中确定一人担任审判长。请初始组织者挑选成员成立实验小组,确定实验计划,交换联系方式,并确定一名组长从事组织与联络工作。

2. 法官组在与案件当事人没有利害关系的人选中,挑选12名成员组成陪审团,决定一人作为陪审团团长。法官组和陪审团确定联系方式;法官组需要再确定一人担任庭审的书记员,负责庭审计时和必要的书记工作。

3. 各成员自主学习有关法庭代理词的写作和表达技术,了解辩论中的证明和反驳技术,锻炼面对公众的胆量。

4. 双方律师组按照已经确定的案情与焦点问题,或者根据本实验素材内提供的备用素材,准备庭审代理词。每个焦点问题独立制作一篇代理词,每篇1000字以内(4分钟内可以演讲完毕)。

5. 法官组内部进行分工。确定每个焦点问题的主持人。

6. 法官组准备审理每个焦点问题时,对于双方律师组的提问方案。

环节二:提交案情事实与代理词

1. 开庭七日前,审判长向陪审团成员每人提交一份案情资料,确定开庭时间与地点后通知所有庭审参与人。

2. 开庭七日前,审判长召开开庭预备会议,诉讼双方律师组向法官组提交所有焦点问题的代理词,并相互交换代理词。

3. 律师组准备庭审辩论方案,包括提问、答问和抓漏方案。

4. 法官组每个判案法官审议双方代理词后,完善提问方案,并准备每个焦点问题初步的判断和说服意见,该意见在听取庭审的辩论后,经过完善即定型为法官的判案意见(字数标准为4分钟内可以演讲完毕)。

环节三:开庭

按照附件1所提供的程序与规范要求,在约定的时间和实验室开庭。

环节四:实验报告

1. 按照附件2所提供的规范要求集体写作实验报告,在实验完成后一周内完成。

2. 小组成员内部传阅实验报告文本,交换心得体会。审判长召集一次总结会议,可以邀请导师或者陪审团成员等特定评价者参加,相互回应在报告中所看到的心得体会。

3. 审判长将实验报告按照规定时间和途径提交给导师或者评价者。

附件 1　对抗式判解研究开庭程序

- 程序 1——开始

主持人宣布第 n 次对抗式判解研究开庭现在开始

- 程序 2——确认陪审团人数

主持人请陪审团团长确认并报告陪审团人数

- 程序 3——介绍案件

主持人简单介绍案件当事人与案件概况

- 程序 4——介绍庭审组织

主持人介绍原告代理组、被告代理组、法官组成员

- 程序 5——礼仪发言

原告代理组、被告代理组、法官组成员向陪审团成员作礼仪发言

- 程序 6——确认焦点

主持人向双方和法官组确认庭审的焦点法律问题

- 程序 7——宣布研究顺序

主持人宣布焦点问题的辩论与表决顺序以及每个问题的控制时间

- 程序 8——代理词

原告组与被告组针对主持人确定的一个焦点问题发表简短代理词

说明本方对于该焦点问题的回答与概括理由

每一方时间不超过 4 分钟

若规定时间不足以充分表达本方观点,每一方都可以申请延长时间,申请者需提出具体延长几分钟,主持法官在征求意见后,决定是否延长和延长的时间

一方获得延长时间后,另一方自动增加同等的发言时间,但是该方可以放弃该时间

- 程序 9——辩论

原告组与被告组针对该焦点问题进行辩论

双方交替发言,每次发言不得超过 90 秒,一方坐下另一方才可起立发言

可以互相提问并要求回答

辩论不得脱离该焦点问题,一方可以针对对方的言论提出程序性反对,法官组有权制止跑题和不恰当言论

可以提议补充事实或更新焦点

每一方辩论总时间不超过 4 分钟

若规定时间不足以充分表达本方观点,每一方都可以申请延长时间,申请者需提出具体延长几分钟,主持法官在征求意见后,决定是否延长和延长的时间

一方获得延长时间后,另一方自动增加同等的发言时间。但是该方可以放弃该时间

- 程序 10——法官提问

原告组和被告组分别回答法官组提问

提问必须明确提出一个问题,不得作出判断。每个提问不得超过 15 秒,回答不得超过 60 秒

提问者和答问者不得进行辩论

可以提议补充事实或更新焦点

- 程序 11——陪审团提问

原告组和被告组回答陪审团提问

提问必须明确提出一个问题,不得作出判断

每个提问不得超过 15 秒,回答不得超过 60 秒

提问者和答问者不得进行辩论

可以提议补充事实或更新焦点

- 程序 12——总结

原告组和被告组先后就该焦点问题作辩论和问答总结

总结时间每方不超过三分钟

可以提议补充事实或更新焦点

- 程序 13——陪审团讨论

陪审团各派简要发表评论意见

举手并得到主持人同意,才可以起立发言,主持人根据举手的顺序确定发言顺序

发言可以充分表明自己的立场,并对其他立场进行说服

发言注意简短,并围绕该焦点问题

陪审团成员可以提议两造离席后讨论

可以提议补充事实或更新焦点

- 程序 14——陪审团首次表决

陪审团团长主持陪审表决

表决方式是分别就赞成原告组和被告组的主张进行举手,对双方主张都不举手的视为弃权

书记员记录并报告表决结果

可以提议表决新提议

- 程序 15——法官组发表评论意见

法官组离席 10 分钟,5 分钟简短讨论,5 分钟分别准备发言

主持人主持法官组讨论

法官组回席,主持法官宣布庭审继续,请判案法官依次发言

主持人外的法官依次发言,发言时起立,以"本席"自称,首先对原被告双方的意见表示赞成或反对,然后清楚地说明理由

可以提议补充事实或更新焦点

- 程序 16——法官表决

主持人主持法官组表决,法官组的表决方式相同,但法官不得弃权

法官组应该充分考虑辩论双方以及陪审团的意见,但法官可以作出不同意陪审团意见的决定

如果陪审团没有形成多数赞成或反对意见，法官组的表决为最终判决

可以提议表决新提议

- 程序17——法官说服

如果法官组多数意见不同意陪审团的表决结果，法官组可以对陪审团进行说服

可以提议表决新提议

- 程序18——回应

原告组与被告组回应法官与陪审团表决

双方可以针对法官和陪审团的理由进行说服

双方各有一分钟

可以提议补充事实或更新焦点

- 程序19——再表决

如果法官组和陪审团意见矛盾，陪审团需要再次表决

主持人提示双方律师组必须接受本次表决结果

陪审团再表决

如果表决结果以2/3多数否决法官组意见，法官组必须服从，否则法官组判决为最终判决

可以提议表决新提议

- 程序20——继续

第一个焦点问题判决后，主持人安排其后的焦点问题按照8—19号程序依次进行，直到所有问题判决完毕

- 程序21——结束致谢

所有问题判决完毕，主持人简短致谢，然后宣布本次对抗式判解研究开庭程序结束

- 特别程序——启发

根据需要，可以暂停辩论，由法官组和陪审团对原告律师组和被告律师组进行提问，从而启发辩论的空间

- 特别程序——调整焦点

法官组在征求双方和陪审团提议成员的意见后添加新焦点问题,或者对原有焦点问题重新表述,或者调整焦点的辩论顺序,然后回到主程序

- 特别程序——补充事实

在辩论和提问环节中如果需要补充案件事实,那么恢复法庭调查程序,由法官组征求双方代理人的意见后补充事实,然后回到主程序

- 特别程序——表决新提议

如果针对个别问题,不能形成多数意见,由成员提出一个新的提议,可以就该提议进行表决:

陪审团表决

法官组表决

回到主程序

附件2 对抗式判解研究实验报告写作规范

对抗式判解研究实验报告以打印稿形式完成,完成实验后一周内交给课代表。实验报告写作按照下列格式进行:

封面:自由设计

目录:根据正文结构与页码设计

正文结构:

1. 标题:正题为拟定的表达报告主题的标题,如"公序良俗原则在继承事务中的慎用",副题为"——关于某某案(案例简称)的对抗式判解研究报告";

2. 作者栏:**大学法律解释学第*小组;列出成员名单、班级、学号、指导教师;

3. 案例简称标题、居中;

4. 原告与被告概况、案件概要;

5. 所认定的案件事实；用小段落加数字序号分段表述；

6. 实验准备过程与庭审组织；开庭参与人员与时间、地点；

7. 所确定的焦点问题列表与焦点问题研究顺序（以上内容由组长写作）；

8. 确定焦点问题的理由（法官组写作）；

9. 焦点1审理与裁决，包括：

（1）焦点1问题的正规表述；

（2）原告代理组的意见与理由（答案、所引用的法律规范、对法律的解释意见）（综合所有成员意见，可以分成若干部分，由原告组写作）；

（3）被告代理组的意见与理由（答案、所引用的法律规范、对法律的解释意见）（综合所有成员意见，可以分成若干部分，由被告组写作）；

（4）陪审团的表决与理由概述（由法官组写作）；

（5）法官组的裁决与理由（采纳与反对一方意见的理由，对陪审团表决与理由的分析）（有不同意见，分别表述理由）（由法官组写作）；

10. 焦点N的审理与裁决（结构与第9部分相同，直到完成所有焦点问题）；

11. 法官组对案件的简要总判决（由法官组写作）；

12. 个人进行对抗式判解研究的心得体会，包括自我评价、对整体或他人的评价、启发、收获、批评、期望与建议等，每人给自己的心得确定一个简要标题，按照"姓名：标题"格式列在每一份心得之首。

注意：每一个段落末尾必须标明写作人，由法官组统稿。

实验说明：开庭程序的设计理由

本实验程序与我国庭审程序并非完全相同，而是在吸收大陆法系和英美法系庭审程序的优点以后，结合实验目标的需要设计而成。请实验者注意,因为法律解释学关注案件中法律问题的解决,对于事实问题的解决,留给其他学科完成。而完整的庭审过程对于事实问题与法律问题都要解决,因此现实中的庭审程序包含了这两类问题的解决步骤。本处只有法律问题的解决步骤。

因为所研究的都是疑难案件,需要大量的创造型劳动,又因为一个案件有多个焦点问题,对每一个问题都需要仔细分析才能得到周全的结论,所以在本实验中,原告方(或控方)和被告方(或辩方)都配备三人组成的律师团,以期分工合作,发挥团队作业优势,对案件作出精深的研究。

陪审团是本实验项目的"特色"设置。陪审团在英美法系司法实践中,有独特的地位与重要价值。本实验项目借鉴了该制度。此处的陪审团是大规模的陪审团。它首先代表一定范围的"民众意见",使审判过程与结果受到"民意"的约束。其次,陪审团可以塑造庭审的开放性,使律师组与法官组的工作有了一个群体话语环境。陪审团的存在还使庭审具备了现场感,防止"先定后审"或表演式的活动。陪审团的存在大大激发了律师组与法官组的工作热情,在每次实验开庭中,律师组与法官组将获得陪审团的认可作为重要目标。陪审团成了本实验项目的重要动力来源。当然,大规模的陪审团,也增加了本项目的参与程度。

陪审团和法官组分别代表参与案件审理、并且作出居中裁决的民众力量和专家力量。陪审团塑造判决的民主性,法官组塑造案件判决的科学性(专业性)。当陪审团和法官组判决意见一致时,案件得到既民主又科学的判决结论,这是最优状态。当陪审团和法官组意见矛盾时,如果陪审团经过再次表决,以三分之二的多数压倒法官组的意见,说明此时专业人士没有说服民众,按照现代社会的尊重普遍民意的原则,案件应该按照陪审团意见进行裁决。如果陪审团仅以二分之一的多数反对法官组的意见,说明此时虽然专业人士没有说服绝大多数民众,但是法官组和民众中的赞成派的综合意见和民众的反对意见相持平衡甚至占优势,而法官组进行了长时间的理性思考,按照追求理性、崇尚理性的法学原理,案件应该按照法官组意见进行裁决。如果陪审团没有多数意见,说明此时民众意见分裂,或者判断能力不足,案件应该按照法官组意见进行裁决。陪审团和法官组共同参与的设计并非与司法实践格格不入。对于复杂案件或者可能难以使当事人服判的案件,法院选择一定数量与案件没有利害关系的公民参与听证,并提出判断意见以供合议庭参考,也是一种塑造裁判的公正性和公信力的好做法。在信访实践就有类似的解决疑难事件的方法,获得了媒体与公众的好评。

另外,主持程序的法官和判案法官进行分工,可以使主持程序的法官集中精力判断程序的进行质量和走向,及时作出程序性的决策,避免既考虑程序问题又考虑发言人内容的合理性问题,而陷入一个脑筋同时处理两类事务的困境。如此设计,既体现主持人的完全中立,也可以更充分保证程序进展的公正。

分步审议和判决的程序设计是基于案件进行透彻分析的需要。复杂问题必须科学地、合乎逻辑地分解成小问题进行解决,数理科学、自然科学和众多社会科学也正是如此实践的。法学难题的解决也必须如此,在上篇裁判解释的原理中对此已经说明。另外,如此设计庭审程序,还是集中话题、方便讨论的需要。多个问题搅和在一起审议或辩论,必然导致混乱。又因多个焦点问题之间存在复杂的逻辑联系,前面一个问题的答案往往决定后面需要解决哪一个焦点问题。既然一个问题一个问题的解决,就要一个问题一个问题的独立作出判决。分步骤判决可以使律师组在讨论后面的焦点问题时有了固定的前提,不至于在多种可能中摇摆不定,进行复杂的"猜想"。除非后面问题的解决会影响前面问题的答案(此时焦点问题的设计肯定存在问题),在正常确定焦点问题的前提下,分步骤判决都是增加司法实践的逻辑性和说理透彻性的良好方案。

实验提示

1. 律师组内部应该进行分工,确定特定焦点问题的负责人和辅助者。虽然是分工准备,但还要注意口径的协调统一。代理词需要追求逻辑性、简洁性和条理性。将所发现的有用信息和理论,根据重要程度排序,组织在代理词、辩论方案和总结方案中。没有做好这项工作,会感到时间不够用,大量准备内容的作用没有得到有效发挥。当然还要遵守庭审程序,注意调节自己和对方的情绪,尽量不要申请增加时间。庭审时间越长,参与者的消耗就越大。有效率的庭审才能是大家满意的庭审。

2. 法官组并不是消极的角色,而是需要作出艰难权衡和选择的主体。没有积极充分的庭前准备,没有庭审时的认真听取发言,就不能作出令人信服的判决。庭审中,法官组精当的提问可以给陪审团和其他听众拨云见日的效果,法官思维的活跃程度决定了庭审思路的展开程度。此外,法官对于律师的意见并非只是简单的取舍,对于反对的立场,法官必须在现场判词或实验报告的书面判词中,对支持该立场的律师代理词所列举的理由进行逐一回应,才能塑造判词的针对性,对法律共同体关于该案件的"信念之网"产生积极的建设效应。

3. 陪审团的珍贵素质包含三要素:良心、常识和尊重。陪审团成员正是基于尊重每一方的的权利和言论,将所听到的每一句话,每一个理由,放在自己所坚信的良心和常识的天平上进行称量,从而得到独立的合理判断。认真聆听和积极询问是完成这个伟大任务的两个必要条件。当然,对于所发现的律师的不当言行,陪审团可以在讨论程序中提出,但在提问程序中注意保持克制,避免陷入与律师的辩论之中。

附件 本实验备用素材

500万弃奖彩票案
——国内首例因彩票兑奖期限引发的官司[①]

一、案情介绍

原告：汪向阳

被告：北京体彩中心

概要：

原告汪向阳购买彩票中得500万大奖，但因未在体彩中心规定的28天内领奖而被视为弃奖。原告认为被告北京体彩中心未尽到完全的告知义务，且28天条款是无效的格式条款，故向法院起诉。

详细案情：

原告系34岁的安徽民工汪向阳，买彩票已经有六年历史，虽多次关注结果，但从未中过。2007年7月29日，原告汪向阳在路过北京市丰台区吴家村甲一号的彩票点时花费8元购买了四注名为"七星彩"的全国联网体育彩票。体育彩票的背面"购票须知"中标明有"28天兑奖期限"的字样。同日，汪向阳乘火车返回安徽枞阳老家。

7月29日当晚，体育彩票开奖结果揭晓，汪向阳所购彩票其中一注中得特等奖金500万元。北京体彩中心在CCTV-5以及北京电视台1、3、5频道和《北京晚报》、《法制日报》发布了获奖彩票号码，销售彩票的终端机构也发布了消息提醒中奖者速速领奖。北京体

[①] 本案例与分析意见由中南财经政法大学法律解释学第十五实验小组提供。成员：姜海、史瑞琳、李姗、甘磊、张希、陈林、柏玲、李彦、王鸿哲、黄宇筝、莫少芬、李世宽，组长张希。选用本素材进行实验，其中的法律分析意见作为参考，实验者应该进行改进分析。

本案例来源于新闻报道，由第十五小组同学加以整理。案例细节部分有所删改，考虑到案件尚未审理结束，案件中的人物为化名。参见 http://sports.sina.com.cn/l/2007-09-14/18163169370.shtml。

彩中心在电视上、报纸的彩票栏等地发布了开奖和领奖信息。嗣后,北京体彩中心又在体彩网点联网的终端机上发布了消息,提醒中奖者速速领奖。

至 8 月 26 日晚 11 时 59 分——体彩中心规定的 28 天最后兑奖期限,汪向阳远在安徽老家对此并不知晓,故一直未前往北京体彩中心领取奖金。此后 10 日内,体彩中心按规定公布了弃奖公告。据查,汪向阳老家在安徽枞阳的一个只有几户人家的小山村,村里未通电话,也几乎不看报纸。

汪向阳在家干了 40 天农活,并照顾病中的岳父,9 月 11 日再次返回北京。其后他无意中从一张《假日休闲报》中得知自己购买的"七星彩"已中得 500 万大奖。此时,该彩票已经错过"七星彩"规则中的 28 天的兑奖期限。汪向阳打电话至北京市体彩中心处要求领取奖金。北京市体彩中心以彩票过了兑奖期限为由拒绝支付 500 万奖金。

七星彩属全国联销玩法,一旦弃奖产生,该项奖金将按规定划进调节基金,其后返奖和派奖须经财政部批准,体彩中心无权支付。

二、焦点问题

1. 本案中体彩中心是否完全履行了告知领奖信息的义务?
2. 28 天未领奖视为弃奖的规则是否为无效的格式条款?

三、确定焦点的理由[①]

案件焦点的确定将直接影响课堂辩论的效果,因此围绕焦点问题的确定,我们在开庭前进行了认真的讨论。

首先,我们通过了解原告方的诉讼请求,得知原告方希望通过法庭审理领回 500 万元奖金。接下来,我们对于奖金是否属于原告这一问题产生了争议。500 万元奖金是否属于债权?经过分析讨论,我们认为:彩票附载购买者中奖期待权。这种权利具有或然的

---

① 此部分为中南财经政法大学黄宇筝同学写作。

期待性,即在购买彩票后,开奖前,彩票购买者是否真正享有这种债权,尚不确定,彩票购买者所取得的是一种机会。在开奖之后,如果确属中奖的彩票,则债权的期待权便转化为一种实实在在的债权。本案中 7 月 29 日晚上的摇奖将此种不确定的债权转化成了确定债权,即双方形成了民法上的债权债务关系。

结合这一债权债务关系,我们就原告的支付请求权所对应的义务进行了分析。被告方免除自己义务的主要依据在于财政部《彩票发行与销售管理暂行规定》和国家体育总局《体育彩票管理暂行办法》,以及以上述两个规则为依据制定的《七星彩游戏规则》中"自开奖之日第二天起,兑奖周期为 28 天,逾期未兑付的奖金以及逾期未退票的票款,全部纳入调节基金"的条款。原告方则不同意此辩由,认为 28 天的期限太短暂,并且制定条款时没有和以原告方为代表的众多彩票购买者协商,因此认定 28 天之后不领奖视为弃奖是无效的格式条款。

原、被告双方在此问题上的重大分歧——28 天之后不领奖视为弃奖是否是无效的格式条款?构成了双方争议的第一个焦点问题。

其次,我们考虑到,造成此次弃奖的另一个因素,被告方是否完全履行了告知义务以及原告方是否尽到了注意义务。原告方以"本案原告汪向阳为 500 万大奖中得者,北京体彩中心理应在全国范围内作更加全面的公告,或延长兑奖期限,从而最大限度地避免弃奖的出现"为由,认为被告方没有履行好告知义务。而被告方则以弃奖的主要责任在原告方未履行自己的注意义务为由进行反驳。

双方在此问题上的争议构成了本案中第二个焦点问题——本案中体彩中心是否完全履行了告知获奖信息的义务?

结合庭辩的效率问题和对双方公平的原则,我们认为把"本案中体彩中心是否完全履行了告知获奖信息的义务"作为首先辩论的焦点,更有利于庭辩的充分和对双方权利的尊重。因此我们决定交换这两个焦点的顺序。

正是沿着这样一种逻辑思路,我们最终确定了以上问题作为我们的辩论的焦点问题。

焦点问题一:本案中体彩中心是否完全履行了告知获奖信息的义务?

原告代理律师意见①:

对于本案的第一个焦点问题,我方代理人认为,根据本案现已查明的事实和我国的法律精神和相关规定,被告没有完全履行告知原告汪向阳领奖信息的义务,故被告应支付500万元奖金。理由如下:

我的当事人汪向阳购买了由被告国家体彩中心发行的彩票,已经成立了彩票合同,属于合同法上的无名合同。众所周知,彩票是一种无记名有价证券,负载购买者中奖期待权。这种权利具有或然的期待性,即在购买彩票后,开奖前,彩票购买者是否真正享有这种债权,尚不确定,彩票购买者所取得的是一种机会。在开奖之后,如果确属中奖的彩票,则债权的期待权便转化为一种实实在在的债权。本案中7月29日晚上的摇奖将此种不确定的债权转化成了确定债权,即双方形成了民法上的债权债务关系,此时原告便享有对于该500万元奖金的支付请求权。

第一,我国《合同法》第60条规定"当事人应当按照约定全面履行自己的义务。当事人应当遵循诚实信用原则,根据合同的性质、目的和交易习惯履行通知、协助、保密等义务"。本案被告作为合同当事人即负有通知并协助汪向阳领取奖金的义务,即告知义务。所谓告知,简单的说就是告诉别人使人知道。同时,体彩中心所制定的《联网销售7位数电脑体育彩票实施细则》第6条也规定"中奖公

---

① 此部分为中南财经政法大学姜海、史瑞琳同学写作。

告分别传真至各省区市分中心,由各省区市分中心通过当地媒体向社会公告"。而本案中北京体彩中心仅在 CCTV-5 等电视台和销售彩票的终端机构发布了中奖消息,这是远远不够的,根本无法使得信息传达到处于偏远地区的广大彩民。北京体彩中心显然没有按此条规定做到最大限度的宣传通知,违反了合同法规定的义务,也违反了本部门制定的游戏规则。

第二,本案中体彩中心通知的力度远远不够,未尽到采取合理方式提请对方注意的义务,其只关心自己的成本而不去进行更大范围内的全面的通知,反而加重处于相对弱势地位的彩民的注意义务,同时还限定严格的兑奖期限,这就是在减轻自身的责任,加重缔约相对人的义务。我方当事人汪向阳在购买了彩票后就返回安徽枞阳老家,由于家乡地处偏远,在那里根本看不到北京的报纸和电视,所以对中奖信息根本无法知晓。

我国幅员辽阔,各地接受信息的能力不同,有很多地方处于信息弱势,如在偏僻的农村地区,不能得到开奖信息,难道处于这些信息弱势地区的人们就不能买彩票了吗?

现在社会人员流动频繁,由于出国等原因也可能导致没有知晓中奖信息,还有一些如伤、病等特殊情况,兑奖期过后中奖人才知道。彩票中心如何保障这类彩民领取奖金的权利?难道说他们都活该?谁让你买彩票还出国?谁让你在我规定的期间内不来领奖?

第三,彩票中心根本没有考虑到彩民的注意成本。彩票只是生活中的一个很小部分,不能要求彩民购买彩票后花费大量精力在关注彩票的中奖结果上。本案中,汪向阳只是一个普通农民,他回家后还有繁重的农活等着他,况且还需照顾病重的岳父,不可能时刻想着彩票,毕竟彩票中奖几率太小,对自己中奖不知情实属情有可原。难道我们还要要求一个农民翻山越岭去县城彩票销售点查询彩票信息,而自己中奖的希望如同被雷电击中般渺茫?

第四,体彩中心以格式条款规定的 28 天的领奖期限太短,这就必然导致告知不充分。由于体彩中心的告知不力,汪向阳在老家没有知晓中奖信息,即使他回到北京立即知晓也已错过期限。近些年来,由于中奖者不知晓而未领大奖的报道屡见不鲜。如果领奖期限合理的话,为何还让这么多的幸运变成终身的遗憾呢?被告认为彩票需要"正常的运转方式和高效率的运转秩序",难道就可以不顾彩民的利益实现与否,只是一味地追求所谓的"效率"而忽视公平?这难道就能促进彩票业的持续繁荣发展?这如何体现政府的人文关怀、以人为本,如何树立政府的亲民形象?因此我方认为,作为彩票中心,要尽到自己的义务,或加大通告力度,或延长兑奖期限。

总之,体彩中心作为彩票发行机构,不仅对彩票的发行销售进行管理,更负有保障彩民权益的责任,而彩民中奖、兑奖则是彩民一项重要的权益。彩票发行机构应注重彩票中奖信息的发布,对已经中奖的彩民应尽更为完全的通知、协助义务让彩民知晓彩票有关中奖信息,且本案原告汪向阳为500万大奖中得者,北京体彩中心理应在全国范围内作更加全面的公告,或延长兑奖期限,从而最大限度地避免弃奖的出现。然而本案中北京体彩中心未考虑到我国幅员辽阔,各地经济发展水平也参差不齐,且现代社会人员流动非常频繁,公布范围不够全面可能使开奖消息无法到达部分中奖彩民。此乃对中奖彩民获得奖金权利的漠视,更是以甚为苛刻的期限限制彩民实现自己来之不易的权益,加重彩民的注意义务以减轻自身责任的显失公平行为,与合同法的公平原则、诚实信用原则相违背。

被告代理律师意见[①]:

我们认为,本案中我方当事人已经完全履行了告知获奖信息的义务。

首先,在本案中,原告购买了"七星彩"彩票,在事实上与我方当事人构成了格式合同关系,依据我国《合同法》第9条、第10条和第

---

① 此部分为中南财经政法大学李彦同学写作。

11条关于合同订立的规定,第25条、第26条关于合同成立的规定以及第44条、第45条、第46条关于合同生效的规定,结合以财政部《彩票发行与销售管理暂行规定》和国家体育总局《体育彩票管理暂行办法》为依据制定的《七星彩游戏规则》的第3条的规定,即"'7位数'实行自愿购买,凡购买该彩票者即被视为同意并遵守本规则"的有关规定,原告与我方当事人订立的合同是完全符合合同法的有关规定,是合法有效的。原告购买彩票的行为即已在事实上同意了《七星彩游戏规则》。因此我方可认定原告知道并同意该游戏规则中第18条规定:每期开奖后,国家体育总局体育彩票管理中心需将中奖号码、当期销售总额、各奖等中奖情况以及奖池资金金额等信息,通过新闻媒体向社会公布,并将开奖结果通知各销售终端。

其次,依据我国《合同法》第60条、第61条关于合同履行的规定,当事人应当按照约定全面履行自己的义务。当事人应当遵循诚实信用原则,根据合同的性质、目的和交易习惯履行通知、协助、保密等义务。联系本案事实我们可知:

(1) 体育彩票的背面有详细的"购票须知"。其中有详细的说明告知有关彩票的规则和注意事项。

(2) 开奖后,我方当事人在中央五套、北京1、3、7频道等权威的电视频道和北京晚报、法制日报等对象性广的报纸的彩票栏等地发布了开奖和领奖信息,提醒中奖者速速领奖。

上述两个行为均为我方当事人在《七星彩游戏规则》的规定中和原告同意的内容。即我方当事人已经在事实上作出了合同中承诺的履行义务,符合合同法的规定,是合法有效的。

再者,作为一个已经有六年购买彩票历史的老彩民,作为一个并不是单纯买彩票消磨时间及为我国体育事业作贡献的原告应该深知本彩票的游戏规则和注意事项,本案中提到其回偏远老家,并且只是"一个只有几户人家的小山村,村里未通电话也几乎不看报纸"的情况不能作为原告的免责条款。因为我方当事人发行的彩票是全国联网的,并且其公告的媒体有中央电视台等多家面向全国的媒体,足以使购买彩票的人了解到中奖公告。原告没有及时获悉自己的中奖信息完全是个人行为的过失,与我方当事人无关。

最后,从社会效率和秩序来说。我方当事人是直属于国家体育总局的官方彩票管理机构,其范围涉及全国各个地区,下属有千家体育彩票管理终端和不计其数的彩民。体育彩票是国家体育事业的一项不可缺少的重大辅助性活动,它需要有正常的运转方式和高效率的运转秩序。对于我方当事人所设的七星彩,其规则是每周开奖三次,每次所购买的彩民面向全国,我方当事人不可能也没有义务保证每一个彩民都获知中奖信息。只能按照规则中所说的彩民自主通过我方当事人提供的途径和积极的事实告知行为了解自己的中奖信息。因此,本案中原告回到偏远老家无法获悉获奖信息是自己获知方式上的过失,与我方的告知行为无关。

焦点问题二:28 天未领奖视为弃奖的规则是否为无效的格式条款?

原告代理律师意见[①]:

对于第二个焦点问题,我方认为:被告国家体彩中心关于 28 天的领奖期限属于霸王条款,严重侵犯我当事人的合法财产权利。理由如下:

1. 公民购买彩票后,即与彩票中心之间形成了一种合同关系,合同的性质应属射幸合同,一旦公民中奖,彩票中心即有兑付奖金的合同义务。彩票背面印有"兑奖期限为 28 天,逾期视为自动弃奖"的规定是无效的。我国《合同法》第 39 条规定,当事人为了重复使用而预先拟定,并在订立合同时未与对方协商的条款是格式条款;第 40 条规定,提供格式条款一方免除其自身责任,加重对方责任,排除对方主要权利的,该条款无效。根据上述规定,彩票背面所

---

① 此部分为中南财经政法大学姜海、甘磊同学写作。

印的关于兑奖期限的规定,是格式合同条款,其在未与合同相对方充分协商的情况下既已订立,且排除了合同相对方的主要权利,免除了提供方所应承担的给付责任,违反了当事人意思自治的合同原则,故该条款应属无效条款。

2. 被告所依据的《联网销售 7 位数电脑体育彩票游戏规则》第 19 条规定:"'7 位数'兑奖当期有效。每期自开奖次日起 28 天为兑奖期,逾期未兑,视为弃奖。""视为"是对彩民意思表示的默认推定,根据《最高人民法院关于贯彻执行〈民法通则〉若干问题的意见(试行)》第 66 条,"不作为的默示只有在法律有规定或者当事人双方有约定的情况下,才可以视为意思表示"。此处的默示有法律规定吗?此规定严重违反了彩民的意愿,侵犯了彩民领取奖金的权利。"七星彩"的游戏规则是由国家体育总局体育彩票管理中心颁布的,不是部门规章,更不是法律,只是一种规范性文件,其法律效力不及由全国人大制定的民法通则、合同法的效力。

法律规范应该人性化设计,体现人文关怀,而不应该减轻制定者自身的义务,加重被规范者的义务。体彩中心作为游戏规则的设定者,滥用其优势地位,颁布这种显失公平的恶法条款。彩民在强大的国家机关制定的规则面前显得无能为力,毫无选择余地。这显然与现代法精神相悖。我们可以通过对处于较高位阶的我国《合同法》和《民法通则》的解释,排除违反立法宗旨型条款。

中国体育彩票一直遵循公开、公平、公正的原则,难道通过设立一个不甚合理的兑奖期限来限制彩民利益的实现,这也是公平吗?这符合体育彩票的发行目的吗?

3. 被告方认为汪向阳购买彩票即表示接受彩票上所列条款的观点有欠妥当。《联网销售 7 位数电脑体育彩票游戏规则》第 3 条规定:"'7 位数'实行自愿购买,凡购买该彩票者即被视为同意并遵守本规则。"这是典型的格式条款。格式条款的提供方往往具有事实上或法律上的垄断地位,使其在缔约中处于绝对的优势,而对方当事人享有的权利只是"take it or leave it"（要么接受,要么走开）,双方缔约地位的不平等性造成了当事人之间"意思一致"的虚假性。我方当事人购买彩票的行为并不表示同意对方的条款。

如邮局在包裹单据后面载明的格式条款"包裹丢失或物品损坏只赔偿邮费",而消费者即使知道这一格式条款,也得填包裹单寄邮包,难道说消费者就同意了这种显然违背了公平原则的格式条款吗？

4. 从物权的角度看,体彩中心的资金取之于民用之于民,从公布号码开始,在我当事人和体彩中心之间就已经形成了一个债权债务关系,体彩中心就有义务交付这 500 万元的标的。"兑奖期限为 28 天,逾期视为自动弃奖"是没有任何法律效力的。在奖金找不到认领者的情况下,彩票中心可以找公证机构提存,宽限领奖期。同时,类比我国法律规定的民事诉讼时效为两年,我国法律关于失踪宣告的期限也是两年,体育彩票中心单方规定的 28 天兑奖期限显然太短,不利于法律当事人充分全面地主张自己的权利。

彩票是善意赌博和献爱心的共同媒介。彩票靠的是运气,"七星彩"中奖的概率是一千万分之一,也就是说中 500 万的概率和走在路上被雷击中的概率是一样的。本案中,这么大的幸运实实在在降临在了原告汪向阳身上,却因为过了体彩中心规定的短短 28 天期限而被剥夺了领取 500 万元大奖的机会,让莫大的幸运变成了无尽的遗憾。

我国《宪法》第 13 条规定:"公民的合法私有财产不受侵犯。国家依法保护公民的财产。"这就已经十分明确地表明:国家有保护公民合法私有财产的义务。500 万元的奖金从公布号码开始已经形成了我方当事人的债权,因此国家必须对其进行保护。国家在这个问题上不仅仅没有履行这个保护义务,反而侵犯了其权利。所以,我认为,这个规定是国家权力对公民权利保护的失职。

5. 28 天的规定,是一种"一刀切"的做法,没有具体问题具体分析，缺乏法律实质正义和实质公平的理念。实质的公平要求相同问题相同对待，不同问题区别对待，把500万这样的大奖与5元10元这样的小奖同样规定28天的领奖期限，显然是不适合实质公平与实质正义要求的。

28天的规定属于政府管理无力的和稀泥以及盲目地追求效率的规定。现代法理念之一就是要尽可能多地拓展和延伸公民的自由与权利，与此同时，现代国家理念之一也是要从重管理型转向服务型。因此，国家应该尽最大的努力最大限度的拓展公民的自由与权利，并尽最大的义务去保证公民权利与自由的实现。如此短暂的28天之规定相较于国外彩票规定的60天、90天、180天兑奖期限，已经充分地说明了这个规定是国家为了节约对诸如此类公民权利保护的成本而作出的规定，这显然是违背现代法治精神和建立服务型政府的发展目标的，是盲目追求效率而忽视公平正义的。

6. 通过比较法分析方法，类比国外的彩票兑奖期限，通行的国际惯例一般在半年左右，比如英国、美国就是6个月。为何我们不能借鉴国际惯例，延长我国的兑奖期限？在发达国家信息公布比较发达的情况下，彩票兑奖尚且有半年的期限，而我国地区差异大，疆域广阔，人员流动性大，兑奖期限为何定为短短的28天？这不是在片面地追求效率，而忽视对彩民利益的保护。北京大学中国公益彩票事业研究所执行所长王薛红认为，我国28天的兑奖期限是否合适值得探讨，应当根据不同的游戏玩法，相应设立不同的兑奖期限和方式。无论从公平的角度还是人性化角度，都应该延长兑奖期限。

7. 从社会解释方面看，民众对案件所作的实质判断，表明了社会大众的一般观点和对案件的处理态度，具有很高的参考价值。《北京晨报》报道了汪向阳准备通过法律途径追讨错失的500万元巨奖后，即引起了强烈的争论。根据当天搜狐网所做的调查，在12975位网友参与的讨论中，超过八成人赞同"兑奖期限28天为霸王条款"的说法，认为当事人有权追讨错过兑奖的奖金。

8. 恶法应当被排除,作为国家机关,更是规范性文件的制定主体,应主动修改不适当的条款。例如,北京地税局在知晓兑奖期限过短后,便通知将有奖发票兑奖期限延长至60天。①

我们认为,28天兑奖期限即使是一种习惯规定,也并不意味着这是合法合理的规定。一种坏的习惯,一个不合理的规则,即恶法性规定,就如同封建社会强权对弱势的不仁,阿谀对忠诚的不义,暴力对思想的无理,蛮横对问题的不智,奸诈对善良的无信。这样的习惯,结果是什么呢?是我们人类自己成了自己这个习惯的奴隶、规则的奴才。在这里,诸如此类的盲目效率性规定的结果也就把我们引向恶习的奴隶。

9. 射幸合同以不确定性事项作为合同标的,为人们所常说的撞大运。买彩票要得有一颗平常心,普通彩民买彩票也就是抱着碰碰运气并且作贡献、献爱心的态度的,不可能通过买彩票来牟利、发财。目前彩票宣传中的"发财就在一瞬间"、"掏出2元钱,圆你轿车梦"等标语容易鼓动不劳而获的非分之想,营造社会的投机气氛,怂恿侥幸心理。将弃奖奖金划入调节基金作为下期更大的奖金也容易激发人们追逐大奖的投机心理,带来道德风险,不利社会稳定。这就在营造一种不好氛围,即买彩票就是为了中奖,以小投入换取大回报,在某种程度上会助长社会上不劳而获的投机心理。从经济学角度分析,彩票奖金应让更多人收益,而不是让个别人得到更大的利益。彩票业的初衷是发展福利、体育事业,所以体彩中心应该提供更多的中奖机会,来提高大众购买的积极性。与此同时,应正确地进行宣传,加强对彩民的教育,摒弃赌博心理,增强爱心意识,树立良好的心态。

---

① 部分消费者反映"有奖发票兑奖期限为自开票之日起30日内"的规定期限较短,不便兑奖,为了进一步为中奖者提供便利,2005年2月7日,北京市地税局印发了《关于延长有奖发票兑奖期限的通知》,将有奖发票(刮开中奖)的兑奖期限由"自开具发票之日起30日内延长至60日内(最后一天如遇节假日可顺延)"。参见 http://news.china.com/zh_cn/wytl/10003414/20050216/12110176.html。

10. 在本案中，我方当事人处于一个信息弱势的地位，一个在北京务工的外籍民工，一个接触最现代通讯仅仅依靠一台黑白电视机的农民，一个从来就没有看报习惯而只从彩票点公示查询中奖号码的彩民，已经属于信息弱势群体之一。在这样的一个前提下，还要求用28天这样一个短暂的期限来要求我方当事人对此承担责任，显然是对公共权力的滥用以及对公民权利尤其是对弱势群体权利的践踏。

与本案类似的案例：2003年11月3日，新疆福利彩票一注500万元巨奖无人认领，可弃奖者不久又突然浮出水面。经其本人解释，身为地质队员的他与队员结束了一个多月的野外作业，回家后才发现自己中了大奖。我们不禁要问：如何保障此类彩民的利益？难道他们活该，谁让你买彩票还出国、回家，甚至还去野外考察的？

综上所述，体彩中心制定的28天的兑奖期限条款不符合现行法律，不符合科学要求，不符合现代法理，不符合法治精神的规定，与彩票业的初衷相悖，企图减轻自身责任、加重向对方义务，是一个显然违背法理、违背公平正义、侵吞公民权利的超级霸王条款，因而是无效的。

被告代理律师意见[①]：

我们认为此条款不构成无效的格式条款。理由如下：

（1）此条款是遵循了公平原则来确定当事人之间的权利和义务的。

首先，此条款中体彩中心并没有免除自己的责任，排除对方的主要权利。体彩中心在规定的28天期限里，有用适当的方式公告中奖消息的义务，有把奖金拨出来放置、等待中奖者来领奖的义务。而买了彩票并希望中奖的人则有适当注意中奖消息的义务，中奖之后有在28天之内兑奖的权利。在28天期限之后，不兑奖的人视为

---

① 此部分为中南财经政法大学张希同学写作。

弃奖,体彩中心有把被弃奖的资金拨入全国彩民的调节基金的权利与义务。调节基金将有作为下期的特等奖金等用途。这样规定,有利于大量资金能及时地重新投入使用,而且也尊重了一部分人买彩票是为了捐助公益,无心领奖的意愿。因此,在此条款里,我方当事人并没有免除自己的责任,排除对方的主要权利。

其次,28天期限条款并没有加重对方的责任。体彩中心规定28天主要是有以下考虑:第一,给中奖者以知晓中奖消息的时间。第二,给中奖者做各种领奖准备的时间。其中最重要的是第一种时间。在这28天里,体彩中心会通过各种渠道不断地对外公布中奖信息,在正常情况下,买了彩票的人只要有一点点的主动关心和打听的意识和行动,二十多天的知晓时间是足够了的。如果期限过长甚至无期限,会造成大量资金的长期闲置,不利于资源的有效利用。如果是忘记了彩票之事,就只能靠一些偶然的情况勾起他们的回忆,正如本案中对方当事人偶然捡到一张报纸看想起自己彩票的事一样,而这些偶然事件的出现是随机的,不可预见的,我方当事人是给一定的时间让你想起来的,但不可能规定过长的甚至无期限的时间去等待这些偶然情况的出现,这样多长时间也不够。因此,规定28天期限充分考虑了双方的权利义务,是对双方都合理公平的。

(2)体彩中心已经采取了合理的方式提请对方注意此条款。

我们认为,在本条中,"合理的方式"指能提请对方了解、注意的方式。体彩中心已经向公众公布了《联网销售7位数电脑体育彩票游戏规则》,其中第19条就是这一条款。更重要的是,每一个买了彩票的人手上的彩票背面都印有"28天兑奖期限"的文字。体彩中心已经把此条款从总共23条的游戏规则中抽出来印在彩票的背面,按照正常情理判断,买了彩票并期望中奖的人都会把彩票上的数字和文字看一遍,在正常情况下,这足以提请买了彩票的人注意到此条款,即把其或多或少的意志放到这上面去,甚至在其脑海中留有一定的印象。对于一个公共性机构来说,不可能做到亲自提醒每一个买彩票的人对"28天兑奖期限"的注意,只能通过这些渠道来提请他们的注意。

综上所述,我们认为28天期限的条款是有效的格式条款。

附录

典型实验报告与心得选编

> 如果我们不做任何前人不做的事情,我们就会永远呆在一个地方,法律会停止不前,而世界上其他一切事情将继续前进。这种状况对双方都是不利的。
>
> ——〔英〕丹宁勋爵

附录

中国共产党中央委员会
关于建国以来党的若干
历史问题的决议

附录 1

典型实验报告：房屋买卖合同中主要义务的认定
——关于一房二卖案的对抗式判解研究报告

中南财经政法大学法律解释学第十实验小组[①]

目录

一、案件概况与认定的详细事实

二、实验准备过程与庭审组织

三、确定的焦点法律问题列表

四、法官组确定焦点问题的理由

五、焦点 1 审理：供销社接受张正党两次预付款共计 5 万元的行为是不是承诺行为

　1. 原告律师组辩论意见

　2. 被告律师组辩论意见

　3. 陪审团表决结果

　4. 法官组表决与裁判理由

六、焦点 2 审理：张正党是不是已经履行了合同的主要义务

　1. 原告律师组辩论意见

　2. 被告律师组辩论意见

　3. 陪审团表决结果

　4. 法官组表决与裁判理由

七、焦点 3 审理：如果判决张正党已经履行了主要义务,那么供

[①] 本组成员：陈锦鹏、罗静、肖宝玭、李敏、朴香玉、王雪霞、谢大林、江海波、刘莹玲、辛琼、周印；组长：陈锦鹏；指导教师：疏义红。本报告全篇由法官组陈锦鹏同学整理。

销社有没有接受该履行

八、焦点 4 审理：黄莉和供销社之间有没有恶意串通
1. 原告律师组辩论意见
2. 被告律师组辩论意见
3. 陪审团表决结果
4. 法官组表决与裁判理由

九、法官组简要总判决

十、指导教师点评

一、案件概况与认定的详细事实

一房二卖案①

原告（上诉人）：张正党

被告（被上诉人）：安徽省固镇县新马桥供销社，黄莉

案情概要：

被告供销社拆除"门市部"建房出售给职工，原告张正党分两次向其交付购房款5万元。后因交付房款发生纠纷，供销社将该房出售给黄莉。原告认为其已经与供销社达成口头购房协议，且已实际履行，房屋应归其所有。被告黄莉认为原告同供销社之间，并未成立购房协议。

本次认定的案件事实②：

1. 供销社原有门市部数间，坐落于固镇县新马桥镇西大街南侧，由张正党等人承包。2000年3月，供销社将门市部拆除建成二层楼房出售给职工。上诉人张正党与被上诉人黄莉的丈夫马加喜均为供销社职工。2000年3月20日、5月7日，张正党分两次向供销社预交购房款5万元。

---

① 案例来源：北大法意网：法院案例：安徽省蚌埠市中级人民法院（2005）蚌民一终字第212号判决书。
② 括号内加粗字体为商讨后补充的事实。

2. 2000年年底,该楼房基本建成,供销社要求所有购房户补齐购房款,张正党则向供销社主张以供销社欠其款项抵销购房款,对此供销社未允(**债没有到期**)。2001年3月4日,张正党强行入住供销社所建楼房自西向东第五、六间上下层共四间。

3. 当月6日,供销社将该四间房屋出售给黄莉(**此时黄莉知道张正党已预付购房款5万元,并且知道张正党与供销社之间有纠纷**),并与黄莉就房屋买卖签订二份协议。当日,黄莉以供销社欠其集资款抵扣购房款14万元(**债没有到期**),供销社为黄莉出具了收据。

4. 2001年11月14日,供销社向张正党发出一份催款通知书,要求张正党在当月20日前交清所欠房款9万元,张正党仍要求以欠款相抵,未予交纳。

5. 2003年3月19日黄莉办理了上述房屋的房地产权证。同年8月25日,张正党起诉要求确认其与供销社之间购房协议有效,确认黄莉与供销社之间房屋买卖合同无效。

6. 另查明:2003年3月19日,固镇县人民政府就争议房屋给黄莉颁发了房地权固新私字第2003-011号房地产权证。黄莉取得房地产权证后,起诉要求张正党腾退房屋,赔偿损失。该案经固镇县人民法院审理后作出(2003)固民一初字第351号民事判决,判令张正党腾退争议房屋交给黄莉。该判决已发生法律效力。2004年,张正党因申请撤销固新私字第2003-011号房地产权证而提起行政诉讼。2004年12月9日,安徽省高级法院作出(2004)皖行终字第104号终审行政判决,维持蚌埠市中级法院(2004)蚌行初字第12号驳回张正党诉讼请求的行政判决。上述事实,有固镇县人民法院(2003)固民一初字第351号民事判决、本院(2004)蚌民一终字第73-1号民事裁定、安徽省高级人民法院(2004)皖行终字第104号行政判决,供销社给张正党的催欠通知书、收款凭证,黄莉与供销社签订的两份协议、供销社给黄莉出具的收款凭证、房地权固新私字第2003-011号房地产权证等书证,以及双方当事人的陈述在卷佐证,并经当庭质证,应予确认。①

7. 原审法院审理认为,供销社拆除原有门面房重建二层楼房出售的决定是一种要约邀请,张正党预交购房款的行为仅表示其希望与供销社订立合同的要约行为,由于双方并未就房屋的价格、数量、履行期限及履行方式等合同主要条款达成一致,即供销社并未作出承诺,双方合同不成立。而被告供销社在张正党强行入住后的催款行为应视为新要约,张正党要求以欠款相抵,双方仍未达成协议,故认定合同未成立。而两被告之间签订了书面房屋买卖及产权转让协议,且被告黄莉取得了房地产权证,故两被告之间的房屋买卖合同有效。据此判决:(1)原告张正党与被告供销社房屋买卖合同未成立;(2)被告供销社与黄莉房屋买卖合同有效。

8. 宣判后,张正党不服,提出上诉,理由是:我与供销社存在口头购房协议,且已实际履行,房屋买卖合同应为有效;两被上诉人之间恶意串通,将已卖给我的房屋卖给黄莉,损害了我的利益,且供销社转让房屋给黄莉的行为违反了相关法律法规,故两被上诉人签订的房屋买卖协议应认定无效。

9. 供销社答辩:我社与张正党确实存在口头协议,争议房屋是卖给张正党的。原供销社负责人又将该房屋卖给了黄莉,我认为争议房屋还是应当给张正党。

10. 黄莉答辩:原审判决正确,要求维持原判。

二、实验准备过程与庭审组织

本组为了该实验共进行了四次全体会议。第一次商讨作好角

---

① 当时补充此事实,后笔者认为有不妥。因为按照我国《民事诉讼法》第 135 条的规定,一审一般的审限应该是 6 个月,如果有特殊情况需要延长,由本院院长批准,可以延长 6 个月;还需要延长的,报请上级人民法院批准。按照同法第 159 条的规定,二审的审限为 3 个月,有特殊情况的可以延长。当时我们统一认为,民事二审是在行政终审之后,根据案情,也就是说至少要在 2004 年 12 月 9 日之后。照此推论,民事初审似乎进行了超过一年半的时间(二审立案之前的一些程序亦须耗时日,但不超过一个月),笔者认为此有过于拖沓之嫌。当然,理论上还是说得过去的,所以后来也就没有改动。

色分配,并对案件中若干争议问题进行了探讨,但没有确定焦点。第二次讨论未能深入,一些问题未能达成共识。作为组长,初感问题之"棘手"。第三次商讨,在老师的帮助下将焦点定下,并就案件中的事实问题达成了共识。第四次商讨,本组就庭审内容作了最后的准备总结,并就庭审中的程序问题对大家作了提醒。至此,实验准备过程结束。

开庭时间:2006年5月11日

开庭地点:中南财经政法大学文泰楼一号模拟法庭

法官组:陈锦鹏、罗静、肖宝玭

原告律师组:李敏、朴香玉、王雪霞、谢大林

被告律师组:江海波、刘莹玲、辛琼、周印

三、确定的焦点法律问题列表

1. 供销社接受张正党两次预付款共计5万元的行为是不是承诺行为(包括就合同的主要条款达成一致)?

2. 张正党是不是已经履行了合同的主要义务?

3. 如果判决张正党已经履行了合同的主要义务,那么供销社有没有接受该履行?

4. 黄莉和供销社之间有没有恶意串通?

四、法官组确定焦点问题的理由

对于焦点一,开始有的组员认为,争议在于被告供销社"将门市部拆除建成二层楼房出售给职工"的行为以及原告张正党预交购房款的行为如何定性。但后来大家达成共识,认为供销社"将门市部拆除建成二层楼房出售给职工"的行为是要约邀请,张正党预交购房款的行为是要约,而争议的焦点就转移到供销社接受张正党两次

预付款共计 5 万元的行为如何定性上,究竟该行为是不是承诺。①

确定焦点二、焦点三的理由:我国《城市房地产管理法》第 40 条规定:"房地产转让,应当签订书面转让合同,合同中应当载明土地使用权取得的方式。"另外,最高人民法院关于范怀与郭明华房屋买卖是否有效问题的复函亦言:

贵州省高级人民法院:

你院 1992 年 1 月报来的《关于范怀诉郭明华房屋买卖纠纷一案的请示报告》收悉。经研究,答复如下:房屋买卖系要式法律行为,农村的房屋买卖也应具备双方订有书面契约、中人证明,按约定交付房款以及管理房屋的要件;要求办理契税或过户手续的地方,还应依法办理该项手续后,方能认定买卖有效。本案范怀与郭明华双方既未订立买卖房屋的书面契约,亦未按口头约定付清房款,不具备所有权转移的基本要件,故同意你院审判委员会第一种意见,即双方口头房屋买卖协议无效,对由此而产生的其他争议,争取合情合理地调解解决。

因此,被告代理组主张,房屋买卖合同必须签订书面协议,否则无效;但是,我国《合同法》第 36 条规定:"法律、行政法规规定或者当事人约定采用书面形式订立合同,当事人未采用书面形式但一方已经履行主要义务,对方接受的,该合同成立。"②因此,原告代理组主张,房屋买卖合同并不一定要签订书面协议。商讨后,我们决定以《合同法》第 36 条为基准,辩论张正党与供销社之间的房屋买卖合同是否有效。按照第 36 条字面上的规定,我们认为如果没有签订

---

① 但是该焦点定下后,被告代理组的组员反映该焦点对他们明显不利,笔者亦有同感。不过如后所述,笔者在庭审中支持了被告方的见解。笔者认为,按照组内起初的认识定下焦点或许对控辩双方会更公平,但那样的话辩论起来会耗费大量时间。为避开此"死穴",只好作另一种选择。

② 该条中的成立应该解释为生效(参见李永军:《民法总论》,法律出版社 2006 年版,第 453、454 页)。

书面协议,要使张正党与供销社之间的房屋买卖合同生效,就必须符合两个要件,即张正党已经履行了合同的主要义务以及供销社接受了该履行。① 因此,此二要件也便成为该案中的两个争议焦点。

焦点四确定的理由:该焦点是按照原告方在案件中的诉求而确定的,旨在使两被告之间的房屋买卖合同无效。本来,按照我国《合同法》第 52 条第 2 项的规定,欲使两被告之间的房屋买卖合同无效,除了他们之间有恶意串通外,还要求该恶意串通导致国家、集体或者第三人利益受到损害。据此,第五个焦点问题,"如果黄莉和供销社之间有恶意串通,那么张正党的利益有没有受到损害",便有成立之可能。但本组统一认为,在该案中只要黄莉和供销社之间有恶意串通,那么张正党的利益必然受到损害。从而避开了此"鸡肋"焦点。

五、焦点 1 审理②

供销社接受张正党两次预付款共计 5 万元的行为是不是承诺行为

1. 原告律师组辩论意见:

(1) 合同成立的本质是当事人之间达成合意,只要当事人就合同的主要条款意思表示一致,合同即告成立。在本案中,供销社将自建房屋销售给内部职工,允许张正党购买,双方对房屋的标的、价格等主要内容意思表示一致。并且,张正党为此已经交付了部分购房款,供销社也已接受。况且供销社为了实现合同目的,书面向张

---

① 什么是"接受履行",这无不存在疑问。36 条中规定"一方已经履行主要义务",这"一方"究竟又指一方,这也是本组当时没有深入探究的。笔者认为,既然买卖合同属于双务合同,履行义务就应该是双方面而不应是单方面。如此理解,后面的所谓"接受履行"的规定意义何在,值得反思(参见马强:《债权法新问题与判解研究》,人民法院出版社 2002 年版,第 14 页)。

② 庭审部分由陈锦鹏编排。各组员提供的资料全面充实,对该报告打印作用巨大,在此深表感谢。另外,由于庭上没有记录下陪审团的意见,所以该报告中没有对其的理由分析,这或许是该报告最大的不足。

正党发出催款通知书,由此可见,供销社对张正党要求购买做了实质性的承诺。

(2)张正党与供销社之间就房屋买卖合同的主要条款已经达成一致。首先,国家颁布合同法的意图在于:A. 提供合同的示范文本。里面详细规定了合同的主要条款,目的就在于使双方在真正的市场交易中明确各自的权利义务,以此来避免以后可能产生的纠纷。这可以说是给人们在订立合同时提供的建议,如果人们没有采纳此建议,并且产生了纠纷该怎么办?那就是合同法的第二个功能,即 B. 我国《合同法》规定了大量的条款来解决合同中产生的纠纷。据此,从我国《合同法》的立法目的来看,其并非希望合同因为一两个不大重要的条款没有达成一致,就否认此合同的成立。就买卖合同而言,应该认为只要价款和标的这两个主要的条款达成一致,其他完全可以用《合同法》第61、62条①等条款来协议补充。

(3)就本合同而言,价款14万元人民币是确定的,关键就在于标的物是否特定化。在本案件中,供销社是将房屋预售给职工的,当时房屋就没有建起来,而双方约定上下房屋四间,从这里就可以知道房屋是相对特定化了的。而且后来张正党强行入住了房屋后,

---

① 我国《合同法》第61条规定,合同生效后,当事人就质量、价款或者报酬、履行地点等内容没有约定或者约定不明确的,可以协议补充;不能达成补充协议的,按照合同有关条款或者交易习惯确定。

第62条规定,当事人就有关合同内容约定不明确,依照本法第61条的规定仍不能确定的,适用下列规定:

(一)质量要求不明确的,按照国家标准、行业标准履行;没有国家标准、行业标准的,按照通常标准或者符合合同目的的特定标准履行。

(二)价款或者报酬不明确的,按照订立合同时履行地的市场价格履行;依法应当执行政府定价或者政府指导价的,按照规定履行。

(三)履行地点不明确,给付货币的,在接受货币一方所在地履行;交付不动产的,在不动产所在地履行;其他标的,在履行义务一方所在地履行。

(四)履行期限不明确的,债务人可以随时履行,债权人也可以随时要求履行,但应当给对方必要的准备时间。

(五)履行方式不明确的,按照有利于实现合同目的的方式履行。

(六)履行费用的负担不明确的,由履行义务一方负担。

供销社没有采取任何措施让张正党腾退房屋,也没有其他的人出来主张对这几间房屋的权利。再者,黄莉与供销社的房屋买卖合同是在张正党与供销社之间合同履行方式不能达成一致之后才签订的,其标的亦是这四间房屋。

2. 被告律师组辩论意见

(1)供销社接受张正党5万元的行为不是承诺行为,该5万元属于"预订款"。预订款是指购房人看中房屋后,为了表达诚意,预定该房屋时而交付的钱,类似于"订金"。预订款的适用不存在制裁违约行为的作用,对合同也没有担保作用。该5万元是为了将来顺利签订合同。对于预定款的法律规定参见《最高人民法院关于适用〈中华人民共和国担保法〉若干问题的解释》中的第118条,以及《商品房销售管理办法》(以下简称《办法》)第22条①。

(2)张正党向供销社交付5万元时,双方对于将要购买房屋的位置、数量、履行方式、违约责任等没有达成一致。根据我国《合同法》第14条的规定:要约是希望和他人订立合同的意思表示。该意思表示应当符合:内容具体确定;表明经受要约人承诺,要约人即受该意思表示约束。而这样一个缺少了明确的标的、数量、履行方式和地点、违约责任和解决争议的意思表示,不能认为其是一个内容具体明确的意思表示。因此原告主张的要约是个缺乏要件的要约,自始无效。根据我国《合同法》第30条的规定:承诺的内容应当与要约的内容一致。从而供销社接受5万块钱的行为不是承诺行为。

(3)从该案件中我们可看出,当时供销社向张正党等多名职工

---

① 《最高人民法院关于适用〈中华人民共和国担保法〉若干问题的解释》第118条规定,当事人交付留置金、担保金、保证金、订约金、押金或者定金等,但没有约定定金性质的,当事人主张定金权利的,人民法院不予支持。

《商品房销售管理办法》第22条规定,不符合商品房销售条件的,房地产开发企业不得销售商品房,不得向买受人收取任何预订款性质费用。符合商品房销售条件的,房地产开发企业在订立商品房买卖合同之前向买受人收取预订款性质费用的,订立商品房买卖合同时,所收费用应当抵作房价款;当事人未能订立商品房买卖合同的,房地产开发企业应当向买受人返还所收费用;当事人之间另有约定的,从其约定。

借款,从而可推知供销社处在一种资金紧张的状态,因而在楼房的买卖中供销社必定希望张正党全额支付现金从而缓解资金紧张问题。而张正党却主张以债权来抵销购房款,这与供销社的原意不符,从供销社并未允许张正党以债权来抵销购房款上就能明显地看出在这一立场上双方的分歧,从而应认为当时双方并未达成合意。从这一点上来说,不能认为供销社收受 5 万块钱的行为是一种承诺行为。

3. 陪审团表决结果

陪审团对这第一个焦点问题进行了一次表决,结果是 45 人中有 40 人赞同原告的主张,即认为:供销社接受张正党两次预付款共计 5 万元的行为是承诺行为。而有 5 人反对原告主张。该表决形成绝对多数。

4. 法官组表决与裁判理由

(1) 法官组陈锦鹏赞同被告的主张,即认为供销社接受张正党两次预付款共计 5 万元的行为不是承诺行为。理由是:

对于第一个焦点的争论,涉及承诺的问题。所谓承诺,在商业交易中,又称为接盘,是指受约人作出的同意要约以成立合同的意思表示(我国《合同法》第 21 条)。① 学理上,认为承诺有四个要件:承诺必须由受约人作出;承诺必须向要约人作出;承诺的内容应当与要约的内容一致;承诺必须在要约的存续期间内作出。②

从原被双方的辩词来看,争论的焦点实际上又集中到了要约成立的第三个要件上,即承诺的内容是不是与要约的内容一致。再将此焦点细化:

A. 供销社接受的 5 万元是不是"预定款"? 按照《办法》第 22 条的规定,预定款的收受实是一种不合法的现象,在这里主张供销社接受的 5 万元是预定款,不能得到支持。

---

① 参加崔建远主编:《合同法》,法律出版社 2003 年版,第 40 页。
② 同上书,第 40、41 页。

B. 张正党与供销社之间的合同标的是否确定？我给出肯定的回答。因为案件中，即使一开始双方并没有就买哪间房进行了协商，但是，自张正党强行入住"供销社所建楼房自西向东第五、六间上下层共四间"后，争议就一直是围绕这几间房而进行的。而供销社的态度也表明，只要张正党用现金把款项交齐，其便可购得这几间房。据此，陈锦鹏认为到后来，双方所指的标的应该就是张正党强行入住的那几间房。

C. 合同的履行方式有没有确定？陈锦鹏对此给出了否定回答。案件中，供销社显然是希望张正党以现款的方式偿付所欠房款，而不是希望用债务抵销。虽然，对于被告方所主张的"供销社处于资金紧张的状态"，由于涉及事实问题，在庭审的过程中也没有补充调查，因此该主张不采纳。但是，原告方的理由也是不能采纳的，其主张用我国《合同法》第61、62条来补充合同未明确的条款，但是细看《合同法》第61条，其适用条件是"合同生效后"，在该焦点的争论中，我们尚不知道合同是否成立，又何能判定其已经生效呢？①

（2）法官组罗静赞同原告的主张。理由是：民事法律是私法，它应尊重当事人的意思自治和意思自由，而不应干涉过多，其最多只是对人们的行为予以引导。我国《合同法》第12条这样规定"合同的内容由当事人约定"。可见，对于履行方式，法律并未规定必须记载于合同中。在本案中，张正党交5万元的行为原被告双方均认为是要约，在这个要约发出后，供销社接受并未提出任何异议，可见其未对此要约进行实质性变更，所以应认定为承诺，若一味认为因履行方式未记载于合同而合同就不成立的话，那么我国《合同法》第62条也就失去了其存在的价值。

（3）法官组肖宝毗赞同原告的主张，理由是：从意思自治上讲，

---

① 不过后来，笔者觉得该理由有疑问。因为假如这样，那么双方在签订合同后，如果因合同中的某一条款不明确而产生争议，那就没有法律可以解决了，但又不能因此轻易判定该合同不成立或者无效。

要寻找双方当事人行为时的真实意思,若承认5万元为要约的话,供销社接受张正党5万元,其真实意思为接受房款,这是可以推定的。同时,民法为了平衡双方当事人利益,在此不承认供销社的行为是为承诺行为,显然是对原告的不公。

因此,法官组以2∶1赞同了原告方的主张,即认为供销社接受张正党两次预付款共计5万元的行为是承诺行为。连同陪审团的绝对多数表决,第一个焦点问题以原告方的主张得到支持而结束。

六、焦点2审理

张正党是不是已经履行了合同的主要义务?

1. 原告律师组辩论意见

(1) 根据诚实信用原则和公平原则,应认为张正党已经履行了合同的主要义务。因为本案中,双方就房屋买卖合同没有约定履行时间,因此为同时履行,但张正党交付了5万元预付款以后,而供销社却并未履行任何义务。所以在该时期内,本着诚实信用原则和公平原则,张正党在供销社没有履行任何义务的情况下还交了5万元预付款,应该已履行了合同的主要义务。

(2) 对我国《合同法》第36条进行目的解释可得出,张正党已经履行了合同的主要义务。我国《合同法》第36条规定:"法律、行政法规规定或者当事人约定采用书面形式订立合同,当事人未采用书面形式但一方已经履行主要义务,对方接受的,该合同成立。"这说明了一个立法目的,就是充分尊重当事人的意思自治,即使在没有符合法律法规要求的形式要件的情况下,只要当事人双方意思达成一致,合同仍然成立生效。所以,不能因为合同缺少形式要件而使之无效,这样则有悖于双方的意思表示,立法者制定这一条款的目的就是充分尊重当事人的意思表示。依据这一立法目的,在对我国《合同法》第36条中规定的"主要义务"进行解释时则不能限制太多。另一方面,合同法也没有对"主要义务"中"主要"进行具体规定,这也就是为了在充分尊重意思自治这一目的的指导下,给裁判者一定的自由裁量空间,具体案件具体分析。在本案中,供销社接受了5万元预付款,以及其后来发出催款通知书,可以确定其与张正党已经就房屋买卖合同达成合意,既然充分尊重当事人的意思表示,法律就不该对"主要义务"要求过高,不一定非要达到半数或者半数以上才视为履行了合同的主要义务,在本案件中,张正党已经付了30%以上的款数,应该视为履行了合同的主要义务。

(3) 我国《合同法》第36条的另外一个目的就是降低形式要件对合同成立生效的限制以达到促进交易迅捷、快速的目的,以最终促进经济的发展。所以,对"主要义务"的要求不能过高,如果对该义务非要达到量上的半数或者半数以上,无异于在降低了"形式要件"这一门槛后又在另一方面对交易设立了一个更高的门槛,这样则不利于我国《合同法》第36条促进交易这一目的。本案件张正党已交付了5万元款数,就已经履行了《合同法》第36条中规定的"主要义务"。

综上所述,虽然张正党没有交付半数甚或半数以上的款项,也已经履行了合同的主要义务。

2. 被告律师组辩论意见

(1) 房屋买卖合同中买方的义务是支付价款,接受房屋并且验收,而支付价款是主要义务,这个是贯穿始终的。根据我国《合同法》第60条的规定,当事人应该按照约定全面履行自己的义务。这里强调的是"全面履行",张正党的主要义务是付清价款,14万元的购房款其只支付了5万,从数量上看可以看出张正党没有履行付清价款这一主要义务。

(2) 从社会效益和我国《合同法》的目的来看,《合同法》是以充分调动自然人、法人和其他组织参与市场经济、鼓励交易的积极性为目的,若承认只支付了30%的价款是履行了合同的主要义务,那明显是对另一方当事人不公平,有损另一方当事人的利益,打消人们参加经济活动的积极性,不利于交易进行。

(3)抵销分为法定抵销和合意抵销两种。法定抵销要具备四个要件:债权关系的双方当事人必须互负债务;双方互负债务属于同一种类的债务;双方所付债务是可以抵销的债务;双方债务已经到了履行期。张正党的债权没有到期,不符合法定抵销,属于合意抵销,合意抵销只需当事人之间达成合意即可以发生效力,而供销社未允张正党的抵销请求,双方没有达成合意,即张正党的房款还没有付清,没有履行主要义务。

(4)原告认为张正党入住该房屋已经是积极履行主要义务了,但是我方不同意该观点。张正党是"强行"入住,他没有得到房屋所有权人——供销社的允许就住进去,属于一个侵权行为,如果实施一个侵权行为是在积极履行义务,这与人们的一般理念和法的精神是不相符合的。

(5)类比《范怀诉郭明华房屋买房款未付清楚房屋买卖和换房无效案》,该案件中终审判决认为郭明华未按约定付清全部房款,不具备房屋所有权转移的基本条件,买卖关系不成立。

3. 陪审团表决结果

陪审团对第二个焦点问题进行了一次表决,结果是 40 人中有 25 人赞同被告的主张,即认为张正党没有履行合同的主要义务。而有 8 人反对被告的主张。

4. 法官组表决与裁判理由

(1)法官组陈锦鹏赞同被告的主张。理由如下:

先理顺原告方的理由,无非基于两点:其一,据公平及诚信原则,供销社没有履行任何义务,而张正党则支付了 5 万元的房款,如果认为张正党没有履行合同的主要义务,则有失公平,当然,其前提是双方应该对合同义务同时履行;其二,对我国《合同法》第 36 条的解释应当符合合同法促进市场交易的目的,不能对主要义务中"主要"此标准限制过高,否则,合同法设定此条款以促成更多的合同生效之目的将无法达成,即所谓的"主要义务"在本案件中不能机械地认为是交付半数以上价款。

再看看被告方的理由,整理后如下:第一,被告方亦作出合同的目的解释,但其却认为,虽然合同法规定该条的目的确实是为了促成交易,但是如果因此而盲目损害他人利益的话,亦会打击他人参与交易的积极性,而使"促成交易"这一目的难以实现;第二,据以上的理由,则认为"主要义务"的标准应当严格化,即必须是张正党交付半数以上的房款,方能称为履行合同的主要义务,而本案件中,张正党主张之债的抵销并不符合意定抵销之要件(债没有到期),因此这张正党并没有交付至少半数以上的房款;第三,张正党在没有交付足额房款之前强行入住房屋,这显然不能认为是在"履行义务",其是一种侵权行为;第四,类比《范怀诉郭明华房屋买房款未付清楚房屋买卖和换房无效案》证明。

综上看,原告方对我国《合同法》第 36 条采用目的解释的方法,得出应该维护效率,促成交易的结论。被告方亦采用目的解释的方法,但其更多的则是停留在该条款的文义上,认为应该"公平起见",不能为了效率而牺牲公平。

法的价值是多元的,无疑,效率和公平皆是法的重要价值,但是这两者是二律背反的关系,发生冲突实不能避免。在我们这个强调社会整体效益的国度中,纯粹的效率追求而无视法的其他价值之现象已经泛滥成灾(对这一点没有持任何乐观态度),因此,通过法律来遏制这种现象很有必要。另外,如以上所列,被告方的第三点理由值得采纳,即使退一步认为张正党的行为非侵权行为,也不能认为该行为没有过错。"不能因己之过错而得利",这应该为我们所认同。

原告方在辩论中又主张,张正党的行为可以类比房屋购买分期付款,而按照《中国人民银行个人住房担保贷款管理条例》第 4 条的规定:"银行发放贷款的对象是具有完全民事行为能力的自然人,且同时具备以下条件：…… 四、在商业银行和住房储蓄银行开立储蓄存款户或交纳住房公积金存款的,存款余额占购买住房所需金额的比例不得低于30%,并以此作为购房首期付款……"。据此,张正党应已履行了合同的主要义务。的确,如果张正党与供销社之间有分期付款的约定,则张正党支付了30%以上的房款,符合房屋买卖分期付款的首期要求。但问题是,张正党与供销社之间并没有达成房屋购买分期付款的合意,而且必须注意,在该案中,后来供销社又对张正党发出催款通知书,如果真类比房屋购买分期付款,则按照《中国人民银行个人住房担保贷款管理条例》的第33条:"借款人有下列情形之一的,贷款银行按中国人民银行《贷款通则》的有关规定,对借款人追究违约责任：一、借款人不按期归还贷款本息的……"要追究张正党的违约责任。再者,如前所述,对我国《合同法》第36条进行文义解释和法益衡量,完全可以解决该争议问题,由此推知,《合同法》对该种纠纷的解决是有规定的,因此,没有必要用类比的方法来解决问题。

（2）法官组罗静赞同被告的意见。理由如下：我国《合同法》第60条第1款规定：当事人应当按照约定全面履行自己的义务。在本案中,虽然供销社与张正党对是否一次性付清房款未达成一致约定,但从本案后来的事实可以看出,供销社是希望张正党付清全部价款,且是以现金方式。已经说过,民事法律应尊重当事人的意思自治,在这里,供销社的行为是充分表示了自己的意思,而张正党并未交纳剩余房款且强行入住,可见,张正党并未履行合同的主要义务。原告提出：因张正党已经交纳了5万元,而供销社对自己的义务未有一丝的履行,所以认为原告方履行了主要义务。张正党是否履行主要义务不能以供销社是否履行自己的义务和履行了多少为参照,是否履行主要义务是一个质的问题,只能予以定性,而不能定量地分析。

（3）法官组肖宝玭赞同原告的主张。理由是：张正党是不是履行了合同的主要义务,我们首先要看什么是主要义务,简单地看买卖合同的双方的主要义务就是一方交房一方交钱。张正党已经交付了5万元,已经超过法律规定卖方在买方不支付或者不完全支付接触合同条款的法定的价金比例的数额,可以作为参照,这是立法者经过平衡双方利益推算后得出的。从法律规定的这一卖方解除权中,可以推知,法律在这种情况下不是承认合同生效的。合同没有效何来卖方的解除权呢?我国《合同法》趋向不轻易认定合同无效。所以本席认为张正党已经履行了合同的主要义务,但是不完全履行了合同的主要义务这应该交由违约责任来处理。为了稳定交易关系,目前合同在实践中的趋向是,在不涉及国家的、集体的、他人的利益的情况下,不轻易认定合同无效。我国《合同法》第36条也是想针对以前对合同形式要求过高所做的补救,其立法倾向已经很明确。在这里顺应立法倾向再把它往前推进一步。在此不对合同形式作严格的要求,这也是针对焦点三的解释。

因此,法官组以2:1赞同了被告方的主张,即认为:张正党没有履行合同的主要义务。连同陪审团的绝对多数表决,第二个焦点问题以被告方的主张得到支持而结束。

七、焦点3审理

如果判决张正党已经履行了合同的主要义务,那么供销社有没有接受该履行?[①]

八、焦点4审理

黄莉和供销社之间有没有恶意串通?

1. 原告律师组辩论意见

供销社在与张正党已经签订了房屋买卖合同之后,又将该房屋

---

① 第二个焦点问题以被告方的主张得到支持而结束,即张正党没有履行合同的主要义务,所以第三个焦点就没有必要讨论了。

卖给了黄莉,此行为不仅违反了相关法律规定,而且严重损害张正党的合法利益,故两被告间所签订的房屋买卖协议应当认定为无效。

按照我国《合同法》第52条第2项的规定,恶意串通,损害国家、集体或者第三人利益的,合同无效。在此案件中,应该认定供销社与黄莉之间的行为为恶意串通。所谓恶意串通,就是合同双方当事人相互串通,为获取非法利益而共同订立的损害国家、集体和第三人利益的合同,众所周知,恶意串通订立的合同一般具有以下三个特征:(1)双方当事人是出于恶意;(2)当事人之间相互串通;(3)双方当事人之间相互串通是为了获取非法利益。

具体分析如下:

(1)双方当事人是处于恶意。这种恶意的本质是通过损害国家集体或者第三人的合法利益。恶意是相对于善意而言的,即明知或者应知其行为会造成国家、集体、第三人损害而故意为之。在本案中,供销社与黄莉是明知他们之间的行为会损害张正党的利益仍然为之。该主张有以下事实支持:

① 2001年3月4日:张正党入住房屋。2001年3月6日,供销社以抵销的方式将该房屋出售给黄莉。在此之前,也就是2000年底,张正党主张以供销社欠其款项抵销其购房款,对此供销社未允,对于同样未到期的债权,而且在张正党先提出的情况下,为什么对张正党没有优先考虑,反而与黄莉签订买卖协议呢?这难道说是一种善意吗?

② 2001年3月4日:张正党入住房屋。2001年3月6日,供销社将该房屋出售给黄莉。2001年11月14日,供销社仍然向张正党发出一份催款通知书。供销社在已经以抵销的方式将房屋卖给黄莉的情况下,仍然向张正党发出催款通知书,这种行为难道说不是出于恶意吗?

③ 在2000年,也就是房屋卖给黄莉的一年前,张正党已经向供

销社支付了5万元预付款,在供销社与黄莉签订合同时,供销社从黄莉处并没有得到任何现实的利益,却会因此陷入纠纷之中,这种行为的后果供销社与黄莉都应该明知的,这种于己不利的行为,如果不是出于恶意,供销社会作吗?

(2)当事人之间相互串通。相互串通,是指双方当事人具有共同的目的,就是通过实施某种行为而损害国家、集体或者第三人利益,再是当事人相互配合或共同事实了非法行为而订立了合同,串通可以是明示的串通,也可以是默示的串通。明示的串通表现为双方事先达成协议互通声息,而默示的串通则表现为由一方作出意思表示,另一方明知或者应知其意图而默示接受的。而具有这种串通后,在具体行为上,它可以是双方当事人分工配合,也可以是双方共同实施某一行为。在此案中,黄莉提出了购房的意思表示,供销社明知该行为将损害张正党的利益而仍然接受,在具体行为上,双方共同就此行为达成了要约与承诺,共同实施了买卖行为,这就符合了互相串通的含义。

(3)双方当事人之间相互串通是为了获取非法利益。非法利益就是本不属于自己而应该属于他人的利益,是违反法律规定或者违背公序良俗而取得的利益。此案件中,被告供销社与黄莉达成房屋买卖合同,黄莉因此就获得了本不属于他而应该属于张正党的利益,是一种违反公序良俗而取得的利益。民法中明确规定有公序良俗原则。而供销社与黄莉的行为是与公序良俗不相符的。

被告供销社和黄莉之间在供销社与张正党达成房屋买卖合同的情况下又达成另一买卖合同的行为,明显符合恶意串通的三个构成要件,因此应认定为恶意串通行为,且损害了张正党这一第三人的合法利益。所以,两被告之间的合同无效。

2. 被告律师组辩论意见

(1)恶意串通的构成要件有:主观上当事人有恶意通谋的故意(双方均有恶意,积极追求损害结果);当事人双方事先存在通谋;对国家集体或第三人利益有损害。以上三个要件要同时具备,根据谁主张谁举证的原则,我们认为原告的证据不足以充分证明上述三要件,故不成立;

(2) 张正党和供销社以及黄莉和供销社之间的债都没有到期,因此供销社对于债的抵销有自由选择权;

(3) 可能是资金周转问题,导致供销社选择将房屋卖给黄莉;

(4) 黄莉明知纠纷依然购房,但作为有行为能力的人,花钱买房天经地义;

(5) 供销社与黄莉之间并没有存在串通,因为他们事前没有通谋;

(6) 可能存在职工福利待遇的不同,所以供销社同意抵销黄莉的债而不抵销张正党的。

3. 陪审团表决结果

陪审团对这个焦点问题进行了两次表决。第一次表决的结果是40人中有23人赞同原告的主张,即认为供销社与黄莉之间存在恶意串通的行为。13人反对原告的主张。该表决没有形成绝对多数。

因与法官组表决意见不一致,陪审团进行了第二次表决,结果是40人中有18人赞同被告的主张,16人赞同原告的主张,该表决仍然没有形成绝对多数。

4. 法官组表决与裁判理由

(1) 法官组陈锦鹏赞同被告方的主张。理由如下:

对原告方的主张,理顺一下,为:第一,同是未到期的债,为何在张正党先提出买房和以债相抵的情况下,不优先考虑张正党而却"便宜"了黄莉;第二,在与黄莉签订房屋买卖协议之后,为何还向张正党发出催款通知书;第三,黄莉与供销社明知如此(指"便宜"了黄莉)会使自己陷于纠纷之中,而且供销社也没有从把房屋卖给黄莉此举中得到比把房屋卖给张正党更多的好处,为何还坚持为"便宜"

黄莉一举;第四,黄莉与供销社即使没有明示的串通,也有默示的串通;第五,黄莉违反了公序良俗并且获得了不法利益。

被告方的理由则十分简明,主要是认为证据不充分,没有办法证明供销社与黄莉之间存在恶意串通。

陈锦鹏在庭审上给出的判决理由十分简单:双方债务没有到期,供销社有决定买方的自由。①

(2)法官组罗静赞同被告的主张。理由是:笔者认为没有恶意串通,我们不能任意将黄莉买这个有纠纷的房屋和供销社对与张正党的债权不予抵销,而抵销与黄莉的债权这两个事实相加就认定黄莉与供销社之间存在恶意串通。原告无法提出充分有利的证据说服法官。第二个焦点已经认定张正党与供销社的房屋买卖合同无效,所以供销社完全可以对自己所拥有房屋的所有权进行处分,供销社亦没有义务以牺牲自己的意思自由来保护张正党的利益,而这里的意思自由,笔者认为就是供销社对于两个均未到期的债权有选择与哪个抵销的自由。

(3)法官组肖宝批赞同被告的主张。理由是:笔者认为供销社不是恶意的,因原告方的证据并不充分。实践中有许多一物多卖的现象,所以对是否是恶意串通,有较高的证据要求,这也是不轻易认定合同无效的立法趋向所要求的。法律及实践中之所以这么做,是为了提醒当事人谨慎周详地作出法律行为,积极维护自己的利益,民法作为一个慈祥的母亲,除了保护当时人合法权利的职责外,还

---

① 但是现在想想,该判决的给出实过于轻率。因为原告方列举的种种事实虽然没能直接推导出供销社与黄莉之间有恶意串通,但是,这些理由至少能让人产生很高的"怀疑度"。而且被告方的理由有部分是不能让人信服的,尤其是涉及事实的理由上面,"谁主张谁举证",被告方也没有举出相应的证据来证明这些涉及事实的理由。笔者当时并没有过多参考原告的这些理由而"一意孤行",实际上没有履行"聆听人"的义务。当然,笔者现在还是坚持原来的判决,毕竟意思自治是私法,尤其是民法的核心,在原告方举证不足的情况下,实不能因为供销社与黄莉表面上的暧昧关系而认定他们之间有恶意串通,这是对现代私法中契约精神的贯彻。梅因著名的"从身份到契约"的论断,笔者想其意思也就在于此,契约并没有像某些人说的那样"死亡"了。

有教育职权。

因此,法官组以 3∶0 的意见赞同了被告的主张。陪审团进行了第二次表决,结果仍然没有形成绝对的多数。因此,法官组的意见是最终的意见,即黄莉和供销社之间没有恶意串通。

九、法官组简要总判决

(1) 供销社接受张正党两次预付款共计 5 万元的行为是承诺行为,因此,供销社与张正党之间的房屋买卖合同成立;

(2) 张正党并没有履行合同的主要义务,因此其与供销社之间的房屋买卖合同无效;

(3) 黄莉和供销社之间没有恶意串通,因此,他们之间的房屋买卖合同成立并且合法有效。

综上,本庭判决,对张正党的主张不予支持。

审判员:陈锦鹏

审判员:罗　静

审判员:肖宝玭

2006 年 5 月 11 日

十、指导教师点评

本案在现实中,陷入艰难的诉讼困境。当事人在长达三年的时间里,奔波于县城、市与省城,为了一个案情,穿梭于民事诉讼与行政诉讼的一审、二审之间。可以想象其内心的期盼、困惑、不满与心酸。《论语》中有国君问:"何为则民服?"孔子对曰:"举直错诸枉,则民服。举枉错诸直,则民不服。"如何"举直"? 如何"错枉"? 明辨是非即是。全国模范法官宋鱼水被当事人评价为:"辨法析理、胜败皆服。"可见化解纠纷的根本,在于持平等之心,示国家之法,直辨案件之焦点,明析中肯之事理。本案症结在于何处? 其中事理又是什么? 值得仔细研究。实验小组挑选本案作为实验对象,是有独到眼光的。

本次裁判解释实验,虽然得出的结论与现实中的判决有所不同,但是这种不同并非刻意制造,而是科学推理的结果。本次实验判决背后,有鲜明的证明结构,有清晰的焦点问题的提炼,有详细的判决理由。而且,这些理由都是充分听取并评判双方律师组的分析意见后作出的。本次实验表明,本案可以不假于多余的行政诉讼,一次就可以让当事人及其律师明白法官所推崇的法理是什么以及这种推崇法理在现实中的合理性。法理的本质是事理。在一个案件中,即使有当事人基于激愤的情绪,暂时不能接受法院所宣示的事理。但是,只要这种事理被当事人周围的大多数人接受,环境的感染会使当事人较快地接受该事理并服判息讼。这就是明辨是非的力量,也是裁判解释的价值之一。作为一项研究创新型的实验项目,必然有所发现,有所创造与检验。本次实验团队所发现的焦点问题是基本恰当的,所进行的分析与结论也是具有说服力的。

本次实验有若干突出之处具有普遍启发意义。第一点是裁判解释中补充关键细节的重要性。在本实验的补充事实阶段,律师组就发现裁判文书所提供的事实,还有一个关键细节需要补充调查。就是原告所主张抵销的债务是否已经到期。如果已经到期,那么对判断原告已经履行合同的主要义务有重大意义。该细节是裁判文书中必然反映的事实。没有对该事实进行评判,推理就无法继续进行。实验小组召开会议商议补充了该事实,从而弥补了原判决的缺憾。

第二点,确定焦点问题时,可能需要对法律条文进行系统解释。本案的焦点问题确定过程比较困难,在焦点问题确定会议中,有多种意见,经过几次反复。重要原因之一就是合同法规定了合同成立的几种情形,而这几种情形之间的关系如何理解存在分歧。直到实验小组达成共识认为第 36 条存在错误。该错误标明了一项冲突型法律漏洞存在。识别了该漏洞,并且原被告律师组都同意了该漏洞的补充方案后,即将"法律、行政法规规定或者当事人约定采用书面形式订立合同,当事人未采用书面形式但一方已经履行主要义务,对方接受的,该合同成立"中的"成立"判定为"生效"之意,才确定下第一个焦点问题。虽然据此所确定的证明结构在逻辑上是成立的。但是,尊重我国《合同法》原文,将合同的法定形式要件作为其成立要件,通过系统解释中的调和解释,也可以使我国《合同法》的多个关于合同成立与生效的条款相互协调。如果按照这种思路,本案的第一个焦点问题和第三个焦点问题就存在重叠之处。

第三点,本次实验验证了制度设计与民众习惯之间的背离带来的严重不良效应。我国民间没有书面合同是房屋交易成立的必要条件的观念,而是强调信守约定。本案当事人双方都没有订立书面合同的观念,而是过早地陷入实际利益的纠缠当中。合同法目前的制度设计,也许正是针对该类纠纷的处置方案。但是从本案情况来看,法院并不能使用这种设计有效的解决纠纷。如果将"书面主义"的观念暂时放在一边,处置这种类型案件,也许会有更能贴近当事人的"信念之网"的说理方案。本次实验小组试图按照这种思路展开社会学和经济学的解释,但是在论证理由上还有待挖掘与完善之处。

附录 2

对抗式判解研究心得体会选编

陈锦鹏：有对抗的法学才是有激情的法学

这是一个丰收的学期。对于我，一个大三的法学本科生来说，能够脱离诸如政治、英语等作用备受争议的课程之束缚，从而遨游于自己所热衷的法学专业书山中广泛涉猎，无疑是人生一大乐事。同时，选择了法律解释学课堂，将自己所学的书本知识运用到实践中去，测衡自己的水平之余，又实有"拜师学艺有成，下山行走江湖"的快感。

本学期来校后，我便拿来久欲拜读的张明楷教授之得意作品——《法益初论》。仅仅浏览了前言部分，便深深沉入其中。看完《法益初论》，我乘着这股热势看完了张教授的第二部近作——《刑法的基本立场》。该书从学派之争的介绍到对自己立场的提出，再到如何贯彻自己所坚持的立场，进行了全面深入的逻辑分析和实例说明。或许我本非安分之人，书中批判与其立场对立的学说部分，尤让我如入圣境，满腔热血。此非夸张。我深感法学的激情，在于批判，在于争论，在于对抗。沙场上的厮杀诚然残酷，但那是充满激情的，因为那是战士为国家民族而进行的真正的战斗；球场上的拼抢实是凶狠，但那是充满激情的，因为那是健儿为胜利荣誉而进行的碰撞。在我看来，学术也和战斗、比赛一样，不能没有对抗。缺乏对抗的学术是沉闷的学术，是没有思想火花的一滩"死水"。然而，我国"传统"的法学就存在这种毛病。

如果说中学教育为了打基础，是为了应付考试而不得不采取"灌输"方式的话，那么在大学这种不存在考试压力，充满自由的氛围中，学术的自由应为我们所提倡。但相反，"传统"的力量一直束缚着我们。千篇一律的教材流于市面，今天看完一本书，明天再看一本,有时我们会发现这两本书最大的差别就是封面不同;只传授通说的课堂使学生几乎没有思考的余地,但学生被迫接受的却往往是糟粕;毫无新意的考试,题型生硬,答案统一,因而造就了法学院学生"明天上考场,今天磨磨枪"的习惯,今天的学习只为了明天的荒废,这不得不引起我们的反思。

我认为,要改变这种局面,我们必须坚持一个立场:没有放诸四海皆准的理论,理论的科学之处,在于其能自圆其说。唯此,我们的学术氛围方能变得宽容,真正意义上的理论对抗方能实现。思想碰撞产生的火花是激情四射的,是充满动力的。看今天遥遥领先于我们的德日法学理论,同是大陆法系国家,我们却没能在理论的研究上与他们平起平坐,而只能静心地聆听学习,其原因是多方面的。但在我看来,最直接,最现实的(我不敢说是最本质的),就是因为国内的理论研究缺乏对抗,理论的传授缺乏多样性,而前者又是造成后者的重要因素。如此缺乏碰撞的学术何来激情,何有向上的动力,又何以超越我们所一直批评的国家。

在我看来,法解释学课堂是对"传统"的一种冲击。对抗式判解研究的真正意义,并不在于锻炼我们查找资料文献的能力,而在于让我们学习如何在对抗中进行交流,在交流中进行对抗,在坚持自己的基本立场上,通过辩论,将问题弄清楚。无疑,控辩双方在庭上的争论是激烈的,这便是对抗产生的激情,如此,"真理越辩越明"。

法学是唤醒正义,充满激情的神圣学科。争论对抗则是法学激情之光得以散发的原动力。德国伟大的法学家耶林说:为权利而斗争,就是为法律而斗争! 这是站在权利本位上对义务本位发出的战斗檄文。如此让人热血沸腾的言语,很难想象是在没有对抗的情形下说出。或许由于历史文化的因素,国内目前难以产出如耶林般伟大的法学家,但若我们国家的理论研究能够充满对抗,充满激情的话,那么赶上甚至超越德日,也应只是时日的问题。

张叙雄:艰难与收获

离开庭结束已经快一个星期了,回想起上个星期开庭的情景,真的有好多好多话想说。

得到要准备的消息后就开始找案例,北大法意网、最高人民法院网、最高人民法院发布的公报,一个接一个地看,始终找不到合适的案例,不是觉得案例太简单,没有可辩性,就是觉得太复杂了,不适合我们目前的水平。徘徊中,交了一个关于代理权限的案例,自认为案情比较复杂,而且正好也是关于我们民法即将学习的内容。最终还是没有被其他组员采纳。

定完案例和焦点后就开始写代理词,觉得这个阶段是最辛苦的,最累!作为原告代理律师要想在庭辩中获得胜利,必须要想办法说服法官组和陪审团以及被告代理律师组,而这一切的一切都必须建立在有利的法律和事实依据上。于是开始"找法",一切对案子有利的法律条文都被我们引用了。由于我负责的是案件的第三个焦点,所以我的主要工作是找事实依据,即找到相关的数据来支持我方的赔偿请求。由于时间的关系我并没有选择去图书馆找资料,我觉得在电脑上找资料的效率更高一些。随着电子版期刊和学术论文的出现,并快速丰富,网络上已经可以找到我们想要的资料,网络已经成为我们获取资料的重要途径。

于是开始在学校的数据库里找关于财经方面的期刊,一无所获。然后在百度里面进行搜索,从关键字搜索,到模糊搜索,看了好多页面后,终于在某一天找到了我想要的数据。事后同学都问我怎么找到这么权威的数据了。我说找数据要的就是耐心,数据不可能很具体地出现在某个地方,也不可能那么容易就让你找到了,假如别人和你一样很都很容易找到那些数据,那这些数据陈列在法庭上就没有什么说服力了,证据要得就是一种轰动效应,当它出现的时候一定会成为全场的一个亮点之一。找数据是一个很细的活,相信自己,相信前途是光明的道路是曲折的,一定要做好心理准备。

写好代理词后,然后开始和原告代理组的其他成员商量庭辩的事情,在庭辩过程中我们是一个团体,我们不是一个人对外,我们是集体对外。我们面对的不是一个人,我们面对的为数不少的公正严明的法官组、刁钻古怪的陪审团和南辕北辙的被告代理组,所以必须做好充分的准备,确保庭审顺利进行。于是乎我们对原被告的代理词做了对比,发现了一些庭辩过程中我们可能会争辩的焦点,以及陪审团在提问时间可能会问的问题。我个人觉得我们的庭辩还是很不错的,法官组、陪审团和被告组提的问题我们基本上都提前做了准备。一切准备就绪,期待庭辩的到来。

11月22日,庭辩如期举行,基于陪审团在案件裁定中的重要作用,我们决定把双方的代理词以及需要展示的事实依据(证据)做成PPT展示在大屏幕上。事后老师在总结词中说通过幻灯片展示代理词和证据可以很好地与陪审团沟通和交流,让他们更深刻地了解案情,作出更为理性的判断,我知道这是老师对我们这一做法的最好肯定。

庭辩刚开始由于我们原告组过于紧张,在被告提问阶段我们冷场了,不过后来还是有人回应了。陪审团有时表决带有很大的情感因素,律师要让陪审团觉得不支持你心理上过不去,这才是庭辩过程中运用情感的最高境界。美国一位小女孩被车撞伤,造成双腿终生残疾,生活无法自理,依美国当时的法律至多可以判她几十万美元的生活抚慰金。可是最后小女孩却获得了两百多万美元的赔偿。知道为什么吗?是情感,代理律师用情感打动的陪审团,他拍摄了一段小女孩双腿残废后的生活短片,小女孩艰难的成活场景深深地打动了在场的陪审团,他们纷纷落下了同情的眼泪,在最后的赔偿问题上陪审团一致要求给予小女孩多倍的赔偿。谁说法不容情,法律一样是容许情感的存在的,情感因素一样会影响案件的审判。所以说一个好的律师在为其代理人争取更多权利的时候运用情感方法不失为良策。

庭辩开始时由于比较紧张，一直不敢站起来回答对方提出的问题，其实那时我已经想好了对策了，太紧张了。随着庭辩的进行，紧张情绪逐渐消失，开始回答陪审团和被告的问题，而且好像是很期待回答似的，特别是到了最后的被告总结阶段我真想站起来回应他的发言（规定这个时候原告组和陪审团不允许提问）。干着急啊！这个时候回应他对我们肯定是有利的，好像庭辩过程中老师看到了我们的着急情绪，于是破例给了我们双方 8 分钟的加长版回应时间。这段时间真是来得太及时了，我们组员一一回应并反驳被告代理组的观点。形势对我们越来越有利了，组员们脸上一个个挂着"隐藏"的笑容。

庭辩中为了说明案件中从 2006 年 5 月到 2006 年 12 月房价升值是正常而且合理的，我在大屏幕上展示了一组数据，幻灯片内容是这样的：先是房价增幅图，然后下面是数据的用途，再是数据的提供者。为了说明数据的权威性，我特意在再下面加了关于数据提供者的简短介绍。只要是数据没什么问题，我觉得这绝对是一组具有很强说服力的数据，事实也正是如此，当我展示完数据后全场鼓掌，这是对我的数据的最好的肯定。

今天想起昨天的开庭，真的感触颇多，只有一句话我觉得是最重要的：做一个法律人好难啊！做一个优秀的法律人更是难上加难！不管怎么样，如今已经迈入法学殿堂的我们一定会为成为一个优秀的法律人努力的，这段路可能会很艰苦，可能会很孤独，但我们不怕，因为有了昨天的胜利，我们会鼓足勇气，继续走下去！

刘莹玲：充满魅力与力量的学科

这门课让我深刻感受到了法律解释的逻辑性。它很讲究条分缕析，不是乱作一团；它讲求更多的是理性，而不是辩论中的争斗；它更多的是教会我们怎样去思考，以及思考的方法。

老师带着我们定焦点，我印象很深刻。那是一个由初涉到进入，模糊感性到清晰理性的过程。老师的引导方式很好。他给我们自由想象的空间,让我们自己找寻问题,然后自己推导,发现自己的错误。然后自己改正,再思考。这样很好。避免了对老师的依赖,而且能让我们得到老师更为理性和权威的指导,能在对抗中更加有效率。

对于开庭,我想还是很满意的。特别是我们这一组的开庭。焦点论辩的比较透彻,而且基本没有什么废话。双方的正面交锋不少,现场感也很强。双方都能打出自己准备好的东西,而且战场鲜明、效率较高。当然,缺陷也有不少。场上的逻辑性不是很强,只顾打自己的,没有充分顾及到陪审团的感受。当然,案件本身也制约了不少。我很喜欢辩论,当然不是这种法律问题辩论。但是在这个课堂上,我感受到了法律问题论辩的乐趣,重要的是它让我的思维有所长进。从团队合作上来看,论辩本来就不是一个人的事情。我们说,这个对抗,虽然每个人都有自己负责的焦点。但是过程中,永远都是4打4,不是一打一!师兄师姐很博学,而且比我们更理性。他们是挖不完的金矿,我们应该多多向他们学习。

从这个课堂开始,从我认识了这些人,从我再一次地聆听老师充满理性和正义的课堂讲演,我决定:我要爱上法学——这个自己本不喜欢,却充满魅力与力量的学科!

原蕙:放下与拿起

当时选择学习法律解释学的原因,大概有三个。一是好友强烈推荐,二是大一老师介绍,三是我确实不清楚究竟什么是法律解释,法律解释的功用如何。

我很喜欢老师平实、流畅和干练的讲课风格。在前几周的理论学习中,我明白了法律解释的真正涵义所在。而后知晓了老师对后几周教学方式的改变,也着实让我紧张了一下。因为我没有在法院实习过,对于诉讼方面的认识,仅仅拘泥于课本,而且从不踏实和功利的角度说,对课本的学习,更多的目的是着眼于考试。其中幼稚可笑之处,不言自明。而更让我不能预料的是,我会成为对抗式判解研究小组的组长。可能冥冥之中,自有力量要我对以往不踏实的学习态度做出检讨。

在理论的学习之后,实践的进入是最让人期待的,也是最让人不安。前四组愈加精彩的对抗辩论,给了我巨大的压力,以至于在案件的选择和角色的分配上,我都小心翼翼——要适合各个年级同学的水平,要贴近生活,要生动有趣,要有理论研究和法律解释创新的余地……以上的种种,都曾让我手忙脚乱。可喜的是,在我们十三人组成的小组中,每个人都贡献了自己的力量,不管是在案例的发布和选择、角色的分工,还是在开会的安排上,大家都非常和谐默契。

让我感动的是,无论是哪个年级的同学,都对我的能力很有限给予无限包涵,非常支持我的工作,所以全组形成统一力量共同解决问题,讨论研究进行得非常顺利。在此非常感谢老师能提供这样一个平台培养我们的团队协作能力和锻炼我们的口头表达技巧。

对其他组对抗式判解研究的观摩,让我受益匪浅。课堂上大家的唇枪舌剑,陪审团的理性发问,无不浸透着智慧的汗水。许多同学缜密的思维方式、标新立异的思考角度,都让我叹为观止,并将对我以后的学习和思维方式产生影响。我始终认为,一名法科学生的任务不仅仅是知晓法条的内容是什么,更重要的是要理解法条的背后是什么。理论学习的目的始终是服务于实践的,而实践又反过来指导理论的发展。在法律调整社会关系的同时,不仅仅是对法条的了解,其中涉及的各个方面,以及由此反映的社会众生相,都值得我们思考。

在本组选择的两个案例中,我最有兴趣也投入了最多时间的是第一个案子"房屋装潢损害赔偿案"。在初接触这个案子时,我的兴致一下子被引发。从原告和被告的立场来看,似乎都有理由和值得同情之处。但是细细的想过之后,就会明白其实从不同的角度切入,结果可能大相径庭。我当时想着"一切听从天意",在本组同学都自由选择了角色以后,我加入了原告组。查阅了大量资料以后,我发现现成的判例是非常不利于原告的,真实案件里的原告曾以侵权为由诉之于上海市黄浦区人民法院,败诉;二审由上海市第二中级人民法院审理,再次败诉。这让我们原告组懊恼不已。经过组员的商量之后,我们决定更换诉求。但是诉求可以随便更换吗?这又涉及程序问题。在查明了相关法律之后,我们知道,在法院还没有向被告送达起诉书副本,被告没有答辩前,我们原告是可以更换诉讼请求的。于是,我们便"义正词严"地向被告组和法官组提出了我们变换的请求。现在想想,当时的做法,完全是出于没有理解焦点问题和中心问题的区别,以至在开庭当日闹了很大的笑话。

接下来的准备,更让现在的我回味无穷。法条、相关的案例、与本组同学的分工协作交流以及对案件实际情况的深入,都让我感受到了学习的幸福(已经不是一种快乐),为了案件的一些小细节,我们甚至打电话到案件发生的装潢公司去询问,结果却异常"悲惨"。但是这也是一种学习。开庭当日,虽然表现得异常不好,但是出乎意料的是我们原告组赢了。

在一个学期的学习中,我体会到了踏实学习的快感,也深切地感到了自己的不足。在对抗式判解研究的学习中,无论是哪方面的努力都是一种学习,都是对自己的挑战。不管是知识的学习,还是语言表达能力及临场应变能力的提高,这种全新的学习方式都对我们有很大的帮助。在学习中,我们学到了新知识,巩固了旧理论;我所受的教育告诉我,人们学习知识的目的就是要去放下。而今,我确实放下了,又拿起了新的。

周军:独思不若群思

耳听之不若以脑思之,以脑思之不若以手写之。

独思不若群思,独论不若群辩。

丛林:对法律精神的膜拜

通过两次庭审对抗,感触良多。首先从这个新颖的授课形式来说。从大一到大三已经选修过不少课,像这种能充分调动学生积极性的教学方式却是第一次见到。我们惯常的授课方式是理论讲述型。在课堂上,老师在讲台上把书本的内容加自己的见解以语言和幻灯片的形式传达给大家,学生就在下面划书本或做笔记,在课堂上只有知识的传递过程得到了实现,实践和运用往往被忽视,而且课堂气氛大都呆板被动,老师通常调动学生积极性的方法就是提问,而大家往往以低头和沉默予以回应。刚听说要通过课堂庭审进行学习时我的第一感觉是很新奇,参与到准备阶段时才体会到了烦琐与艰辛,结束后才诧异于收获如此之多。从我国和国外基本的庭审程序、起诉书的格式到民法原则、司法解释都有了了解和新的认识;更明白了只为了应付考试而生吞活剥知识的愚蠢,学习法律不仅要谙熟于法律基本知识,更要有解决问题的冲动和对法律精神的膜拜。

伯尔曼在《法律与宗教》一书中曾说,法律失去信仰,则如形同虚设。法律具有强制性、稳定性,法律对社会关系进行调整有自己的特点。依靠法律这根主线,形形色色的社会关系经过层层过滤,从而沉淀为一种稳定而合理的秩序,人们在其中行使自己的权利,享受自己的自由,通过不断的试错,通过与法律的不断博弈,逐渐形成了自己特定的、符合法律规定的行为模式。依循法律的指引,人们可以发现可以共享的秩序、繁荣和自由。正是由于不断的博弈,才逐渐培养起人们对法律的信仰。法律可以使他们对自己的行为有一个确定的预期,按照法律的规定去行事,可以得到他们预期的效果。通过经验与知识的不断日积月累,人们确立并巩固了对法律的信仰。西方文明的发展史和发达史,在某种程度上,正是法治文明的发展史和发达史。正是依据了这一强大的制度性因素的安排和保证,才促成了西方社会的繁荣和发达。因此,人们都相信法律的力量,他们具有对法律的坚定的信仰,他们相信法律会对他们的纠纷作出一个正确的公断和裁判。在他们对社会运行和社会控制的印象里,法律的存在是实实在在的,是具体的、可触摸得到的。他们看重自己的权利,尊重他人的权利,并身体力行地依据法律来确认、维护和保障他们的权利。他们不仅主张"为权利而斗争是权利人对自己的义务",而且认为"主张权利是对社会的义务"。他们相信法律,并主动维护和捍卫法律的尊严,而法律事实上也总是给他们以满意的答复和回报。在中国,本来就缺少法的本土资源,民众的法治意思不强,做什么事情都习惯讲人情,由此滋生了很多的丑恶的政治现象,这是我们国家向前发展的最大的障碍,也是社会的悲哀。在我们向前进步的道路上什么都可以不要,但对法律的信仰是万万不能丢的。

在此还要提到的一点就是活动的小组分工合作形式。在平时的课堂上很少有这样能让大二、大三、大四各个不同年级的同学一起学习的机会,所以这种交流让我觉得弥足珍贵。特别是在庭前准备阶段,大家就自己事先找到的资料在一起商量探讨,然后再分工,分别处理好各个细节问题,最后在课堂上通力合作为了自己一方的观点而努力着。这远比一个人对着书本或电脑孤独地写着论文的效果好得多,视野也开阔了很多,而且经常能听到很多新奇的观点、看到各种各样的资料,特别是组长沈庄夕每次都会准备厚厚的一叠资料,打印的和手抄的,她办事的细心与耐心真的很让我佩服。

对于我来说,总是自傲而又浮躁,对知识也大都停留在表层理解,而对于法学这门神圣特殊的学科来说,我觉得实际的操作经验是很重要的,但鉴于现实情况是学生参与实践的机会不是很多,所以这种互动积极的学习方式是很珍贵的,对在此过程中得到的无论是法学理论、实务操作还是通力合作上的经验与收获,我都无比的感谢。

张博:实践与理论的结合

现在是大三了,随着法律知识的逐渐增加,越发觉得自己以前的法理学习对自己有多大的帮助。在选修法解释学课的时候并没有想到课堂形式是如此新颖,是我在两年本科学习中都没有接触过的,开始还在怀疑通过这种方式自己能学到什么东西,是不是课堂太过随意了,而经过了两次亲身的开庭之后我才感到自己当初的疑虑是多余的。上了这么多节法解释课让我的理论和实践知识又进了一大步,这是别的课堂所不能达到的,特别是在实践与理论的结合上面。

以前从来没有像这门实践课堂这样为了给自己的案子找论据而在那么多的法律之中翻阅法条,为自己的案子找适合的理论到网上和图书馆里头找名家的观点。对抗式判解研究的学习方式极大地促进了我学习法律的积极性,也让自己发现自己以前掌握的法律知识是多么的不足,同时还拓展了自己的视野,吸取各家之长。

找法条找论据的时候的艰辛也让我感到了实务工作不同于理论学习之处;很多情况下在现实案件中并不像我以前想象的那样,只要认真地在法条之中查找就可以找到符合本案的依据,其实不然。很多情况下法律并不是完美的,这需要法律工作者对法条本身认真解读,综合不同的法律法规分析,同时还有其社会效应方面的影响,这是一项极其繁重的工作。

对于我们组所做的两个案子,第一个案子是砸墙损害赔偿案,初读这个案子的时候感觉这个案很简单,不就是一个人在干活的时候受伤了嘛,请他干活的人当然要赔了,但是随着对案子本身的深入研究和探讨才发现这个案子极其复杂。记得我们原告组在第一次讨论的时候,不知不觉就讨论了两个多小时,结果对案子还是分歧极大。虽然在庭审中我们原告得到了更多的支持,但是我却发现在与对方的交锋中,其实支持自己的要求论据是不足的。庭审结束后甚至比庭审前对案子更迷惑,直到看到老师在网上发的评议之后,我才有醍醐灌顶之感。当时我们太拘泥于法条了,认为法律规定什么就是什么。其实这个案子在事实和法律上面都有模糊,这就要求在审判中要换个角度来想。显然判决对原告有利的社会效应更加反映了法律的本质要求。我们在纠缠于死板的法律和事实认定中迷失了方向,忘记了社会情理,忘记了法律的本质要求。

总之,法解释学习让我收获良多,感谢老师能给我们这次机会,感谢老师对我们的教诲。

朴香玉:不会轻易动摇

法律的公平,体现在为社会提供无差别反复适用的评价标准。刚开始学法的时候觉得这个标准很神圣,生活中出现的每种纠纷都可以直接运用法条,得到解决。后来才发现法律中存在非常多的法律模糊和法律漏洞。需要我们去研究探索立法者的意图,并运用各种方法来阐释法律,才能得到最公正的结果。正应了那句话"没有解释就没有法律适用"。

正因为上述原因,曾经有一段时间我感到很茫然,双方当事人的代表律师为了赢得官司,都有意以对自己有利的方式去阐释法条。他们会找很多资料,运用社会学、经济学等各方面内容来说理,讲得头头是道,看上去很有道理。这让我感到恐慌,本来觉得很没理的事情,经他们一讲述,似乎也很有道理。我觉得在我心中的正义标准开始动摇了。但是后来我才发现,只要基本功扎实,熟练掌握法律基本原理,自己的正义标准就不会轻易动摇,不会被那些似是而非的"道理"所左右。所以,在我们现阶段打好扎实的基本功比什么都重要。

经过这门课,分析一个案件的逻辑思路清晰了许多。以前在班级里也举办过模拟法庭,但是感觉就是很乱,找资料也很盲目,现在条理清晰多了。另外,我又一次体会到了合作的重要性:碰撞才有火花,一个人的能力与视野都是有限的,多人共同努力,就会扬长避短并事半功倍。

赵磊:法律人格的培养

给我感触最深的就是,老师对我们人格的完善那种期望,尤其是对我们将来作为法律人修养对于将来我国法律事业的重要性。

"法律人内在因素对于外在环境因素是关键,人格对于知识是关键。"只有在这门课中我第一次学到了要成为一名优秀的法律人,最重要的不是法律知识的储备如何,而是人格怎样。能在即将步入大三之前,在愉快的理论学习和实践学习中,不仅学到这些基本的知识,更学会了如何做人——"清白,中肯,好学",这是一件多么令人高兴的事呀。这将令我终身受益!

通过开始的学习,我们见到一个案子不会那么摸不着头脑了。因为这也是有一定的规律的,"确定中心法律问题——找法——确定证明结构——确定焦点问题——解释——判决"。因为理论知识仍很稚嫩,缺乏经验,所以开庭期间仍很吃力,但大家都认真地去努力了。这个过程更加让我们认识到了自己的不足,"学然后知不足"嘛!可是"尚未成熟才有成长的空间,一旦成熟接下来只会走向衰亡"。正是通过这些小小的学习和锻炼,我们才逐渐地成长,养成法律人专业的法律思维,培养对案件中法律问题的解决能力。

我们的思维更加扩展,发散!原来问题可以从这么多角度去分析:语义分析方法、系统分析方法、意图分析方法、目的分析方法、类比分析方法、效应分析方法。法律的模糊和漏洞等待着法律人去解释和补充,这就要求我们需要广泛涉猎各个学科如社会学、经济学等等。整个学习中,都透视出老师对法律的理解与信仰。"人类理性对社会的调控系统;共同体通向秩序与正义的道路;区分和保护权利的权威规范","法是人类在现实认识,规律认识和价值选择后,对事物的方案确定的权威性规范"。"我们的法学古老,亲切,并且神圣。"我坚信法会带给我们以理性,我们是它忠实的守护者!

赵广元:以气势取胜

其实这次也不是第一次搞模拟法庭了,但是我觉得给我的印象绝对是最深刻的。开庭之前为了准备资料而上网查资料,一次又一次地开会讨焦点的分配,证明结构,直到最后(周四)的时候还聚在一起讨论对方可能提出的抗辩理由,虽然跟之前的模拟法庭都一样是模拟法庭,但是由于投入了很多心血(这个是归功于原被告以及法官组),开庭的形式正式严肃(这个是要归功于老师的敬业和各位同学的参与),所以有很多的感触。

首先,我是真真正正地体会到了一句古话——凡事预则立,不预则废。之前我有看过我们班的一场辩论赛,辩题是安乐死在中国是否应该合法化的问题,当时我们班的命题是很有利的,就是不应当合法化,但是在辩论的时候完全没有占上风,反而是被本来没理的正方驳斥的无话可说,我觉得有很多理由,但是最重要的一点就是没有做好充分的准备,导致很多完全被辩论对手牵住了鼻子,丧失了主动性,急中生智其实是种很危险的行为,如果你就指望在辩论的当时发挥出什么的话那八成你就要输了。我们这个对抗式判例研究实际上一样的,在之前的案例中我们也看到本来应该是稳赢的一方反而无话可说,我是觉得一个人在场上发挥到什么程度很大程度上取决于你在下面准备到什么程度。也许你准备的东西没有实际用上,但是你没有准备的东西那绝对是不可能用上的,不管做什么事情,在你可以准备的时候就做好一切准备工作,这个绝对是有好处的。

其次,那就是一个心态的问题了。我觉得我在这次开庭的时候心态就很不好,有点怯场的感觉,站起来说话的时候居然是结结巴巴的,没有任何气势。原因是多方面的:一是紧张,完全是没有必要的紧张,准备已经是这样了,功夫也已经做到了,无论你怎么样都不会改变,再紧张也是有害无益的,这个紧张一定要克服,否则绝对会影响自己水平的发挥;二是合作,就算是分了焦点的,但是每个焦点之间也并不是完全独立,辩论的时候互相支持一下不仅仅是对别人的焦点有利,也可以佐证自己的焦点,最重要的还不在此,主要是一个心理上的支持,如果你知道队友会补充你漏掉的焦点,可以放松一点紧张的心情。

最后一点就是我认为在法庭上每个人应该有的表现——气势。

不管事实或法律适用对你是否有利,也不管法官或陪审团的态度是否偏向你,你必须要做到你自己讲话时的那种气势,一种我就是对的气势,这是一种自信的体现,如果说话结结巴巴的,听上去就没自信,你连自己都说服不了,还能指望可以说服别人吗?姑且不论结果是什么,我自己觉得我从气势上就输掉了!

祝法解释学课堂越来越好,对抗式判例研究的水平可以越做越高。

邵婷婷:理性的法学

庭审结束的那一瞬间,心里是长长地舒了一口气。作为最后一组的开庭,我们组每一个人都感到担子不轻。充足的准备时间、别组的宝贵经验,让我们没有理由不为本学期的庭审做个完美的总结。其实在别组的开庭时辩护律师在庭上滔滔不绝地发表辩护意见,我心里已经感到了压力。担任原告方的代理人是我第一次尝试律师的角色。事实上案情对原告方并不有利,为了扭转这种不利局面,我查阅了很多资料。在本方的内部讨论中开始大家都不是很乐观,因为在现实中还没有一例消费者胜诉的判例。尽管如此,讨论时大家各抒己见,思维很活跃,为了集思广益,我们从提出一个新的论点到共同质证到再修改,就是一个反复论证的过程。

这个过程中我看到了别人活跃与宽广的思维,也看到了自己的不足:缺乏法律理性思维。印象最深的是在定焦点问题时,原本确定的焦点问题是我个人提出,由其他组员提出意见修改而来。当时我是在看案情的过程中发现存在的争议就先提炼出来再进行整理,并没有清晰完整的逻辑顺序,纯粹是想到哪写哪。在老师的召集讨论时老师提出以请求权为基础用逆向分析的方法定焦点问题,询问我方是以侵权之诉还是违约之诉提出请求。我当时的感受就是很震惊,回去后反思自己在研究问题时为什么从来没有一个清晰严密的逻辑推理和理性思维。即使目前已经学了三年的法律,还不能习惯性地从理性的法律思维角度看待一个问题。现在我明白是否学到系统的法律知识并不是最重要,培养那种法律理性思维才是关键,希望我的发现还不算晚。

还有在课堂上学习到的理论知识也让我颇有感触。法律解释学这门课程最初吸引我是源于一位同学的推荐。现在我明白她强烈推荐的原因了。法律解释注重逻辑性,让我看到法律理性的重要。法律分析方法使我在分析案件、理解法条时思路要更加清晰。

过程是最美好,令人回味无穷的。法律解释学课堂留给我的不仅是美好的回味,还有更多的知识与思考的空间。

张俊:良好的开端

一次对抗式判解研究是一次深化学习的过程。为了打好这次对抗式开庭,我们组的每一个成员都在积极地准备:找案例,定案例,讨论,找法律依据,包括对对手的研究等。通过这一学习准备的过程,我们获得的不止是一次成功的模拟庭审,更感受到了团队合作的强大力量,培养了我们的团队合作精神,学到了平时学习中难以学到的实践知识,使我们把民法学习中学到的知识能够以一种自己探索的方式运用到实践中,让每一个人当了一次法官或者律师,这一次难得的经历让我受益匪浅。

在案例准备过程中,我参加了被告小组,我们小组在老师的指导下,在师兄及其他组员的配合帮助下,对本案的事实深入的进行了研究,查找了许多资料。为获得辩论时法律上的依据,我们查找了我国《民法通则》、《合同法》、《物权法》、《婚姻法》、《城市房地产法》等数部法律,又查找了关于武汉市房地产价格变化的相关数据,并多次讨论并研究庭审辩论方案,最终与法官、原告陪审团一起完成了一次成功的模拟法庭庭审。虽然在准备过程很辛苦,而且作为被告的我们输掉了这次诉讼,但我们所收获的远远超过了为之付出的汗水,因为我们学到了真正应该学到的东西。作为一名未来的法律人,我们要学的不只是理论知识,更应该学会将理论知识结合实际运用到法律工作中去。通过这次模拟法庭对抗式判例研究,我走出第一步,并期待以后的第二第三步,直至我的整个从事法律工作的生涯。所以很感谢老师给予我们这一次难得的学习机会。

在辩论过程中,我找到了自己的许多不足,也看到了自己成功的方面,对自己有了一次全新的认识。有了这么一次经历,我更加坚定了以后从事法律工作的信心,我将继续沿着这条崇高的道路走下去,为之奋斗。

马迪:法律之温暖

这次没能选上法解释学这门课,于是就来旁听。而且还很有幸参加对抗式判解研究。这是一种全新的体会。大学的法学教育往往注重于理论的讲授而忽视对学生实践能力的培养。我觉得法解释学这门课给我们提供了一个实践的平台。自己动手,在讨论、准备过程中去学习和了解相关的知识,在一次次模拟演练中提高自己的思辨能力和口才。在一次次的交锋中培养起法律人独有的素养。

在这次模拟开庭中,我体会到了合作的快乐,不仅仅是本小组成员之间的合作,更是九个人共同的合作。分好工后,大家一起准备,不断探讨,相互交流,使我们的论理更加有说服力。渐渐的,原本互不熟悉的我们都成为好朋友。这也可谓是一种缘分吧!

通过这次实验,我更加深刻地体会到,法律并不是冰冷的法条和工具,而是充满了温情和人性关怀。所以作为一名法律人,我们要用心去体味法律的真谛,感受法律带给我们的异样精彩!

胡斌:纸上得来终觉浅

一直到大三我都没有参加过任何形式的庭审实践活动,更没有躬身体会过律师在法庭审判过程中纵横捭阖的雄辩风采。大三上学期,进入老师的法律解释学课堂,在老师的组织下,把全班同学分成若干小组,每个小组十位同学左右,小组内部商议分担法官、检察官和律师的角色。每次庭审时,指定某个小组全体成员组成陪审团,也可吸收想当陪审员的同学进入陪审团。通过陪审团和法官对每个焦点问题的判决来对整个案件进行紧张有序地审判。

我所在的小组要第一个组织开庭活动,老师称我们小组为示范组,这让我们组员在倍感新鲜的同时也有了一点被其他小组所期待的压力。从选案例、分角色、定焦点的庭前准备工作到法庭审判的每一个步骤我们都认真对待充分准备,希望能达到一个比较好的庭审效果。庭审活动结束之后,我感觉我们这个示范组的整体表现差强人意。究其原因,我认为还是与我们缺乏实战经验和准备工作做得不够翔实有关。但对于我个人来说,这次庭审是一次宝贵并难忘的司法实践活动。

我们小组开庭审理的是一个关于被告人是否构成故意杀人的相关刑事案件。我和另外两位同学担任被告人的辩护律师,根据给定的案件事实,搜寻有利于被告人的法律规定和法理支持,与担任检方的三位同学展开了激烈的辩论。在这次难忘的模拟法庭审判活动中,我因身处其中,故感受颇深,遂总结出以下两点体会,希望能与有此类似经历的同学共勉同进。

其一,法律解释学是一门具有独特内涵的学科,它的适用范围相当丰富,不管是法官、检察官、律师这些法律职业者,还是想了解、学习法律的法律信仰者都会自觉不自觉地去应用法律解释方法来解决具体法律问题。以前在专业知识的学习过程中,我们一般只是跟随老师的教学进度去掌握具体部门法的法律背景、相关理论和法律条款的内容就满足了,就算是涉及法律条文的具体运用也只是老师浅尝辄止的例举一些案件来加强同学们的理解。而在实际的诉讼过程中仅仅掌握这些知识还远远达不到解决问题的目的。作为法科学子,我们还需要掌握运用法律和解释法律的方法。法律解释学就是教授学生构建运用法律条款来解决具体案件的方法论体系。

拿到一个具体案例,怎样去结合事实选择法律,怎样去作出有利于己方的解释,这些问题是很讲究的,站在不同立场的人选择和解释法律是不尽相同的。法官要从实现社会正义和社会效益的角度去运用法律,那么就会较多的使用目的解释方法、系统解释方法和社会学解释方法;检察官的职责是监督法律的实施和打击犯罪维护社会秩序,因此检察官在提起公诉和开启审判监督程序时就会使用扩张解释方法、效应解释方法和类比解释方法来解释法律;律师是从维护委托人合法权益的角度去运用法律的,他们就会更多使用文义解释方法、限缩解释方法和比较法解释方法来为其当事人进行辩护。

通过对法律解释方法的学习和运用,会使我们能够更深刻更全面地了解法律制定的要义,在以后的司法实践活动中去充分实现法律的公正与权威,为维护社会正义尽自己的一份力量!

其二,模拟法庭式教学是针对法科学生独有的教学方式。它很好地把法学理论知识与司法审判实践结合了起来。法学是实践性很强的专业,一名合格的法律人,是通过一系列司法实践活动的历练而成长起来的。模拟法庭式教学方法可以让学生更早地接触到具体的审判过程,其作用可谓是一举三得:一来通过模拟审判活动会使学生对法律产生更加浓厚的兴趣,学生对相关法律知识的认识也会更加理性和深刻;二来会让学生熟悉庭审程序,使有志从事法律职业的学生在以后的工作中能更好地融入法律环境当中;三是可以在准备庭审和法庭对抗的过程中充实一些办案经历,锻炼辩论口才。

就我自己来说,这次模拟审判活动让我深切感受到"纸上得来终觉浅,绝知此事要躬行"的道理。在庭审准备过程中,我和另外两个搭档通过四次讨论,对案件中涉及的诸如"犯罪的主观状态"、"刑法意义上的因果关系"和"法定救助义务的构成"等理论有了很透彻的理解。而这些理解仅仅看教科书是不能得到的。在开庭过程中,别人的注视和法庭的严肃气氛让我感到阵阵紧张,心里对于案件的一些主张不能很好地表述出来。到后面自己慢慢地平静了下来,感觉就好一些了。万事开头难,我相信通过第一次的尝试,以后再进行这类活动时,自己就会有比较好的表现了。这就是这次模拟审判活动为我带来的收获。

以上就是我对法律解释学这门课程和模拟法庭审判活动的体会了。我相信很多同学也会有类似的感受,希望大家在学校学习期间积极参与这些能够锻炼自己专业素质的活动,不断提升自己的实践能力,争取做一名优秀的法律人!

罗静:生活之于法律的重要

在没有学法律之前,直觉地认为法律就是法典与法条,从来没有给我神圣的感觉,更多的倒是恐惧。上大学一年后,认识被否定,原来法律可以包含更多。但是,用法律解决纠纷时,却下意识地认为这里的法律只能是成文的,最多是当没有具体规定时,运用原则来解决问题,直到学习法律解释学,才意识到自己又犯了一个错误。

第一次让我意识到自己的肤浅的是《裁判的方法》一书,它里面介绍的解释法律的方法以前在上课时也有老师讲过,但在这里给了我一个系统的描述,看完之后,感觉到做法律解释的人的厉害。在慢慢懂得这些具体方法后,突然间在心里有了一个认识,其实隐藏在这些枝节后面的主干是"生活"二字。要做一个懂法律的人,起码必须是一个懂生活的人。所以,现在的我们充其量只是认识了法律,要达到真正理解它的层次,还需一些时日。

我认为,法律是上帝为了让我们更好地生活而下的旨意,对于平凡的大众是无法理解或无法完全理解的,所以法官成了教人们如何认识法律的中介。法官责任的重大要求他们既要懂得神圣的法律,又要学会用大众的语言来运用法律,而生活正是解决后者的最佳方法。

在法律解释学具体的课程学习中,我更加认识了生活之于法律的重要。老师在讲具体的法律解释方法时,有时会举一些案例。对于这些案例,我们有时会问:当事人这样做为什么呀?真的,这些事情有时会让我们觉得可笑,难以理解。但在我们提出这样问题的同时,也折射出我们对人、对生活认识上的肤浅。

法律与生活有着千丝万缕的联系。最简单概括,即法律是我们生活的最底线。生活的阅历会让人拥有一双明辨是非的眼睛。国外的法官实行终身制,等到这些大法官高龄的时候,绝不是用一个发挥余热就能形容他们,而是他们在用自己丰富的经验处理我们生活中的问题,教我们如何生活。他们是上帝在人间的代言人。

很多感受是无法用文字表达的,或许也是我不善于表达的缘故。但是,生活绝不是用文字可以诠释清楚的,法律也是一样。它们都需要我们用一颗虔诚、审慎的心去体会。